크립토클라쓰
Crypto Class

주의

책에서 서술한 내용의 근거는 대부분 2022년 2월부터 8월 사이에 파악 가능한 가장 빠르거나 적합한 자료를 사용하였다. 이후 기간에 발생한 FTX 파산과 같은 비교적 큰 사건에 대해서는 간헐적으로 업데이트하기는 하였으나, 모두 담지는 않았다. 이 책의 목적이 현재 시점에서 완벽한 분석이라기보다는 독자에게 분석하는 과정을 이해시키고자 하는 것이기 때문이다. 또한, 크립토 시장은 아직도 변화가 빠르고 빈번하게 나타나므로 이를 모두 반영하려면 책을 마무리 짓기 어렵기 때문이기도 하다. 한편, 크립토 시장은 프라이빗 Private 시장에 가까워 사건이나 거래의 정보가 모두 공개되지 않거나 정확하지 않은 경우가 많아서, 책에서 근거로 사용된 정보가 간혹 사실과 다를 수도 있음을 미리 말씀드린다.

크립토 클라쓰
CRYPTO CLASS

이상 지음

도서출판연암
Yeonam Books

> 프롤로그 <

2022년 8월 26일 미국의 잭슨홀 심포지엄Jackson Hole Symposium에서 연방준비제도Federal Reserve 의장인 제롬 파월Jerome Powell의 매파적인 연설이 있었고, 전 세계 투자시장은 급락했다. 비트코인도 예외는 아니었는데, 6% 급락하였다. 파월은 경제보다는 인플레이션이 보다 시급한 문제이며, 이를 해결하기 위해 현재의 고금리 정책을 계속 유지하겠다고 발언하였다. 2020년 미국에서 시작한 양적완화, 그리고 시작된 인플레이션, 경기침체 조짐 속에서 다시 고통받는 이들은 누구일까? 서민들은 양적완화라고 불리는 시기에 과연 치솟는 아파트 가격을 보며 사지 않고 버텨낼 수 있었을까? 폭등하는 주식을 사지 않고 온전히 월급만을 바라볼 수 있었을까? 2022년 다시 미국에서 양적긴축을 실시했기 때문에, 정확한 시점에 「자 이제 우리는 그동안 매수했던 주식을 모두 팔고 빚을 갚자」가 되는 사람이 얼마나 될까? 아마도 대부분은 통화팽창으로 인해 한 번, 다시 통화긴축으로 인해 한 번 더 힘들어 하고 있을 것이다.

무엇이 문제였을까? 2008년 10월에도 유사한 일이 있었는데, 서브프라임 모기지 Sub-prime Mortgage 금융위기가 전 세계 경제를 강타했다. 그리고 미국으로부터 양적완화가 시작되었고, 서민들은 고통 받았다. 이때 위 질문에 대한 대답을 하는 과정에서 2009년 탄생한 것이 바로 비트코인이었다. 창시자로 알려진 사토시 나카모토는 아마도 달러를 마구 찍어내는 모습에 적잖이 문제가 있음을 간파했을 것이다. 아니, 이전에도 금 태환이 폐지된 현재의 통화제도에 문제가 있음을 알고 있었던 사람들은 많았을 것 같다. 다만, 이에 대한 대안을 가지고 등장한 사람이 나타나지 않았을 뿐이다. 이렇게 위기의 순간에 비트코인은 세상에 불쑥 등장해버렸다. 그리고 블록체인 상에서 운영되는 디지털 화폐라는 그의 아이디어를 받아 준 이는 처음에는 세상에 단 한명 있었다고 한다.

너무나도 초라하게 시작된 비트코인은 탄생 이후에도 드라마와 같은 험난한 일대기를 맞이한다. 비트코인이 스캠이라는 언론의 보도는 끊이지 않았고, 여러 나라에서는 이를 불법 자금 거래 수단으로 몰아가기도 하였다. 사라질 것만 같았던 순간도 많았지만, 비트코인은 기적적으로 부활하곤 하였다. 참으로 아이러니하지만 없애려고 하면 할수록 살아났다. 게다가 창시자라고 하는 이가 정확하게 누구인지는 아직도 아무도 모른다니 누군가를 지목해서 없애기도 어려운 일이었다. 창시자가 끝까지 자신을 밝히지 않음으로써 비트코인은 결국 모두의 소유가 가능해졌다. 이 얼마나 영화 같은가? 크립토 자산을 바라보는 사람들은 이러한 다소 말도 안 되는 상황에 매료되기도 한다. 이후 크립토 시장은 확대되었고, 비트코인의 가격은 급등과 급락을 반복하였지만, 장기적으로는 계속 상승해나갔다. 비트코인의 가격은 2011년 2월 1달러, 2011년 5월 10달러, 2013년 10월 1,000달러, 2017년 11월 10,000달러를 차례로 돌파해 나갔다. 비트코인이 1만 달러를, 2만 달러를, 그리고 6만 달러를 넘어섰을 때, 사람들은 이제 과거 스캠이라고 하였던 비트코인에 대해 관심을 갖기 시작하였다.

크립토 시장은 2015년 새로운 전기를 맞이하게 되는데, 바로 이더리움이 가져온 스마트 컨트랙트 Smart Contract라는 개념이었다. 이더리움이 인터넷과 유사하게 그 위에 각종 비즈니스가 자리 잡을 수 있는 플랫폼으로서의 역할을 하면서, 코인 수는 폭증하였고, 여러 새로운 섹터가 등장하기 시작하였다. 과거 사람들이 비트코인 하나만을 생각하며 투자를 고민하였다면, 이제 선택지가 다양해졌다. 러그풀 등 각종 위험이 아직도 도사리고 있는 와중에 말이다. 그러나 크립토 시장의 가능성을 알아본 사람들조차도 투자에 대해 이야기 해보면, 막상 어디서부터 시작하는 것이 좋을지를 모르는 경우가 많았다. 크립토 시장은 24시간 열리고, 전 세계가 동시에 참여하면서, 매우 빠른 템포로 움직이다 보니, 아직은 체계적인 분석을 제공하는 도구가 부족해 보였다. 그래서 유튜브 콘텐츠나 블로그를 통한 정보에만 의지하여 투자를 하는 경우도 많이 있었다. 투자회사에서는 크립토 자산을 이제는 주식, 채권, 상품과 같이 투자에 있어 하나의 자산군을 의미하는 클라쓰Class로서 가능성을 검토하며 관련 팀을 만들거나 인재를 채용하는 경우가 많아지고 있는 가운데, 우리 개인들도 단편적인 지식에만 의존하지 않고 체계적이고 실무적인 도움을 줄 수 있는 학습 수단이 필요할 것 같아 이 책을 집필하게 되었다.

비트코인의 기반이 되는 블록체인 기술의 유용성에 대한 책은 많다. 또한, 비트코인의 원리라던가 전망에 대한 책 역시 넘쳐난다. 그러나 실제 크립토 시장 전체를 대상으로 주요한 섹터로 구분하여 각 섹터에 대해 분석해 보는 방법을 제시하는 책은 없다. 시간이 지나면서 섹터는 새롭게 바뀌고 섹터 내에 속한 코인 역시 바뀔 수 있지만, 섹터를 분석해 보며 고민한 자신만의 기준은 시장이 바뀌어도 유용하게 재적용을 할 수 있을 것이다. 주식시장에서도 바이오나 빅테크 등 시대별로 소위 뜨는 섹터가 있지만, 자신만의 기준 없이 유행을 쫓아다니는 결과를 우리는 잘 알지 않던가? 이 책에서 함께 크립토 시장을 가상부동산, 크립토 거래소, 디파이, Web 3.0, 스테이블코인, NFT, 게임, 비트코인 등 8개 섹터로 구분하여 분석을 해보도록 하자.

물론, 세부 섹터에 대한 학습이외에도 제반 환경에 대한 이해는 필수이다. 즉, 이 시장에 누가 참여하고 있는지, 서로 각기 다른 목적을 가지고 참여하는 주체들에 대해서도 알아야 한다. 또한, 시장과 가장 가까이 있는 거래소에 대해서도 운영이 어떻게 이루어지고 있는지, 주요국별로 법과 제도가 어떻게 변하고 있는지 등에 알고 있어야 하는 사항은 꽤나 많다. 또한, 트레이딩, 가치투자, 이벤트 드리븐, 디파이 등 시장에서 일반적으로 사용하고 있는 투자방법에 대해서도 짚어보자. 투자에 적합한 코인을 발견했다고 하더라도 적절한 전략이 없으면 심리적인 이유 등으로 수익을 내기 힘들 수 있기 때문이다. 크립토 시장에 대한 투자는 주식시장에서와 일면 유사한 측면도 있지만, 여기만의 특징이 존재한다. 특히, 이 시장에 새로 진입하는 투자자들의 경우, 위에서 언급한 사항들에 대해서는 시행착오를 줄이기 위해서라도 이 책을 통해 미리 학습하기를 권장한다.

향후 크립토 시장에 대한 법률이 정비되어 크립토 자산이 제도권에 편입되기 시작하게 되면, 시장은 더욱 커질 수 있다. 제도권 자금의 진입이 쉽지 않은 지금 시점에도 시장규모는 1.25조 달러를 넘어서기도 하였다. 미래 일정 시점에 펀드나 기금의 자금마저 유입된다면, 시장은 보다 세분화되고, 다양한 포트폴리오가 가능해지리라 전망해본다. 현재 잠시 크립토 겨울이 왔다고 해서 이 시장 자체를 떠나버리기에는 시장의 잠재력이 아쉽다. 이미 비트코인은 2009년 탄생이래로 10년 넘게 시장에서 살아남으며 클라쓰를 증명했다. 크립토 자산에게 이제 클라쓰라는 칭호가 붙여지고 있다. 주식과 채권과 동등한 위치로 발돋움할 수 있는 가능성이 있다는 의미이다. 미래에 크립토 시장이 어떻게 될지는 장담은 아무도 할 수는 없지만, 책에서 분석하였듯이, 여러 가지 긍정적인 징후가 보인다. 이제 이러한 크립토 시장에 대해서 여러분들과 내가 모은 정보를 공유하고자 한다. 미래 투자시장의 한 축으로 자리매김할 수 있는 크립토 클라쓰에 대해 미리 준비한다는 것만으로도 흥분되지 않는가?

2022. 8. 26.

> Prologue <

On August 26, 2022, Jerome Powell, chairman of the Federal Reserve, delivered a hawkish speech at the Jackson Hole Symposium in the United States, after which investment markets around the world plunged. Bitcoin was no exception – dropping by 6%. Powell said that inflation is a more urgent issue than the economy, and he will continue to maintain the current high-interest policy to address it. Who will suffer again amid quantitative easing, excessive inflation, and signs of an economic recession? Were ordinary people able to withstand the skyrocketing housing prices at a time considered quantitative easing and buy them by not using leverages? Could we have looked at our salary only without buying soaring stocks, which eventually reached all time high? Since quantitative tightening was implemented in the U.S. again earlier this year, how many people have thought, "now, let's sell all the stocks we've bought and pay off our debts"? Perhaps, most are struggling because of both monetary easing and monetary tightening.

So, what was the problem at that time? A similar incident occurred in October 2008, when the sub-prime mortgage crisis hit the global economy hard. Quantitative easing started in the United States, and average citizens suffered. During this time, Bitcoin was born (in 2009) in the process of answering the above question. Satoshi Nakamoto, known as Bitcoin's founder, probably saw that there were serious problems with printing dollars recklessly. Instead, it seems that many people, ranging from researchers to average citizens, might have been aware of the problems of the current monetary system considering that even gold convertibility had been abolished. However, no one appeared with an alternative to this. In this moment of crisis, Bitcoin suddenly emerged in the world. Initially, there was only one person in the world who accepted Nakamoto's idea of a digital currency running on a blockchain.

While Bitcoin has already had a tough life, from starting so shabby to receiving severe criticism, it has survived and even been revived. Media reports that Bitcoin is a scam continued, and many countries have driven it as an illegal means of money transaction. There were many moments that Bitcoin seemed to disappear, but then was miraculously revived. It's very ironic that the more people tried to get rid of it, the more it survived. In addition, it was difficult to point to somebody as the founder and get rid of him because no one knew exactly who that person was. As the founder did not reveal himself until this year, Bitcoin eventually became everyone's possession. People who look at crypto markets are also fascinated by this rather ridiculous situation. Since then, the crypto market has expanded, and Bitcoin prices have repeatedly soared and plunged, but in the long run, they have continued to rise. Bitcoin's price surpassed $1 in February 2011, $10 in May 2011, $1,000 in October 2013, and $10,000 in November 2017. When Bitcoin went over $10,000, then $20,000, and then $60,000, the people who used to call Bitcoin a scam were now very interested.

The crypto market faced a turning point in 2015, when Ethereum introduced the concept of a Smart Contract. As Ethereum served as a platform for various businesses to be operated on, similarly to the Internet, the number of coins surged, and new sectors began to emerge. In the past, people could only invest in Bitcoin. Now, there are various options, but those also come with various risks, such as rug pulls. Nevertheless, many of those who recognized the potential of the crypto market in the beginning still don't seem to know where to start when talking about investment. The crypto market is open 24 hours a day and moves at a very fast tempo. Although the entire world is participating, there still is a lack of tools to provide systematic analysis to individual investors. Information about investing could be typically obtained from YouTube or blogs. The investment industry started to consider crypto assets as one integral asset class, which means an asset group like stocks, bonds, and commodities, create related teams, and hire talents. I thought that it was crucial that individuals have a learning tool to receive systematic and practical help.

There are many books on the usefulness of blockchain technology, which is the basis of Bitcoin, and on the principles and prospects of Bitcoin. However, there is no book that suggests how to analyze each sector by dividing it into major sectors for the entire crypto market. Over time, as the sector can change anew, the coins belonging to the sector can also change. However, investors' own standards that they have built on in the investment process will be useful even if the market changes. In the stock market, there are always trendy sectors, such as bio-industry and big-tech, but don't we know the results of following trends without our own standards? In this book, the crypto market is analyzed by dividing it into eight sectors: Play-to-Earn, Metaverse Lands, NFT, Crypto Exchange, Stablecoin, Web 3.0, Defi, and Bitcoin.

In addition to learning about detailed sectors, it is essential to understand the environment. In other words, it is necessary to know who is participating in this market. Understanding who participates with which purposes is important. There are also quite a few things to know about how the centralized exchange closest to the market is operated and how laws and systems are changing in each major country. Also, let's examine the investment methods that are generally used in the market, such as trading, value investing, event-driven, and Defi. Even if you find a coin suitable for investment, it may be difficult to make profits for psychological reasons without an appropriate strategy.

Investment in the crypto market has some similar aspects to investing in the stock market, but with its own characteristics. In particular, for new investors entering this market, it is recommended to learn about the above-mentioned matters from this book, even to reduce trial and error.

In the future, if the laws on the crypto market are enacted or reorganized and crypto assets start to be incorporated into the institutional portfolio, the market may become even larger. Even at a time when it is not easy to enter institutional funds, the market size has exceeded $1.25 trillion. If financial funds or national funds flow in at a certain point in the future, the market is expected to be more subdivided, and various portfolios will be available. At this point in time, the market's potential is too huge to leave just because crypto winter is here. Bitcoin has already survived in the market for more than a decade since its birth in 2009 and has proved its class. Crypto assets are now being labeled as a class, which means that there is a possibility that they rise to an equal position with stocks and bonds. No one can guarantee what the crypto market will be like in the future, but as indicated in the book, there are many positive signs. Now, I'd like to share the information I've gathered about this crypto market. Isn't it rather exciting to prepare in advance for Crypto Class, which has much potential to be established as an axis of the future investment market?

August 26, 2022

CONTENTS

프롤로그 · Prologue 005

① 크립토 시장

비트코인의 등장 022
크립토 클라쓰 : 투자 준비 035

② 크립토 현황

인터넷 산업과 비교 048
주식시장과 비교 056
펀드 및 기업투자 073

③ 시장참여자

개요 080
기관투자자 083
채굴자 091
개인투자자 095
토큰 발행자 099
일반 기업 102
정부 및 국제사회 104

④ 산업분석

개요 108
가상부동산 116
크립토 거래소 132
디파이 156
Web 3.0 175
스테이블코인 184
NFT 204
게임 219
비트코인 234

❺ 주요국 규제 분석

미국	254
유럽	258
한국	260
중국	264
일본	266
싱가포르	269
기타	271

❻ 주요 투자전략

개요	274
가치투자	277
트레이딩	283
이벤트 드리븐	290
디파이, 차익거래 등	294

❼ 향후 전망

개요	300
비트코인	302
알트코인	307
자금조달	310
제반환경	313

에필로그 · Epilogue	318
참고 자료 & 색인	337

1장

크립토 시장

01

비트코인의 등장

현금카드를 현금지급기 ATM에 넣고 돈을 찾는 것처럼 비트코인 Bitcoin; BTC으로 현금을 자유롭게 찾을 수 있는 시대를 상상해본 적이 있는가? 지금 상상해보고 있다면 이미 한발 늦었다. 다음 사진은 2013년도에 캐나다 밴쿠버에 설치된 세계 최초의 비트코인 ATM이다. 이제는 비트코인을 넘어서 주요 크립토 자산을 현금과 교환해주는 기능이 추가되었다. 비트코인을 현금과 교환해주는 방법은 어려워 보이지 않는다. 실시간으로 크립토 자산을 언제든지 현금으로 팔 수 있는 시장이 있기 때문이다. 오히려 외환 환전이 더욱 더 어려워 보인다. 교환한 화폐를 외환 시장에 실시간으로 직접 매도하기 어렵기 때문에 환리스크에도 노출된다. 따라서 일정 수준의 안전 마진을 고려하여 환전해준다. 마찬가지로 비트코인 ATM 역시 적절한 수준의 안전 마진을 수수료 명목으로 취한다면 외화 환전보다 단순해 보인다.

2013년 이래로 비트코인 ATM은 꾸준히 보급되었고, 2022년 8월 기준 38,907대가 설치되어 있다.[1] 현재 대부분 북미권역에

---

1 https://coinatmradar.com

자료 1-1 비트코인 ATM

*출처: bitcoinatm.com

설치되어 있지만, 매월 그 숫자는 증가하고 있고, 전 세계로 확산되고 있는 중이다. 굳이 복잡하게 자신이 보유하고 있는 크립토 자산을 크립토 거래소를 통해 법정화폐로 전환하는 과정을 거치고, 이를 다시 자신의 은행계좌로 이체하여, 은행 ATM을 통해 법정화폐를 인출하지 않아도 된다. 크립토 자산 보유와 크립토 거래가 보다 보편화되어감에 따라, 이러한 비트코인 ATM 기기는 앞으로도 확산되어 가리라 생각된다.

크립토 자산은 현금 인출뿐만이 아니라 거래에 있어서도 사용처가 늘어나고 있다. 아직은 사람들이 익숙하지 않아 신용카드나 구글페이 Google Pay 와 같은 디지털 결제시스템보다는 사용이 저

자료 1-2 비트코인 ATM 세계 분포도

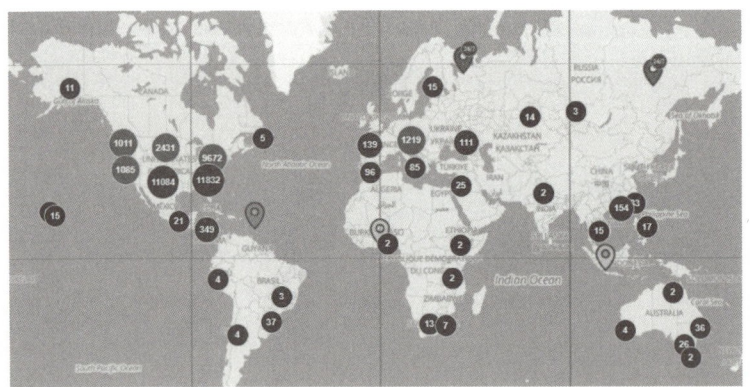

*출처: coinatmradar.com

조하다. 하지만 한번 사용해보면 이러한 방법보다 훨씬 간편하고 편리하다는 사실을 알 수 있다. 어떻게 생각해보면 현금 결제와 같다. 신용카드처럼 결제일까지 기다릴 필요도 없다. 단말기를 설치할 필요도 없다. 중간에 신용카드 회사나 디지털 결제 회사에 지불해야 하는 수수료도 없다. 보안 시스템이나 여러 결제 회사와의 계약도 필요 없다. 단지, 결제를 주고받는 당사자의 지갑 주소만 있으면 된다. 고객은 핸드폰만 가지고 있으면 핸드폰에 설치된 자신의 지갑에서 언제든지 지불을 할 수 있다.

2010년 5월 22일은 비트코인으로 최초로 거래를 했던 날로 알려져 있다. 미국에 사는 개발자가 피자 2판^{40달러}을 비트코인 10,000개로 구매하였다. 이날을 기리기 위해 5월 22일을 피자 데이_{Pizza Day}라고 지칭하기도 한다. 이후, 크립토 자산을 사용한 거래는 조금씩 확대되기 시작하였다. 2021년 테슬라 결제 수단으로 한때 비트코인이나 도지코인 Dogecoin; DOGE 이 편입되기도 하였다.

이러한 결제 수단으로서 크립토 자산은 이후 2022년 러시아와 우크라이나 전쟁이 발발하였을 당시 우크라이나를 돕기 위한 기부 방법으로 사용되기도 하였다. 기존 금융에서 필요한 복잡한 국제결제 방법과는 다르게 간편하고 빠르게 국경을 넘어 우크라이나에 송금할 수 있는 수단으로 크립토 자산이 제격이었다. 비

자료 1-3 비트코인의 최초 피자 구매 (Laszlo Hanyecz)

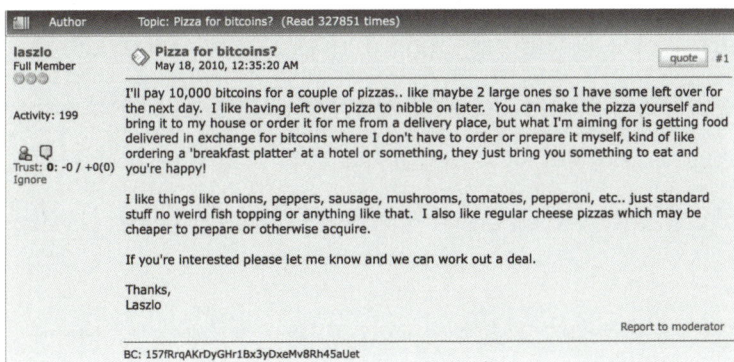

*출처: (위) 구글 (아래) bitcointalk.org

트코인, 이더리움 Ethereum; ETH, 스테이블코인 Stablecoin 등으로 러시아의 우크라이나 침공 2주 만에 5,400만 달러 이상이 기부되었다고 한다.[2] 발생한 거래가 모두 블록체인 상에서 기록되어 투명하고, 국가를 넘나드는 데 제약이 없기 때문에, 세계 각국에서는 통일된 간단한 방법으로 기부에 동참할 수 있었다. 미국, 유럽, 한국 등 국가에 상관없이 몇 번의 클릭만으로 쉽게 기부에 참여할 수 있었고, 그 돈은 바로 우크라이나에서 받아볼 수 있었다.

이처럼 알게 모르게 우리의 삶 일부로 조금씩 들어오고 있는 크립토 자산의 서막을 알린 것은 2009년 사토시 나카모토 Satoshi Nakamoto가 창시한 비트코인의 등장이었다. 2008년 전 세계를 휩쓴 서브프라임 모기지 Sub-prime Mortgage 금융위기가 발생하였는데, 미국은 양적완화 Quantitative Easing 정책을 사용하여 위기를 극복하고자 하였다. 이에 미국에서는 실제로 문제의 원인을 제공한 은행이나 증권사 등 소수의 금융기관은 책임을 지지 않고 다수의 일반 국민이 피해를 보는 상황에 반발하여 「월스트리트를 점령하라 Occupy Wall Street」는 운동도 일어났다. 이러한 배경을 바탕으로 비트코인이 탄생하였다. 2008년 10월 사토시 나카모토가 작성한 9장짜리 보고서 「개인 대 개인의 전자화폐 시스템 A Peer-to-Peer Electronic Cash System[3]」에는 비트코인을 만든 목적이 나와 있다. 비트코인을 통해 일반 사람들의 이익에 부합하지 않게 운영되는 기존

---

2 https://cnbc.com/2022/03/03/ukraine-raises-54-million-as-bitcoin-donations-surge-amid-russian-war.html

3 https://bitcoin.org/bitcoin.pdf

자료 1-4 비트코인 제네시스 블록

Block 0 USD | BTC

This block was mined on January 04, 2009 at 3:15 AM GMT+9 by Unknown. It currently has 747,733 confirmations on the Bitcoin blockchain.

The miner(s) of this block earned a total reward of 50.00000000 BTC ($1,141,166.00). The reward consisted of a base reward of 50.00000000 BTC ($1,141,166.00) with an additional 0.00000000 BTC ($0.00) reward paid as fees of the 1 transactions which were included in the block. The Block rewards, also known as the Coinbase reward, were sent to this address.

A total of 0.00000000 BTC ($0.00) were sent in the block with the average transaction being 0.00000000 BTC ($0.00). Learn more about how blocks work.

Hash	000000000019d6689c085ae165831e934ff763ae46a2a6c172b3f1b60a8ce26f
Confirmations	747,733
Timestamp	2009-01-04 03:15
Height	0
Miner	Unknown

*출처: blockchain.com

자료 1-5 비트코인 최초 거래가격 (New Liberty Standard)

날짜	가격	
2009. 10. 11.	1 USD	867.02 BTC
2009. 10. 10.	1 USD	892.52 BTC
2009. 10. 09.	1 USD	833.02 BTC
2009. 10. 08.	1 USD	922.27 BTC
2009. 10. 07.	1 USD	952.02 BTC
2009. 10. 06.	1 USD	1,130.53 BTC
2009. 10. 05.	1 USD	1,309.03 BTC

*출처: bitcoinmagazine.com

금융시스템 없이도 개인과 개인이 서로 믿고 거래할 수 있는 화폐 시스템을 만들고자 하였다.

누군가의 감시나 통제 없이도 자유롭게 거래하자는 좋은 취지와 목적으로 탄생하였지만, 처음에는 사람들의 관심 밖이거나 또는 환영을 받지는 못하였다. 2009년 1월 사토시 나카모토로 추정[4]되는 인물에 의해 비트코인 최초의 블록인 제네시스 Genesis 블록이 만들어졌고, 이로 인해 50개의 비트코인이 채굴되었다. 이후, 2009년 10월 New Liberty Standard 거래소에서 비트코인은 최초로 거래되었는데, 1달러로 1,309.03비트코인을 살 수 있었다.[5] 2010년 5월 비트코인은 최초로 거래소 밖에서 피자 구매라는 상거래에 사용되었는데, 당시 가격을 환산해보면 1비트코인은 2.7원이었다.

거래가 본격화되고 비트코인의 가격이 상승하기 시작하면서, 비트코인에 대해 사기 Scam 또는 제2의 튤립 투기 파동 Tulip Mania 이라고 말들이 많았다. 최초의 비판 기사는 2010년 12월 15일, 언더그라운드 이코노미스트 The Underground Economist 에 실린 「비트코인이 화폐가 될 수 없는 이유 Why Bitcoin can't be a currency [6]」라는 글이다. 비트코인이 지금까지 유지된 유일한 이유는 새롭고 진기 Novelty 했기 때문이며, 영원히 그렇게 남을 수 있지만 빠르게 사라질 수도 있다고 언급되었다.[7] 이 당시 비트코인 가격은 0.23달러였다. 이후에도, 2011년 「비트코인이 실패하게 되는 이유 Why Bitcoin will fail」, 2013년 「비트코인은 2014년 중순 10달러로 추락할 것 Bitcoin will crash to $10 by mid-2014」, 2015년 「비트코인 위의 더 많은 먼지 More dirt

---

4 현재까지도 사토시 나카모토의 정체는 명확히 밝혀진 바가 없다.

5 https://twitter.com/bitcoinmagazine/status/1415388592449392640

6 https://undergroundeconomist.com/why-bitcoin-cant-be-a-currency.html

7 In nature, positive feedback loops like exist with Bitcoin are lethal; the only thing that's even kept Bitcoin alive this long is its novelty. Either it will remain a novelty forever or it will transition from novelty status to dead faster than you can blink.

on the Bitcoin」등 끊임없이 비트코인에 대한 부정적인 기사가 쏟아져 나왔다. 크립토 분석 회사[8]에 따르면 2022년 7월 말까지 비트코인은 461번 사망하였다고 한다. 사람들의 마음속 한편에는 이러한 부정적인 기사들의 목소리가 자리 잡고 있었을 수 있다. 비트코인에 대한 관심을 공개적으로 표출했다가는 사회적으로 매장당하는 분위기 또는 비트코인 투자를 투기로 보는 분위기 등이 형성되었다.

하지만 이러한 와중에도 누군가는 비트코인의 가치를 알아보았다. 아무도 거들떠보지 않던 크립토 시장은 그들이 신흥부자로 올라서는 계기가 되었다. 비트코인이나 여타 크립토 자산에 대해 비판이 거세면 거셀수록 아이러니하게도 가격은 상승하고 시장은 커져 나갔다. 비트코인의 가격은 급등과 급락을 반복하였지만, 장기적으로는 계속 상승해나갔다. 비트코인의 가격은 2011년 2월 1달러, 2011년 5월 10달러, 2013년 10월 1,000달러, 2017년 11월 10,000달러를 차례로 돌파해 나갔다. 사람들은 이제 과거 스캠이라고 하였던 비트코인에 대해 관심을 두기 시작하였다. 개중에는 단순히 부자가 되고 싶다는 욕망에 이끌려 시장에 떠밀려 들어온 사람들도 있지만, 누군가는 비트코인과 시장에 대해 깊이 이해하기 위해 책을 사서 읽는 등 공부를 시작하였다. 물론, 여전히 비트코인의 가격은 거품이라는 비판이 종종 들려오기는 하지만 이제는 그 존재 자체를 부정하는 목소리는 많이 사

---

[8] https://99bitcoins.com

라진 것 같다.

큰 변화다. 왜냐하면, 거품은 거래되는 거의 모든 자산 가격에는 존재하기 때문이다. 미국의 실리콘밸리의 부동산이나 한국의 강남 부동산은 벌써 수년간 거품이라는 이야기가 있지만, 수요와 공급에 따라 가격이 형성되어 거래가 이루어지고 있다. 모든 자산이 정확하게 적정 가격으로 매겨져 있으면 사실 거래가 되기 어렵다. 누군가는 거품이라고 생각하고 누군가는 반대로 생각해야 거래가 쉽게 된다.

탄생 이래로 한 번도 빠짐없이 계속 거품 논란을 빚고 있는 크립토 시장의 거래액은 이제 무시하지 못할 수준으로 커졌다. 2021년 소위 강세장Bull Market이 찾아왔을 때의 거래액은 2020년에 비해 상당히 증가하였고, 주식시장 거래액과 비교하는 기사[9]들도 나왔다. 아울러, 거래를 담당하는 크립토 거래소의 가치는 하늘 높은 줄 모르고 치솟았다. 한때 한국의 빗썸Bithumb 거래소 매각 가능성이 뉴스로 회자되었는데, 가격은 4조 원 수준에서 논의되었다고 한다.[10] 글로벌 거래소 업계 1위인 바이낸스Binance 거래소의 가치는 비상장이기 때문에 정확하게 알 수 없지만, 자회사인 바이낸스 US의 가치가 2022년 8월 현재 약 450억 달러 수준으로 평가되어 자금 모집을 하고 있다고 한다. 그만큼 절대적

---

9 (동아일보, 2021.10.15.) 코인 거래액, 코스피 추월해 3,584조
https://www.donga.com/news/Economy/article/all/20211015/109718162/1

10 (뉴스1. 2022.7.26.) 韓 암호화폐 투자업체 "빗썸 매각가, 4조는 비싸다"
https://www.news1.kr/articles/?4753445

거래 규모가 커진 것이다. 사람들이 아직도 표면적으로는 계속 비트코인을 부정적으로 언급하고 있을 수 있지만, 실상은 많은 이들이 시장에 참여하고 있다고 해석된다. 투자나 거래를 하고 있다고 공개적으로 말하기 꺼리는 소위 샤이^{Shy} 투자자가 증가하고 있을 것으로 추측해본다.

특히, 20~30대층에서 전통적인 주식시장보다는 오히려 새로운 크립토 시장을 보다 친숙하게 여기는 투자자도 많을 것으로 보인다. 크립토 거래소의 쉬운 접근성도 이유가 되겠지만, 유튜브^{You Tube} 방송, 레퍼럴^{Referral}[11] 등 각종 마케팅이 효과적으로 작용했을 수 있다. 한국 금융감독원 자료에 따르면, 2021년 말 기준으로 한국의 5대 크립토 거래소의 전체 20~30대 투자자 비중이 57.3%이었다. 이들의 투자자금은 총액 대비 36%로 투자자 수에 비해 작지만, 앞으로 이들이 나이가 들어감에 따라, 투자자금 역시 증가하지 않을까 생각해본다. 20~30대가 투자의 주요 주체가 되는 20년 후의 시점에는 지금과는 또 다른 양상이 펼쳐질 수도 있다. 비트코인의 경우, 디지털 금^{Digital Gold}이라는 별명에도 인플레이션 헤지^{Hedge} 목적과는 정반대의 가격 행보를 보이고 있지만, 향후 현재 20~30대가 40~50대가 되는 시점에는 그 별명에 부합하는 움직임을 보일 수 있다. 이들에게는 현물 금이나 선물 금보다는 비트코인이 보다 익숙할 수 있기 때문이다. 현재 20대

---

11 추천인 제도를 의미하며 제3자가 추천인 코드를 입력하고 거래소에 가입해 투자할 경우, 추천인에게 보상 명목으로 코인이나 발생 수수료의 일부를 지급하는 방식이다.

중 금을 가치저장을 위한 투자대상으로 삼는 이가 과연 있기는 할까?

도전하는 자와 지키려는 자의 싸움에서 항상 도전하는 자가 승리하며 사회를 발전시켜 나간다. 최근의 사례를 보면, 유튜브, 페이스북Facebook, 트위터Twitter 모두 인터넷 시대를 꽃 피운 도전자였지만, 현재는 어떠한가? 이제는 혁신 기술인 블록체인에 기반하고 있는 크립토 산업이라는 도전자에 대항하는 방어자이다. 페이스북은 이미 사명을 메타Meta로 바꾸고 새로운 물결에 적응하기 위해 발버둥치고 있는 모습이다. 유튜브는 어떠한가? 과연 가상부동산과 Web 3.0이라는 새로운 비즈니스 모델에 자리를 빼앗기지 않을 자신이 있는가? 이 싸움이 어떻게 전개될지, 얼마나 오랫동안 지속될지는 모르겠지만, 확률적으로 우리는 어느 편에 서는 게 맞는가? 지키려는 자? 도전하는 자?

나는 블록체인의 기술이 얼마나 대단한지 분석을 하고 찬양하기 위한 목적으로 이 책을 쓰지 않았다. 그러한 책은 시중에 얼마든지 많이 있으니 필요할 경우 몇 권 구매해서 읽어보기 바란다. 바람직한 투자를 위해서는 시장의 흐름을 읽을 필요가 있는데, 시장은 결국 사람들로 구성되어 있다. 따라서 우리는 사람들의 생각이 어떻게 변하고 있는지를 살펴보아야 한다. 대중의 인식에 일정 부분 영향을 미치는 언론의 태도 변화를 살펴보는 것 역시 이런 측면에서 의미가 있다.

이러한 사회적 변화로 인해 국가별로 비트코인에 대한 입장이 변화하고 있다. 이제는 여러 국가에서 크립토 자산을 관장하는 단독 법률이나 규정을 제정하여 제도권으로 편입시키려는 움직임이 보인다. 미국에는 「책임 있는 금융 혁신법Responsible Financial Innovation Act」, 유럽은 「크립토 자산 규제안Markets in Crypto Assets; MiCA」, 한국은 「가상자산업권법」 제정을 추진 중이다. 이는 큰 변화이다. 비트코인이 2009년에 탄생한 지 10여 년 만에, 법률이 만들어지는 과정에 있는 것이다. 어떠한 자산이 새로이 등장해서 이처럼 빠른 기간 내에 단독 법률을 가진 사례가 있었던가? 기존에 있었던 법률 등으로는 더 이상 커버하기 어려울 만큼 크립토 시장이 커져 버린 것을 반증하는 것이 아닐까 생각해본다.

법률 제정으로부터 예상되는 크립토 자산의 제도권 편입 가능성은 실현 여부와는 상관없이 그 영향을 분석해볼 필요가 있을 만큼 중요한 변화이다. 각종 규제로 인하여 코인 발행Initial Coin Offering; ICO이나 투자가 어려워지겠거니, 아니면 귀찮은 보고절차가 생기겠거니 등에서 멈추면 안 된다. 예를 들어, 투자자금 흐름에 대해서도 생각해보도록 하자. 과연 기관 자금은 어떻게 될까? 주식시장을 포함하여 투자시장에서 넘쳐나는 자금 유입은 시장을 상승으로 이끄는 가장 큰 동력 중의 하나이다. 우리가 주식시장에 외국인 자금, 기관 자금의 유출입을 항상 모니터링 하는 이유도 이러한 맥락이다. 기존에 시장에 진입하지 않았던 기업, 뮤추얼 펀드, 연기금 등의 자금은 과연 시장에 들어올 수 있을까? 크립토 시장 투자자들이 오랫동안 바라오던 미국 시장에서의 비트코인 현물 상장지수펀드Exchange Traded Fund; ETF 승인 역시 기관 자금의 진입을 촉발하는 트리거로서 작용할 수 있다. 이를 포함하여 주요 국가의 법률 제정 현황과 이에 따른 영향에 관해서는 책 후반부에 조금 더 살펴보도록 하자.

02

크립토 클라쓰 : 투자 준비

자, 그럼 이제 우리는 무엇을 준비해야겠는가? 앞으로도 일론 머스크의 트윗Twit 한 마디에 도지코인에 우르르 달려가서 소위 '몰빵' 투자한 이후 계속 괴로워할 것인가? 테라Terra; UST의 멸망을 보고도 30% 이자율Annual Percentage Yield; APY을 제공한다는 저스틴 선Justin Sun[12]의 최근 출시된 새로운 스테이블코인인 USDDDecentralized USD의 달콤한 스테이킹Staking에 참여하고 혹시나 하는 마음에 불안해하고 싶은가? 스테픈Stepn의 가상 신발을 고가에 구매하고 이를 회수하기 위해 달리기 노예가 되고 싶은가? 달리기의 즐거움마저 빼앗긴 채로 말이다. 평소 좋아하지도 않는 그림인데 디지털이라는 이름으로 포장된 대체 불가능한 토큰Non-fungible Token; NFT을 충동적으로 구매해서 며칠 즐거워하고 투자자금을 날릴 것인가? 아니면, 이보다도 크립토 지갑인 메타마스크Metamask의 계좌도 못 만드는 크립토 문맹으로 살아가고 싶은가? 인터넷이나 스마트폰을 못한다고 속으로 어르신들을 얕잡아 봤다면 이번에는 당신이 그 어르신들이 될 차례이다. 크립토 지갑 간 자금 이체

---

12 트론Tron; TRX 의 창립자

도 못 하고 싶은가? 아니면 훗날 지갑에 들어와 있는 각종 스캠 코인을 클릭하여 신종 해킹에 노출되고 싶은가? 아니면 이도 저도 모르겠으니, 그냥 비트코인만 사서 보유하고 싶은가? 비트코인을 샀는데 이게 90% 하락하면 그냥 다시 괴로워하다가 본전이 오면 팔고 시장을 떠나며 다행이라고 안도할 주인공이 당신인가?

다 아니다. 우리는 그렇게 살고 싶지 않다. 우리는 잘하고 싶다. 단지 방법을 모르는 것이다. 공부를 하고 싶지만, 무엇을 공부해야 할지를 모르고, 어디서 시작해야 할지를 모른다. 그래서 가장 쉽게 몇 분짜리 유튜브 동영상 클립을 찾아 헤맨다. 유튜브 콘텐츠에서 제공하는 단편적인 시황분석이나 뉴스 따라잡기는 배경지식을 쌓는 데는 도움이 될 수 있지만, 여러분이 체계적인 뼈대를 잡는 데 도움이 될지는 모르겠다. 오히려 독이 될 수도 있다. 마치 새로운 운동을 배우는 데 있어, 폼 연습을 충분히 하지 않고, 바로 게임을 시작하고 재미를 느낀다면, 다시 폼을 잡는데 들이는 노력이 지루하고 싫어질 수 있는 것처럼 말이다. 실력이 느는 데 가장 오래 걸리는 차선으로 진입하는 방법인데도 말이다. 그래서 이 책을 쓴다. 필자 역시 크립토 시장에 투자를 통해 엄청난 부를 이룩하였다거나 블록체인 기술에 해박한 지식을 가지고 있지는 않다. 여러분과 동일 선상에서 이 분야에 대해 학습하기 시작하였으며, 본질적으로 빠른 변화로 인해서인지 이 분야는 아직 주식시장처럼 전체를 아우르고 체계적인 투자를 위한 실질적인 기본서가 없다는 사실을 알게 되었다. 우리가 알고 싶어 하는 사실은 이제 더는 「비트코인의 탄생 목적이 무엇인지」는 아니지 않은가?

크립토 자산에 투자를 하지 않겠다고 자신하는 사람들도 훗날 이 시장에 자기도 모르게 진입할 수도 있다. 2020년 엄청난 유동성이 풀려 모든 자산 시장이 급등했을 때 한 번도 주식을 사보지도 않았던 사람들이 어떻게 되었는가? 그 상승을 온전히 다 누린 사람은 많을까? 준비가 충분히 되지 않은 채로 처음 맛보게 되는 너무나도 달콤한 자본소득 Capital Gain은 오히려 무리한 '물타기' 또는 '빚 투' 등으로 이어질 수 있다. 결국, 이익은커녕 오히려 손실이나 빚이 발생하여 끝이 좋지 않을 수 있다. 주변에서 이러한 사례를 수없이 보지 않았던가? 마찬가지로 역사가 여러 유사한 분야에서 반복될 수도 있다. 지금은 크립토 시장이 침체를 겪고 있고, 앞으로 더 하락할 수 있다는 의견이 많지만, 어떠한 계기로 인해 시장이 살아난다면, 다시 한 번 이러한 준비되지 않은 투자자들의 시장 진입이 봇물이 터질 수도 있다.

따라서 우리는 다시 시장이 상승장으로 전환되기 전에 미리 공부해둘 필요가 있다. 현재는 크립토 시장에 직접 투자를 원하지 않더라도 말이다. 자신은 이 분야에 관심이 없다고 강하게 주장하고 있을지라도 사람 심리가 기관 자금마저 시장에 유입되면서 강한 랠리가 펼쳐졌을 때 어떻게 변할지 모르기 때문이다. 소위 포모 Fear Of Missing Out; FOMO[13] 현상이 와서 충동적으로 크립토 시장에 뛰어들 수도 있다. 어쩌면 현재 크립토 시장에 관심이 전혀 없다고 자신하는 분들에게 공부가 더 필요할 수도 있겠다. 상황이 닥

---

13 일확천금의 좋은 기회를 날려 버리고 있는 건 아닐까 하는 불안한 마음

쳐서는 남들 말에 휘둘리기에 십상이다.

각종 크립토 관련 방송이나 뉴스를 보면 앞으로 비트코인 등의 시세가 어떻게 될 거라는 예측이 넘쳐난다. 또는 유명인들이 인터뷰를 통해 향후 비트코인이 얼마까지 오를 거라는 혹은 떨어질 거라는 이야기를 하곤 한다. 대표적인 비트코인 맥시멀리스트Maximalist 마이클 세일러Michael Saylor[14]는 한 때 비트코인의 가격이 100조 달러까지 오를 것으로 예측했다.[15] 물론 반대로 비트코인은 사라질 것이라고 주장하는 유명 투자자도 많다. 그러나 이러한 다소 선언적인 유명인들의 의견은 투자자들에게 그리 크게 도움이 되지는 않는다. 각종 방송에서는 오늘과 내일 그리고 이번 주 가격을 예측하면서, 「만약 비트코인 가격이 이 수준에 도달하면」 등의 표현을 많이 쓴다. 가정에 입각하기도 했고, 가정이 실제 발생하더라도 예측이 맞을 수도 있고 틀릴 수도 있다. 사실 누가 알겠는가? 100% 확신이 있다면 당장에라도 자신이 투자를 하면 될 것이 아닌가? 따라서 이러한 가정, 추측, 또는 유명인의 발언에 기댄 소극적 주장 등은 참고로만 볼 필요가 있어 보인다.

그렇다면 우리가 학습하거나 준비해야 하는 것은 무엇일까? 무엇보다도 자신만의 기준을 마련하는 게 중요하다고 생각한다. 이후에 실제 적용을 해보면서 관점을 수정할 수는 있지만, 아무런 기준이 애당초 없었다면, 그때그때 상황에 따라 휘둘릴 수 있

---

14 마이크로 스트래티지Micro Strategy 의 최고경영자

15 (CNBC Squak Box 인터뷰, 2021.11.19.)
https://twitter.com/SquawkCNBC/status/1461689512812290053

다고 생각한다. 실전 투자는 사람의 심리에 좌우되는 경향이 많다. 고점에서 팔고 저점에서 사야 한다는 사실은 누구나 알지만, 사람이 느끼는 공포와 탐욕이라는 양 극단의 두 가지 심리는 교차하면서 이와는 정반대로 투자자들이 행동하게 만들어버린다. 이를 극복하기 위해서는 배움을 통해 어느 정도는 스스로 자신만의 기준을 만들어 보고 이후 이를 변경하거나 가다듬는 과정이 필요하겠다.

그렇다면 기준이나 관점은 어떻게 만드는 것이 좋을까? 예를 들어, 「가치투자가 좋으니 열심히 사서 모으자」라는 의견은 어떠한가? 이러한 의견은 좋을까? 안 좋을까? 관점 자체는 좋다 안 좋다를 말하기 어렵다고 생각한다. 이러한 관점을 갖기 위해 어느 정도 학습을 하였는지, 즉, 이러한 관점의 깊이가 어느 정도인지가 보다 중요하다. 단순히 선언적인 관점이 아니라, 여러 학습을 통해 반대의 상황이 도래해도 흔들리지 않을 수 있는 자기만의 탄탄한 논리가 필요하다. 물론, 처음 논리가 끝까지 불변하리라는 법은 없다. 왜냐하면, 계속 실제 투자를 해보면서 자신에게 맞는 기준을 찾아 나갈 수도 있기 때문이다. 원래는 각종 미디어에 나오는 이미지가 좋아 보여 가치투자자를 자청하였지만, 자신은 오랫동안 리스크를 앉고 기다릴 수 없는 사람이라는 사실을 나중에 깨달았을 수도 있다. 그래서 처음부터 단정 짓기보다는 크립토 시장과 관련하여 폭넓게 투자에 필요한 여러 사항을 검토해보고 이후 실제 투자 과정에서 수정해보는 편을 권장한다.

이러한 이유로 이 책은 크립토 시장의 세부 섹터 Sectors에 대한 분석뿐만 아니라 크립토 시장 투자를 위해서 기본적으로 알아 둘 필요가 있는 시장참여자, 투자 전략, 법률 현황 등에 대해서도 폭넓게 짚고 넘어갔다. 이를 바탕으로 크립토 투자를 위해 필요한 각종 투자 환경에 대해서도 향후 스스로 직접 찾아볼 수 있으면 좋을 것 같다. 크립토 시장은 워낙 빠르게 돌아가고 있다. 새로운 섹터가 나타나고 사라지고, 새로운 투자방법도 개발되었다가 사라지고, 관련 제도 역시 국가별로 오늘은 이랬다가 내일은 저랬다가 할 수 있기 때문이다.

현재 크립토 시장은 비트코인을 중심으로 움직이고 있다. 당연한 이야기다. 왜냐하면, 전체 크립토 시장에서 비트코인의 시가총액이 차지하는 비중이 42% 수준이기 때문에 비트코인이 시장이자 지수인 셈이다. 이상하지 않다. 한국의 삼성전자 Samsung Electronics; 005930는 한국 코스피 KOSPI 시가총액 18% 수준이고 과거에는 더욱 높았다. 미국 나스닥 NASDAQ에서는 애플 Apple; APPL과 마이크로소프트 Microsoft; MSFT를 합하면 나스닥 시가총액의 20%가 넘는다. 비트코인은 처음에는 시가총액 비중이 100%에서 시작하였고, 점차 줄어들고 있다. 역으로 다른 크립토 자산의 수와 시가총액이 늘어나고 있다. 우리는 주식시장에서 삼성전자나 애플에만 투자하지는 않는다. 크립토 시장에서도 마찬가지일 것이다. 따라서 시장에 최소한 어떠한 섹터가 있는지는 알아둘 필요는 있다. 다행이라면 시장이 초기라서 주식시장에 비해 다소 적은 수의 유의미한 섹터가 있다.

다만, 초기 시장인 만큼 우리가 회피하거나 극복해야 할 여러 문제도 많다. 크립토 시장은 사람들에게 하나의 자산 클라쓰Asset Class로의 가능성을 인정을 받고 빠르게 성장하고 있지만, 반대로 너무나도 빠른 성장세로 인해 문제점들 역시 늘어났고 이를 해결할 시간은 부족했다. 시장이 가지고 있는 자체적인 자정작용을 위해서나 국가별로 법률·규제 제정을 위해서는 시간이 필요하다. 따라서 현재 시장 진입을 하려는 투자자들은 특히 더 세부 섹터별로 리스크 요소에 대해 먼저 생각을 해보기를 권한다. 또한, 각 크립토 자산에서 공시하고 있는 토크노믹스Tokenomics[16] 역시 총 발행량이나 토큰 배분 등 중요한 정보가 들어있기 때문에 확인할 필요가 있다.

예를 들어, 더 샌드박스The Sandbox에서는 게임의 유틸리티 토큰Token[17]인 샌드SAND의 총 발행량을 30억 개로 설정하고 있고, 이 중 12.3억 개가 유통되고 있지만, 2024년 무렵에는 27억 개 이상으로 유통량이 늘어날 예정[18]이라면, 현재 토큰 가격을 유지만 해도 2024년에는 시가총액은 2배로 뛴다. 프로젝트의 가치가 현재보다 2배가 높아지지 않는 한, 샌드 가격이 오를 것이라고 예측하기는 어려워 보인다. 늘어나는 유통물량의 매수가격은 0이거나 시장가격보다 매우 낮으므로 시장 매물로 이어질 가능성이 높기 때문이다. 아직 주식시장에서 증자나 보호예수물량 해제와 같

---

16 토큰Token 과 경제학Economics의 합성어로, 토큰의 전체적인 경제 생태계를 의미
17 독립적인 자체 블록체인 네트워크 또는 메인넷Main-net 을 보유할 경우 코인, 다른 블록체인 네트워크 또는 메인넷을 이용할 경우 토큰으로 구분하나, 실제로는 편의상 혼용하여 사용하는 경우도 많다.
18 초기 투자자의 락업Lock-up 물량과 이에 대한 락업 해제 시점 등의 조사를 통한 추측 및 가정

은 사항에 대해 투자자 보호를 위해 작동하는 신고, 공시 등 여러 절차가 크립토 시장에는 아직 부족하다. 따라서 각자가 알아서 이러한 리스크 요소를 걸러내야 하는 상황이다.

예를 들어 설명하였지만, 이처럼 투자자가 주의해야 하는 사례는 너무나도 많다. 크립토 시장은 이를 둘러싼 투자자 보호 제도에 대해 이제 막 논의를 시작하고 있는 시장이기 때문에, 특히 비판적인 사고가 필요하다. 테라Terra; UST의 앵커 프로토콜Anchor Protocol은 약 20% 수익률을 약속했었다. 투자자들은 약속이라는 의미를 마치 은행에 예치한 예금에 대한 예금보험공사의 보증으로 이를 오해했을 수 있다. 하지만 그들은 결국 이를 지키지 못했고, 파산했다. 아무도 책임을 지지 않았고, 결국 피해는 투자자의 몫이었다. 즉, 앞으로는 달라질 수도 있지만, 지금은 누구의 말을

자료 1-6 비트코인 도미넌스 Dominance (2022년 8월)

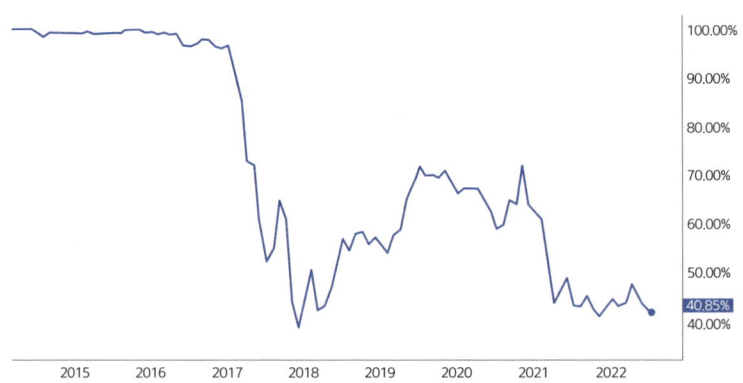

*출처: tradingview.com

전적으로 믿을 수 있는 시장은 아니다. 오늘은 10% 수익률을 제공하는 스테이킹 Staking이나 대출 Lending 기회를 제공한다고 말했지만, 내일은 이러한 기회를 제공하는 화면 Interface 자체를 없애버려도 문제가 되지 않을만한 시장이다. 지금까지는 거래소가 런치패드 Launchpad 기회를 무수히 제공하면서 투자자들의 거래소 거버넌스 Governance 토큰의 구매를 유도했지만, 어느 순간 갑자기 이러한 기회는 아예 사라질 수도 있다. 거래하기 위해 사용했던 거래소가 하루아침에 문을 닫고 보유하고 있던 자산의 출금을 금지할 수도 있다. 그러므로 현재와 과거에 발생한 수많은 알트코인 Altcoin[19] 프로젝트의 특징이 미래에도 발생할 것이라고 안일하게 예측하지 않는 편이 차라리 좋겠다. 어쩌면, 테라-루나 Terra-Luna 사태가 화려한 크립토 시장의 숨은 뒷면을 보여주었던, 시장 전체에 경종을 울리는 사건으로 자리매김하지 않았나 싶다.

앞으로 각 챕터 Chapter를 통해 현재 크립토 시장의 위치와 미래에 대해 개괄적으로 살펴보고, 주요 시장참여자가 누가 있는지를 알아보자. 이 시장에 참여하는 투자자는 어느 기관에 보고하거나 공시를 해야 할 의무가 상대적으로 작거나 없다. 전 세계의 여러 시장 참여자가 국가별로 나누어진 시장이 아니라 하나의 시장에 참여한다. 최소한 어떠한 그룹의 투자자들이 시장에 영향을 미치는지 파악해보자.

이외에 본격적으로 플레이투언 Play to Earn; P2E, 가상부동산,

---

19 Alternative Coin 대안 코인의 줄임말로 비트코인 이외의 모든 코인을 의미

NFT, 거래소, 스테이블코인, Web 3.0, 디파이Defi 섹터에 대해서 분석해보고, 비트코인에 대해서도 학습해보자. 우리는 크립토 시장이라고 하면 원래 막연한 느낌이었거나 또는 단지 비트코인만 생각했을 수 있다. 이러한 세분화된 분석 학습을 통해 이로부터 한 발 더 나가보자. 그리고 향후 자신이 새로운 크립토 자산에 대해서 분석을 해볼 때 참고할 수 있는 자료로 활용하면 좋을 것 같다. 미래에는 새로운 여러 섹터가 계속해서 등장하고 사라지고를 반복할 수 있기 때문에 스스로 분석할 수 있는 능력이 무엇보다 중요하다. 비트코인 이외의 크립토 자산은 더군다나 프로젝트에 대해 영향력을 행사할 수 있는 창업자가 존재하기도 하고, 규제도 받지 않고 있으므로 현재 어떠한 사항도 100% 신뢰를 해서는 안 되며 계속 비판적인 사고를 견지해야 한다.

다음으로 주요국의 규제 현황을 알아보자. 크립토 시장은 규제 환경이 아직은 정립되지 않은 만큼, 이후 만들어질 규제의 방향성에 따라 시장이 받는 영향은 클 수 있다. 전체 시장으로도 그렇고 각 섹터나 자산별로도 그렇다. 따라서 미국, 유럽, 한국, 중국 등 주요국의 법률 제정 상황에 대해서도 지속적으로 모니터링을 해나갈 필요가 있다. 그동안 뉴스 등을 통해 조각조각 알고 있었던 정보들, 즉, 어디선가 들어 보았으나 정확히 어떻게 이러한 정보들이 연결되는지 몰랐을 수 있지만, 간단히 연결시켜 앞으로 정보를 유의미하게 쌓아나갈 수 있는 토대로 주요국 규제분석 챕터를 활용했으면 좋겠다.

한편, 섹터 분석이나 자산 분석을 잘했다고 하더라도 반드시 투자수익으로 이어지는 것은 아니다. 실전투자에서 심리는 가장 중요한 요소인데, 자신만의 투자 전략을 구축하는 게 건강한 심리를 위해서도 무엇보다 중요하다. 자신에게 맞는 투자방법을 찾기 위해 크립토 시장에서 현재 가능한 전략에 대해 살펴보도록 하자. 가치투자, 트레이딩, 이벤트 드리븐Event-driven 전략 등이 무엇인지 알아보고 각각의 장단점에 대해서도 파악해보도록 하자.

마지막으로, 앞으로 크립토 시장의 미래 변화상과 이에 대처하는 우리들의 자세에 관해서도 이야기해보도록 하자. 현재 누구도 정확하게 시장의 모든 것을 정확하게 예측할 수는 없다. 그리고 크립토 시장은 매일 24시간 쉬지 않고 열리면서 빠르게 변한다. 이처럼 빠른 시장에서는 적절한 수준의 정보를 빠르게 섭취하고 자신에게 적합하게 응용해나갈 필요가 있다. 매우 장문의 논문을 읽고 오랜 시간 동안 천천히 이해하다가는 이미 과거에 사는 자신을 발견할 수 있다. 우리에게 중요한 것은 과거보다는 현재와 미래다. 앞으로 펼쳐질 미래에 대해 예측하고 관점을 수정해 나가는 과정에서 시장과 투자에 대한 자신만의 비전이 만들어질 수 있다.

2장

크립토 현황

01

인터넷 산업과 비교

크립토 시장은 2009년 비트코인의 탄생 이래로 지속해서 발전해왔고 규모도 증가하였지만, 사람들의 평가는 아직도 제각각이다. 버크셔 해서웨이 Berkshire Hathaway의 부회장인 찰리 멍거 Charlie Munger는 크립토 시장 전반에 대해 지속해서 비판적인 시각을 나타내고 있고, 2022년 2월 「비트코인을 경멸하고, 나는 이것이 즉시 금지되어야 한다고 생각한다」고 말했다.[20] 2020년부터 비트코인을 계속 매집[21]하고 있는 마이크로 스트래티지 Micro Strategy의 최고경영자인 마이클 세일러 Michael Saylor는 2021년 2월 CNBC와의 인터뷰에서 비트코인의 가격은 100조 달러까지 오를 것이라고 예측했다.[22]

비트코인과 함께 크립토 시장 전체가 모두 거품이라는 의견이나 결국은 크립토 시장이 금융시장을 완전히 대체할 것이라는 의

---

20 Katherine Chiglinsky. (2022, Feb 17). Bitcoin Critic Charlie Munger Says Crypto Should Be Banned. Yahoo Finance.
https://finance.yahoo.com/news/bitcoin-critic-charlie-munger-says-211141758.html
21 2022년 3월 말 현재 비트코인 129,218개 보유, 매수 평균가격 $30,700 수준
22 Kevin Stankiewicz. (2021, Feb 23). MicroStrategy CEO says bitcoin will one day have $100 trillion market value even as price dives. CNBC. https://cnbc.com

견은 다소 극단적인 면이 있다. 2022년 5월 20일 현재 크립토 시장 규모는 1.25조 달러이며, 하루 거래량이 720억 달러로 이미 하나의 시장으로 자리매김하고 있으며, 주식, 채권 시장과 공존하고 있기 때문이다. 토큰은 19,509개, 거래소는 527개가 있다. 10년 이상 꾸준하게 성장해온 이러한 시장을 단순히 1936~1937년에 잠깐 벌어진 네덜란드의 튤립 투기 파동에 비유하기는 어렵다. 비교를 통해 향후 모습을 추측해보기 위해서는 먼저 크립토 시장의 기반이 되는 블록체인을 새로운 혁신기술Disruptive Technology로 보고 1990년대에 등장한 인터넷과의 비교 또는 투자수단으로서 주식시장과의 비교 정도가 유의미하겠다.

분산원장 기술을 기반으로 거래를 구현하는 블록체인이 인터넷 혁명을 뒤이을 혁신기술이라는 평가는 이미 지배적이다. 블록체인은 탈중앙화, 보안성, 확장성, 투명성을 특징으로 새로운 비즈니스 생태계를 만들어나가고 있다. 인터넷Internet이란 Inter와 Network의 합성어로 전 세계에 있는 컴퓨터망들을 공통된 규칙에 따라 상호 연결하여 정보들을 공유할 수 있게 한 네트워크라는 의미로 확장의 특징을 가지고 있다. 인터넷 기술의 발전으로 인해 무수한 기업과 산업이 온라인과 오프라인을 연결하는 구조로 탄생하였고 우리의 삶 자체도 달라졌다. 새로 탄생하는 거의 모든 기업이 인터넷을 기반으로 하고 있다고 해도 과언이 아닐 정도이다. UN의 국제 전기통신 산하기구인 ITU The International Telecommunication Union의 발표[23] 따르면 전 세계 인구의 63%인 49억 명이 인터넷을 사용하고 있다. 세계적 차원에서 인터넷이 광범위하

자료 2-1 인터넷 사용자 추이

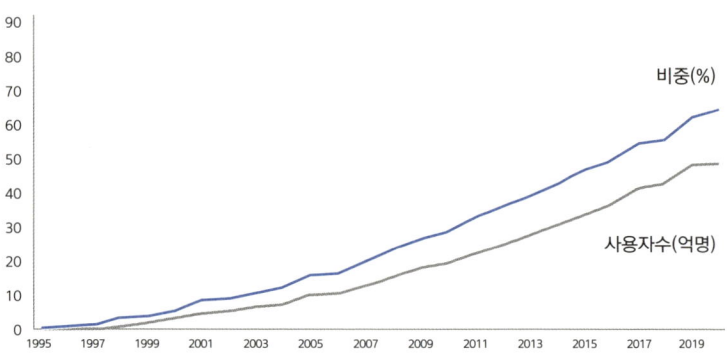

*출처: International Telecommunication Union, Internet World Stats, International Data Corporation 등

게 보급된 1990년대 중반 이래로 인터넷 사용자는 1995년 1,600만 명에서 2000년 3억 6천만 명으로 급증한 이후 지속해서 증가하였다.

이렇게 인터넷의 보급이 계속 증가하고 있는 이유는 최근 저가형 스마트폰의 보급이나 국제기구의 저개발국가 지원 등 여러 가지가 있겠지만, 처음부터 오프라인에서 온라인으로 시장경제를 변화시킨 그 기술 자체의 유용성이 있었기 때문이다. 인터넷이라는 기술 위에 아마존Amazon, 알리바바Alibaba는 전자 상거래 시장을 만들었으며, 페이스북이라는 소셜 커뮤니티 회사가 탄생하였다. 그리고 사람들의 은행업무와 증권거래는 온라인에서 이루어진다.

23 ITU. (2021, Nov 30). 2.9 billion people still offline.
https://itu.int/en/mediacentre/Pages/PR-2021-11-29-FactsFigures.aspx

크립토 시장 역시 이와 유사한 측면이 있다. 2009년 등장한 비트코인은 일명 디지털 금으로 불리며 가치저장의 수단으로서 제한적으로 활용되고 있지만, 이후에 비탈릭 부테린Vitalik Buterin이 2015년 선보인 이더리움은 스마트 컨트랙트Smart Contract라는 개념을 도입하여 인터넷과 유사하게 그 위에 각종 비즈니스가 자리잡을 수 있는 플랫폼Platform으로서의 역할을 하고 있다. 비트코인의 블록체인은 단순 결제나 송금 등의 거래 정도로 활용이 제한적이었지만, 스마트 컨트랙트로 인하여 크립토 시장에서 다양한 형태의 계약이 가능하게 되었다. 이더리움이 플랫폼으로서 일종의 인터넷 역할을 수행하면서 새로운 비즈니스 생태계를 형성하기 시작하였는데, 이를 두고 사람들은 블록체인을 제2의 인터넷이라고 생각하기도 한다.

물론, 이미 국제 표준화가 이루어져 있는 인터넷 프로토콜Protocol; 규칙과는 다르게, 블록체인은 아직 공식적으로 국제 표준화가 이루어지지는 않았다. 국제 표준기구도 존재하지 않는다. 다만, 자체 메인넷Main-net[24]을 가지고 운영하는 이더리움, 이후 등장한 폴카닷Polkadot; DOT, 폴리곤Polygon; MATIC, 아발란체Avalanche; AVAX, 솔라나Solana; SOL 등은 해당 체인 내에서 기술의 표준화를 구현했다. 인터넷이 하나의 표준 규약으로 개발이 이루어졌던 반면, 현재 블록체인은 이더리움 메인넷의 느려진 속도와 높은 수수료 등

---

24 자체 플랫폼을 구축하여 독립적인 생태계를 구성할 수 있다. 메인넷을 보유하고 있으면 코인, 그렇지 않으면 토큰이라고 구분하기도 한다.

의 확장성 문제를 각자 다른 방법으로 개선해 나가는 과정으로 볼 수 있다. 한편, 이와 동시에 이더리움도 자체적으로 이러한 확장성이나 안정성 문제점을 개선하려는 노력을 하고 있으며, 시장에는 이더리움 2.0 혹은 이더리움 머지 Merge[25]로 인한 기대감이 높다.

참고로 메인넷 위에 만들어진 탈중앙화된 애플리케이션을 디앱 dApp; Decentralized Application이라고 하는데, 우리가 사용하는 스마트폰의 애플리케이션의 블록체인 버전이라고 이해하면 된다. 이더리움 상에서 작동하는 디앱, 즉 이더리움 생태계 Ecosystem에는 2022년 5월 현재 2,970개가 있으며, 전체 4,073개 중 73%이다.[26] 2017년 3월 284개에서 2019년 3월 2,105개로 가파르게 상승했다. 스마트폰에서 작동되는 73%에 해당하는 앱이 표준화가 되어 있다고 보면, 블록체인의 표준화 정도에 대해 이해할 수 있다. 디앱 규모 2위 생태계는 이오스 Eos; EOS로 332개, 3위는 바이낸스 스마트 체인 Binance Smart Chain; BSC으로 244개이다. 3위까지 합쳐서 비교한다면 3개 업체로 표준화되는 정도가 약 87%까지 상승한다.

이제 블록체인을 제2의 인터넷이라고 단순 비교한다면, 블록체인의 발전은 과연 1995년에 시작한 인터넷의 몇 년도까지 왔는지를 사용자 수로 비교해보도록 하자. 블록체인 사용자가 여러 개의 지갑을 사용할 수 있기 때문에, 지갑 수가 사용자 수를 의미하지는 않지만, 침투 속도를 가늠해 보기 유용하다. 알려지기

---

25 2022년 9월 15일 이더리움 머지는 성공적으로 일어났고, 이더리움 2.0으로 가는 여정이 공식적으로 시작된 것으로 보인다.

26 https://stateofthedapps.com

자료 2-2 블록체인 사용자(지갑) 추이

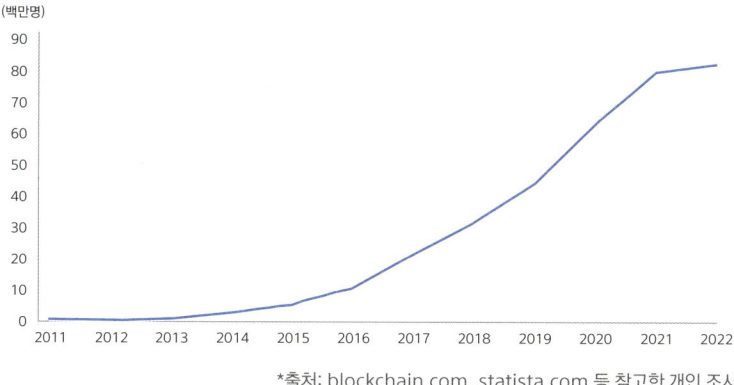

*출처: blockchain.com, statista.com 등 참고한 개인 조사

시작한 2010년대 초반부터 급격하게 늘어나고 있으며, 2022년 5월 현재 지갑 수는 8,200만 개에 달한다. 단순히 1개의 지갑을 1명의 사용자라고 가정한다면, 블록체인의 침투는 인터넷 발전의 초기인 1997~1998년 사이 정도로 볼 수 있다.

빠르게 늘어나고 있지만, 인터넷의 확산 속도만큼 빠르지는 못하다. 탈중앙화, 투명성, 보안성 등 블록체인의 특징이자 다양한 강점들에 반하여 아직은 접근성이 제한적이라는 단점이 있기에 사용자가 폭발적으로 늘어나지는 않고 있다고 생각한다. 탈중앙화된 개인 지갑의 설치나 거래방법 등 블록체인 사용을 위한 기본 세팅은 기존의 금융과는 다른 측면이 있고, 사용자 보호를 위한 중앙화된 제도가 부족하기 때문에, 아직은 단순 실수나 해킹 등으로 인한 사고가 끊임이 없기 때문이다. 따라서 블록체인에 처음으로 진입하는 사용자라면 익숙해질 때까지는 기존 금융과 중앙화라는 유사한 측면이 있는 중앙화된 거래소Centralized Exchange;

01 인터넷 산업과 비교   053

CEX의 지갑을 사용하여 거래하기를 추천한다.

1997~1998년, 그리고 2000년대 초반을 돌이켜 보면, 인터넷이라는 새로운 혁신기술을 앞세워 여러 회사가 설립되었고, 이에 대한 주식시장의 전 세계적인 희망회로는 결국 2001년 닷컴버블 Dot.com Bubble로 일단락되었다. 인터넷 기반 기업이 상장되어 있던 미국의 나스닥이나 한국의 코스닥은 사상 최대치를 기록한 후 주저앉았다. 이 당시 업계 상위였던 기업 중에 살아남은 기업은 많지 않다. 하지만 결국 이후 인터넷을 기반으로 한 테크Tech 산업은 미국의 FANG Facebook, Amazon, Netflix, Google의 앞글자의 조합을 필두로 2020년까지 미국을 포함한 글로벌 시장을 이끄는 견인차가 되었다. 한국에서는 네이버Naver와 카카오Kakao가 등장하였다. 앞으로 숱한 붙임이 있겠지만, 인터넷과 같이 블록체인 기술이 발전한다면 관련 산업 전체가 성장성이 있는 투자 자산으로서의 매력이 충분히 있다고 보이는 이유이다. 물론, 세부 산업과 비즈니스는 선별 작업이 필요하겠지만 말이다.

블록체인 시장 규모에 대한 예측치는 분석기관별로 차이가 있지만 높은 성장률에 대해서는 이견이 없어 보인다. 최근 포춘 비즈니스 인사이트Fortune Business Insights[27]에서는 시장 규모를 2021년 46억 달러로 평가하였고, 2022년 71억 달러, 그리고 2029년에는 1,638억 달러로 매해 56.3% 성장을 할 것으로 예측하였다.

---

27 https://fortunebusinessinsights.com/industry-reports/blockchain-market-100072

이전에, 2018년에는 글로벌 기업데이터 기관[28]에서는 2027년에 1,628억 달러로 성장한다고 밝혔다. 한국의 정보통신산업진흥원[29]에서는 우리나라의 블록체인 시장 규모를 2019년 846억 원에서 2022년 3,562억 원으로 성장한다고 예측했다. 국내외 모두 가장 빠르게 성장하는 산업 중의 하나로 블록체인 산업을 바라보고 있다.

우리는 현재 2022년이지만, 만약 1997년으로 돌아갈 수 있다면 어느 산업에 투자해야 하는가? 많은 기업이 생겨나고 또 사라졌지만, 인터넷과 관련된 산업은 지속해서 성장하였다. 전 세계 대표적 기술주 시장인 미국의 나스닥 지수는 닷컴버블 시기에 400% 이상 올라서 5,000포인트에 달했지만 2002년 10월 고점 대비 78% 하락하여 상승분을 모두 반납하고 말았다. 하지만 이후 나스닥 지수는 계속 상승하여 15,000포인트를 달성하였다. 과도한 버블은 경계해야지만 고속 성장하는 산업은 투자대상으로서 계속 관심을 두고 지켜봐야 하는 이유이다.

---

28 https://statista.com

29 정기수 Jung, Gi Su , 김대원 Kim, Dae Won . (2019, Dec 17). 블록체인 산업 현황 및 국외 정책 동향. 정보통신산업진흥원 National IT Industry Promotion Agency

02

주식시장과 비교

지금부터는 크립토 시장과 주식시장을 비교해보도록 하자. 워런 버핏 Warren Buffet, 조지 소로스 George Soros 와 함께 세계 3대 투자의 거장이라고 불리는 짐 로저스 Jim Rogers 는 비트코인 가격은 0으로 떨어질 것이라고 말하며, 2020년부터 크립토 자산에 대해 부정적인 견해를 보였으나, 최근 인터뷰[30]에서 「현재 비트코인을 소유하고 있지 않지만 비트코인의 가치가 1달러에서 5달러 사이였을 때 비트코인을 구매하지 않은 것을 후회한다」고 말했다. 마치, 마이크로소프트 주식이나 테슬라 Tesla; TSLA 주식을 미리 알아보지 못해서 아쉽다는 이야기와 크게 다르게 들리진 않는다. 크립토 시장은 이제 많은 사람의 머릿속에 하나의 투자대상으로서 자리 잡은 것처럼 보인다. 여기서 비교해보고자 하는 것은 각 시장의 가격이 아니다. 향후 투자를 위해서는 어떠한 시장인지를 알아야 하는데, 우리에게 익숙한 주식시장과의 비교를 통하여 살펴보고자 하는 목적이다.

---

[30] https://economictimes.indiatimes.com/markets/expert-view/i-wish-i-had-bought-bitcoin-at-1-at-5-jim-rogers/articleshow/91682483.cms

가장 먼저 살펴보고자 하는 사항은 공개 시장이다. 주식시장에서는 이를 기업공개 Initial Public Offering; IPO 라고 하고, 크립토 시장에서 대비되는 개념은 코인공개[31]인데 여러 가지 방법을 통해서 이루어지고 있다. 거래소 상장 전에 코인을 공개하는 방법 Initial Coin Offering; ICO, 탈중앙화 거래소에 공개하는 방법 Initial Dex Offering; IDO, 중앙화 거래소에 공개하는 방법 Initial Exchange Offering; IEO 등이 있다. 코인마켓캡 Coinmarketcap 에 따르면 코인공개 시장이 뜨거웠던 2018년 한 해 2,000개 이상의 코인이 상장되었다. 싱가포르 기반의 크립토 데이터 기관인 코인게코 Coingecko 에서도 2014년부터 2021년까지 16,000개 이상의 코인이 추가되었다고 발표했다. 1년에 2,000개 정도의 코인이 만들어져서 상장의 문을 두드리고 있다.

전 세계 주식시장을 모두 종합해야 더욱 정확하게 크립토 시장과 비교를 할 수 있겠지만, 주식시장은 국가별로 분리되어 있어서, 편의상 대표적인 기술주 중심의 미국 나스닥 시장을 가지고 비교를 해보자. 나스닥 보고서[32]에 따르면 나스닥은 2021년 저금리, 양적완화에 기인한 초강세장과 기업인수목적회사 Special Purpose Acquisition Company; SPAC 의 상장 러시 영향으로 753건의 역사상 최대의 기업공개를 기록하였다. 미국 전체 주식시장으로 확대해보면 이 중 73%는 기업인수목적회사이지만, 1,033개의 회사가 상장되었다. 약 2,860억 달러의 자금을 조달하였다. 미국의 주식시장

---

31 코인과 토큰을 구분하지 않고 일반적으로 모두 편의상 코인공개라고 칭한다.
32 Phil Mackintosh. (2022, Jan 3). A Record Year for IPOs in 2021. https://nasdaq.com

이 전 세계 주식시장의 50% 정도를 차지한다고 보면, 크립토 시장의 코인공개와 비교하여 그 수는 2,000개 정도로 일견 엇비슷하다. 참고로 한국의 코스닥 시장은 2021년 말 현재 1,532개 회사가 상장되어 있으며, 2021년에 64개가 상장되었다. 시가총액은 446조 원이다.

크립토 시장의 거래소는 증권사가 아니다. 한국에는 한국거래소 Korea Exchange; KRX라는 거래소가 하나만 있으며, 다수의 증권사에서 거래되는 주식의 가격은 같다. 동일 주식이라고 하더라도 미국의 거래소에 상장되어 있을 경우 가격은 다를 수 있다. 물론, 거래 시간이나 수수료 등 마찰적 요소가 없다면, 차익거래가 발생하여 가격이 같아질 수 있겠지만, 크립토 시장에서는 입출금 수수료 혹은 시장의 특수성으로 인하여 가격 차이 발생이 일반적이다. 예를 들어, 한국 거래소와 해외 거래소에서의 동일 코인에 대한 가격 차이를 일컬어 김치 프리미엄 Kimchi Premium이라고도 하며, 통상 한국에서의 가격이 1~2% 정도 비싸게 거래된다. 또한, 하나의 코인이 하나의 거래소에 거래된다고 해서 다른 거래소에서도 거래된다는 법은 없다. 거래 여부는 거래소별로 각각 확인해보아야 알 수 있다. 동일 주식이 미국에 상장되어 있지만, 일본에는 상장되어 있지 않을 수도 있는 것처럼 말이다.

주식시장의 투자자들에게 익숙한 증권사와 가장 유사한 거래소는 중앙화된 거래소이다. 유니스왑 Uniswap이나 팬케이크스왑 Pancakeswap과 같은 탈중앙화 거래소는 보다 익숙하지 않으니, 이번 논의에서는 제외하도록 하겠다. 또한, 현물거래를 주로 하는 거래소와 선물거래를 주로 하는 거래소로 나뉘는데, 보통 집중도와는 상관없이 현물거래소에 선물거래소가 포함된다. 선물거래소 41개는 모두 현물거래소 309개에 겹친다.[33] 물론, 거래소별로 선물거래만을 취급한다고 광고할 수는 있지만, 레버리지Leverage를 1배로 하면 선물과 현물이 같아지니 결국은 당연한 이야기일 수도 있겠다. 이 중 거래량, 방문자, 상장 코인 개수 등으로 평가한 2022년 5월 현재 현물거래소의 순위 상위 10개는 다음 표에서 같다. 크립토 회사는 보다 많은 거래를 위하여 또는 보다 좋은 평판을 위하여 순위가 높은 거래소에 코인을 상장하기를 희망하지만, 생각보다 쉽지 않을 수 있다. 전체 19,509개 코인 중에 1위인 바이낸스에 상장되어 거래되고 있는 코인은 395개에 불과하기 때문이다. 파산되기 전 2위였던 FTX[34]에 상장된 코인은 325개, 3위인 코인베이스Coinbase에 상장된 코인은 174개이다. 그리고 방금 언급한 코인은 대부분이 겹친다.

위의 10개 거래소 일 거래량 합계인 265억 달러는 자료를 조사한 날의 전체 일 거래량 2,601억 달러의 10% 이상을 차지하였다. 거래소의 선물 거래량을 배제한 규모이다. 참고로 한국의 빗썸 거래소는 거래량 8억 달러로 19위, 업비트 거래소는 거래량 31억 달러로 27위에 올라있다.

그렇다면 주요 거래소의 2021년 코인 상장 실적은 어떠할까?

---

33 https://coinmarketcap.com
34 2022년 11월 현재, 재무 상황 악화 등으로 인해 출금금지 조치를 시행하였으며, 파산 위기에 처해있다.

자료 2-3 중앙화 거래소 순위 (2022년 5월)

순위	거래소	일 거래량	주 방문자	상장 코인 수
1	바이낸스	$16.6B	22,060,223	395
2	FTX	$2.2B	4,718,412	325
3	코인베이스	$2.1B	2,191,082	174
4	크라켄	$0.7B	1,661,405	170
5	쿠코인	$1.9B	2,554,651	698
6	후오비 글로벌	$1.5B	964,449	522
7	비트파이넥스	$0.3B	702,718	177
8	게이트아이오	$0.9B	3,363,357	1,423
9	제미니	$0.1B	426,379	100
10	바이낸스 US	$0.2B	565,896	107

*출처: 코인마켓캡

높은 순위의 거래소라면 상장 코인의 실적이 거래소 평판이나 향후 설명할 거래소 거버넌스 코인의 가치에 직접적인 영향을 미치기 때문에, 더욱 신중한 상장 심사를 거칠 것이라는 조금은 단순한 가정을 해본다. 더 많은 수의 코인이 거래된다고 해서 꼭 좋은 거래소라는 말은 아니다. 글로벌 1위 거래소인 바이낸스의 2021년 코인 상장 실적은 총 95건이었다. 선물거래 또는 트레이딩 페어Trading Pair를 제외한 현물거래만을 위한 상장만을 집계하였다.

한국의 주식시장 공모주 참여와 같이 거래소의 코인공개에 참여하기 위해서는 거래소 상장 전, 즉 비상장일 때 참여하는 방법이 있다. 사업자금 모집 등을 위하여 매각Pre-sale을 진행하기도 하는데, 이때 상장이 실패할 위험 등을 감수하는 대가로 더 낮은 가격에 구매할 수 있다. 그렇지 않고서는 종종 거래소별로 신규 코인이 상장할 때보다 낮은 가격에 판매를 하곤 하는데, 이때 구매를 하면 상장 실패 위험은 제거할 수 있다. 낮은 가격은 거래소 프로모션 등을 위한 목적인데, 각각의 거래소별로 참여할 수 있는 요건은 다르다. 보통은 거래소 거버넌스 코인 보유량이 많을수록 더 많은 기회를 제공하지만, 거래소에 따라 거래량에 따른 기회를 부여하기도 한다. 우리나라 공모주 참여 시 청약금액이 높을수록 더욱 많은 공모주를 받을 수 있는 것처럼, 거버넌스 코인 보유량이나 거래량 등으로 요건을 정해 놓았다. 아래 표에서 밑줄 친 11개 코인은 공모주 청약과 유사한 방법으로 상장이 진행되었는데, 바이낸스에서는 이를 런치패드Launchpad라고 부르며, 거래소별로 다르게 부르기도 한다. 예를 들어, OKX에서는 점프스타트Jumpstart로 부른다.

자료 2-4 바이낸스 거래소 2021년 상장 코인

월	상장 코인	월	상장 코인
1	TWT, CKB, DEXE, TRU, RIF, CELO / 6개	7	FLOW, CLV, QNT, C98, QUICK, BOND, MLN / 7개
2	TVK, PHA, ACM, UFT, FXS, SFP, VAI, PROS / 8개	8	GNO, TRIBE, WAXP, MBOX, ALPACA, FARM, MINA, RAY / 8개
3	CFX, SUPER, RAMP, PERP, LINA, BIFI, DEGO, POND, OM, FIS, BADGER / 11개	9	FIDA, YGG, ILV, GALA, DYDX / 5개
4	FORTH, BAR, MIR, TKO, EPS, AUTO / 6개	10	CHESS, LAZIO, RARE, BETA, RAD, AGLD / 6개
5	LPT, MASK, MDX, POLS, AR, GYEN, ICP, SHIB / 8개	11	ALCX, RNDR, PYR, AMP, PLA, JASMY, PORTO, QI, ENS, CITY, MOVR, RGT, BNX / 13개
6	KLAY, ERN, KEEP, TORN, GTC, NU / 6개	12	JOE, SPELL, UST, CVX, PEOPLE, HIGH, VOXEL, FLUX, BICO, ANY, MC / 11개

*출처: 바이낸스 공시 취합

이와 같은 거래소 공모를 통한 상장 코인은 상장 시점에 높은 수익률을 기록한다. 2022년 11월 현재는 파산위기에 처해 있지만, 과거 글로벌 2위 현물 거래소인 FTX는 IEO를 통해서 FTX의 거버넌스 토큰[FTT] 투자자에게 공모가격으로 코인을 살 기회를 제공하였다. 상장 코인을 배분받을 경우 상장 당일의 높은 수익률을 기대할 수 있기 때문에 거버넌스 토큰에 대한 보유 동기로도 작용한다. 역으로 거래소의 입장에서는 높은 수익률을 달성할 수 있는 코인의 상장이 필요하다. 다음은 과거 FTX의 IEO를 통한 상장 코인의 첫째 날 수익률인데, 평균 1,100% 수준으로 매우 높았다. 물론, 이는 이후 거버넌스 토큰을 활용한 레버리지 금융이 엮인 의도적인 가격 상승 노력의 결과로 밝혀지긴 했지만 말이다. 한국 주식시장의 경우, 거래 이틀에 걸쳐 소위 '따상상'을 기록하여도 230% 수준인데, 1,100%는 이보다도 꽤 높다. 물론, 반대로 거래소 토큰에 투자한 금액이 가격 하락으로 손실을 볼 위험이 있다. 신규 상장 코인의 1,100% 수익률은 높지만, 수익의 절대 금액은 작을 수 있다. 다만, 여기에서 말하고자 하는 바는, 신규 상장 코인의 경우 거래소 상장이라는 이벤트를 통할 거칠 때보다 높은 수익률을 보인다는 사실이다.

물론, 코인공개의 평균 실적은 거래소마다 차이가 있다. 또한, 거래소 내에서도 거래소의 평가에 따라 구분을 다르게 하기도 한다. 현재 불법거래소로 지정되어 있는 MEXC 거래소[35]의 경우, 런치패드, M-Day, 킥스타터[Kickstarter], MX Defi 등으로 구분하여 신규 상장 코인을 거버넌스 토큰 투자자 등에게 배분한다. 그리

자료 2-5 과거 FTX 거래소 IEO 실적

날짜	코인	공모가	상장일 종가	상승률
2019년 9월	FTT	$0.20	$1.64	820%
2020년 8월	SRM	$0.11	$1.71	1,555%
2020년 9월	HGET	$5.00	$5.80	116%
2020년 9월	UBXT	$0.01	$0.03	300%
2020년 12월	FIDA	$0.10	$0.47	470%
2021년 2월	MAPS	$0.125	$0.77	616%
2021년 3월	OXY	$0.125	$2.92	2,336%
2021년 5월	MER	$0.125	$1.58	1,264%
2021년 8월	SLRS	$0.05	$0.18	360%
2021년 8월	ATLAS	$0.003	$0.078	2,600%
2022년 1월	PSY	$0.12	$0.26	217%
2022년 3월	INDI	$0.10	$0.17	170%
2022년 3월	CTX	$0.08	$2.74	3,425%

*출처: FTX 자료 취합

고 당첨 확률과 수익률은 각각 다르다. 이와 같은 구분은 거래소 거래 활성화 또는 거버넌스 토큰의 가격 부양책 등의 목적으로 판단된다. 다만, 거래소 거버넌스 토큰의 경우, 거래소가 본연의 업무인 거래 중개뿐만 아니라, 직접 토큰을 만들어 낸 것이기 때문에, 특히 많은 주의를 해야 한다. 회계 분식이나 무리한 레버리지 금융 등에 더욱 크게 노출되어 있기 때문이다. 언제든지 FTX

---

35 2022년 8월 금융위원회 산하 금융정보분석원이 정부에 가상자산사업자 VASP 로 신고하지 않고 국내에서 영업 중인 가상자산 해외 거래소 16개사를 불법거래소로 지정하였다.
 (*MEXC, KuCoin, Phemex, XT.com, Bitrue, ZB.com, Bitglobal, CoinW, CoinEX, AAX, Zoomex, Poloniex, BTCEX, BTCC, DigiFinex, Pionex)

의 FTT 토큰과 같이 가치가 한순간에 완전히 사라져버리는 사태가 벌어질 수 있다.

다음으로 살펴보고자 하는 차이는 거래 시간이다. 크립토 시장은 주식시장보다 시간이 빠르게 흘러간다. 이는 거래 시간이 다르기 때문이다. 먼저, 주식시장은 전 세계 공통으로 주말에는 열리지 않는다. 공휴일이 없는 주중에만 열린다. 장전이나 장후 시장은 제외하고 정규시장만 보면, 열리는 시간은 미국은 오전 9:30부터 오후 4시까지다. 한국은 오전 9시부터 오후 3:30까지로, 모두 6시간 30분간 열린다. 한국의 경우 2021년 공휴일은 모두 64일이었고, 주말은 104일이었다. 따라서 이를 제외한 주식시장 개장 시간은 총 1,280시간 30분이었다. 반면, 크립토 시장은 연중 매일 24시간 열린다. 따라서 총 8,760시간 열린다. 6.8배 많이 열리므로, 크립토 시장은 주식시장보다 약 7배 정도 더 빠르게 진행된다고 생각할 수 있다. 예를 들어, 차트를 분석하는 입장에서는 주식시장에서 원하는 차트 완성을 위해 하루를 기다려야 하는 상황이라면, 크립토 시장에서는 이를 7로 나눈 3.4시간이면 충분할 수 있다. 그래서인지 크립토 시장에서는 차트상 4시간 봉을 주식시장의 일봉으로 생각하고 이용하는 때도 많다. 일봉은 24시간으로 아시아, 유럽, 미국으로 이어지는 전 세계 경제 시황을 커버하는 시간으로 너무 길기 때문일 수 있다.

보다 빠른 시간이 의미하는 바는 무엇인가? 보다 많은 기회와 위기라고 생각한다. 전통적으로 주식은 위험자산 Risky Asset으로 불린다. 기회와 위기의 더 빠른 반복은 더 높은 변동성으로부터 나오며, 이는 곧 더 큰 리스크이다. 투자시장에서 리스크는 일종의 가치 중립적인 요소이며, 상황에 따라 더 높은 수익이나 손실을 가져올 수 있다. 따라서 더 많은 수익을 바라고 주식시장에서 크립토 시장으로 넘어온 투자자들도 많지만, 더 큰 손실을 입고 떠나는 경우도 많다.

자료 2-6   크립토 시장 일봉 및 4시간봉 차트 비교

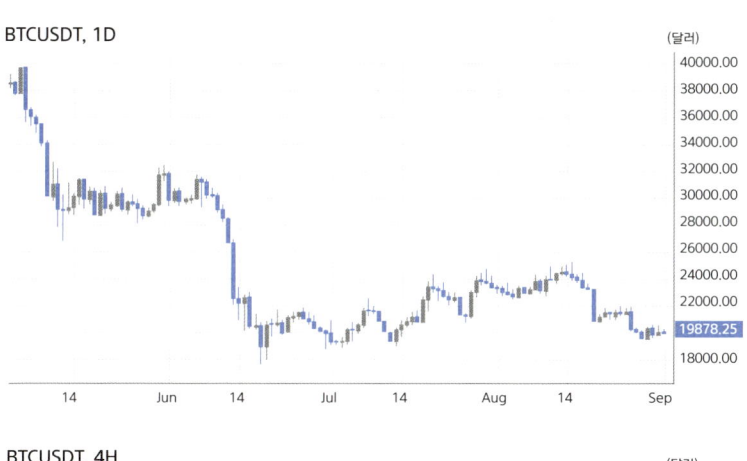

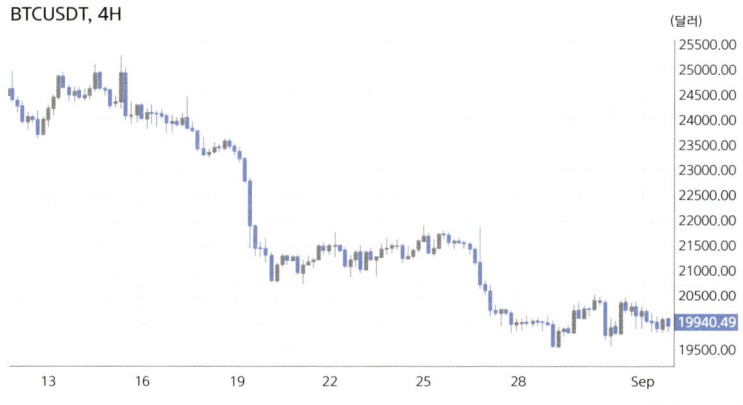

*출처: 비트겟

이처럼 온종일 24시간 열리는 크립토 주식시장에 참여하는 주체는 전 세계 사람들이다. 미국 주식시장에는 주로 미국에 거주하는 사람들이 투자를 하고 한국 시장에는 대부분 한국 국민이 투자를 한다. 하지만 크립토 시장에서 거래되는 코인의 투자자는 전 세계 투자자들로 국가별 구분이 없다. 물론, 한국 국민이 참여하는 시간대와 미국 국민의 참여 시간대는 다르기 때문에 거래가 동시에 진행되지는 않겠다. 또한, 국가별 선호하는 거래소가 다르기 때문에 가격이나 거래량 등 지표가 단기적으로는 정확하게 일치하지 않을 수 있다. 이러한 특징으로 인해 크립토 시장에 진입한 투자자들이 처음에는 수면을 취하기 어려운 경우도 있다고 한다.

한편, 우리나라의 주식시장에는 여러 해 동안 공매도에 대한 문제가 있었다. 개인 투자자들에게 공매도 허용 여부 등도 논란의 대상이었다. 대부분 공매도를 하는 주체가 기관이나 외국인 투자자로 구성되어 있어 소위 '기울어진 운동장' 문제가 제기되었다.

하지만 크립토 시장에는 이와 같은 문제는 없다. 모든 투자자에게 선물시장은 투자자 구분에 상관없이 동일하게 열려있다. 오히려 개인 투자자들의 쉬운 선물시장 접근성으로 인한 부작용이 문제가 되기도 한다. 한편, 크립토 시장의 거래량은 선물시장이 현물시장에서 더욱 크다. 전체 크립토 시장을 주관하는 규제기관이 없기 때문에 거래량에 대한 집계는 일관되지 않으며, 각 집계 금액에 대해 비판이 제기되기도 한다. 크립토 거래 조사기관[36]에

---

36 Cryptocompare, Coinglass, Theblockcrypto 등 (2021.7월~2022.5월 기간 자료)

자료 2-7 크립토 선물 거래소 1일 거래량 비교 (2022년 5월)

순위	거래소	선물	현물	배수
1	바이낸스	$50.1B	$13.4B	3.7
2	OKX	$11.4B	$1.4B	8.1
3	바이비트	$9.6B	$0.5B	19.2
4	비트겟	$8.2B	$0.6B	13.7
5	코인타이거	$7.9B	$0.5B	15.8

*출처: 코인마켓캡

따르면, 비트코인의 선물 거래량은 최근 1년간 현물 거래량의 최소 5배에서 최대 10배이었다. 현물과 선물 모두 업계 1위인 바이낸스에서 1일 거래량이 조사 당일 현물은 130억 달러였으나 선물은 480억 달러였다. 선물에 보다 집중하는 거래소의 경우 현물 대비 선물의 거래량은 이보다도 더 많았다. 한국의 파생상품 거래규모는 전 세계 최상위권에 속하는데, 선물시장 규모가 현물시장보다 이렇게 압도적으로 많지는 않다. 한국거래소에 따르면 2022년 1월 코스피 1일 거래규모 11.2조 원 대비 코스피 200 선물 거래규모는 28.7조 원으로 2.5배 수준이었다.

위 자료에서 보는 바와 같이 상위 1~5위에 해당하는 선물 거래소의 비트코인을 포함한 전체 크립토 자산의 선물 거래량과 현물 거래량을 비교해보았을 때, 선물 거래량이 약 5.3배 더 많았다. 현물시장의 헤지 목적을 넘어서서 투기 Speculation 목적의 거래가 더 높아지고 있다고도 해석할 수 있겠다. 이를테면, 현물 1을 보유하고 있을 때, 이에 대한 헤지 목적을 위해서는 동일 가격에 선물 매도Short를 하면 된다. 이때 레버리지는 1배이다. 물론, 진입 가격의 차이로 인해 레버리지가 조금 달라질 수도 있지만, 레버리지가 10배라면 이는 투기 목적으로 볼 수 있겠다.

이로 인해 선물 투자자들에게는 청산Liquidation이라는 개념이 친숙하게 되었고, 청산맵Liquidation Map이라는 보조 자료도 등장하게 되었다. 청산은 10배 레버리지로 선물 매수를 하였을 때 가격이 반대로 10%로 변동한다면, 처음 진입하였던 담보 자산의 가치가 0이 되는 것을 의미한다. 청산맵은 가격에 따른 해당 시점에 청산 물량을 보여준다. 만약, 청산이 발생하면 반대매매로 포지션을 강제로 종료해야 하기 때문에, 가격 변동 진행 방향으로 더욱 크게 움직일 수 있기 때문에 유의해야 한다. 단순히 현물시장의 크립토 자산의 수요와 공급으로 가격이 결정되기보다는 선물시장의 다양한 이해관계가 현물 가격에 영향을 미치는 주객전도 Wag the Dog 현상이 보인다.

주식시장의 기원은 네덜란드의 동인도회사가 자금을 모집하면서 주식을 최초 발행한 1602년으로 거슬러 올라간다. 1609년 암스테르담Amsterdam에는 인류 최초의 증권거래소가 설립되었다. 이후 400년 이상이 흘러서, 주식과 관련된 각종 법규와 제도가 생겨났고, 시장은 보다 합리적으로 변하였다. 금융 명문가문으로 유명한 로스차일드가Rothschild가 1815년 워털루Waterloo 전쟁 결과에 대한 정보 비대칭성을 이용하여 영국 국채를 헐값에 매수한 일화나 2008년 부실한 기초자산 위에 쌓아 올린 각종 파생상품으로부터 시작된 서브프라임 금융위기 사태 등은 주식시장의

자료 2-8 비트코인 청산맵 예시 (2022년 8월 7일)

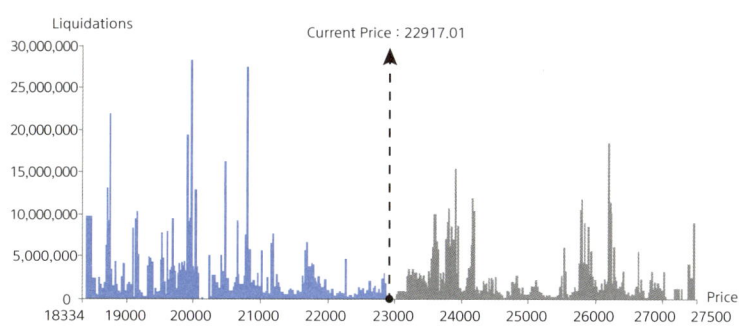

*출처: The Kingfisher

비합리적인 모습을 보여준다. 시간이 지남에 따라 그 정도가 줄어든 측면은 있기는 하지만 말이다. 따라서 재무학에서도 시장의 가격이 가장 이상적인 균형가격이라고 주장하는 효율적 시장 가설 Efficient Market Hypothesis 등의 완전한 시장은 보통 가설로 적용된다. 역으로 시장이 완벽하다면 더 이상 주식을 분석할 필요도 없을 수도 있다. 시장에서 가격이 저절로 균형점을 찾아가기 때문이다.

이처럼 400년이 넘는 기간 동안 발전한 주식시장도 비합리적인 부분이 아직까지 존재하는데, 크립토 시장은 이제 막 걸음마를 뗀 수준이다. 2009년 비트코인이 세상에 나온 이후 14년이 흘렀을 뿐이며, 제대로 시장이 형성되기 시작한 시점부터는 채 10년이 되지 않았다. 따라서 크립토 시장이 거품과 붕괴가 반복되는 비이성적인 시장이라는 비판은 일견 합당하다. 10년밖에 안 된 시장이 400년 된 주식시장과 같을 수는 없다. 즉, 크립토 시장에 참여하는 투자자들은 이 시장이 주식시장에 비해 보다 비이성적인 시장이라는 사실을 간과해서는 안 된다.

크립토 시장에서는 지속해서 거품과 붕괴가 주식시장에서보다 빠르게 전개되는데, 이는 쉬지 않고 전 세계적으로 시장이 열리는 특성에 기인하기도 하지만 정보, 규제, 시장 등에서 비이성적인 요소가 아직은 많기 때문으로 보인다. 비트코인은 장기적으로는 우상향의 차트를 그리고 있다. 아래 차트를 보고 2020년까지의 기간에 대해 최소한 안정적이지 않다고 말할 수 있을까? 다만, 단기적인 시점을 확대해보면 여러 가지 비이성적인 이벤트가 지속해서 발생하였고, 앞으로도 그러리라 예측된다.

가장 최근의 이슈로는 매우 유명한 테라-루나 사태였다. 이에 대한 추측 중에는 해당 코인의 기술적 결함에 대한 금융 공격 가능성이 포함된다. 직접적인 공격이 아니었을지라도 폭락이 발생

자료 2-9 비트코인 가격 차트

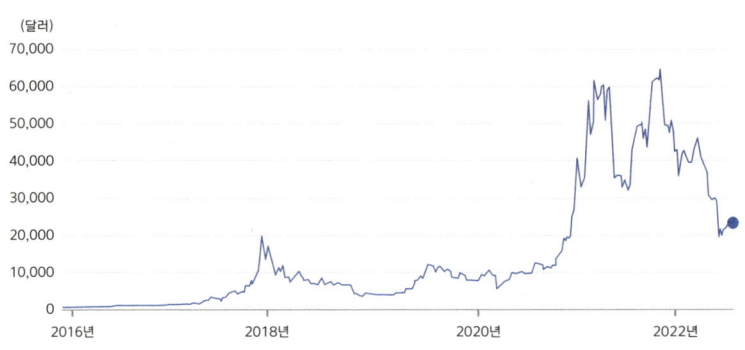

*출처: 구글

자료 2-10 국내외 거래소별 루나 코인 가격 (2022년 5월 13일)

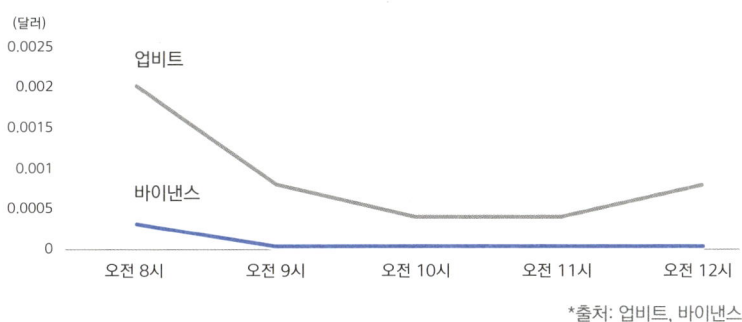

*출처: 업비트, 바이낸스

한 시점에 이와 같은 극단적인 이벤트를 이용하여 수익을 극대화하는 이벤트 드리븐Event-driven 전략이 유효했다. 또는 폭락한 다음 날 국내외 거래소 가격 차이를 이용한 차익거래가 일시적으로 가능했다고 전해진다.

　이와 같은 비이성적인 요소는 투자에 있어서는 가치중립적이다. 투자시장은 근본적으로 모두가 다 승자가 될 수는 없는 구조이다. 모든 가격이 떨어지지 않고 항상 우상향하지 않는 이상 말이다. 누군가에게는 큰 손실을 가져다줄 수 있지만, 이로 인해 새로운 부가 탄생할 수도 있다. 주식시장에서는 1998년 IMF 금융위기로 인한 폭락 이후 닷컴버블이 형성되었고, 2008년 서브프라임 모기지 금융위기로 인한 폭락 이후에는 전 미국 시장의 대세 상승이 시작되었다. 최근 사례를 보자면, 코로나 사태로 인한 폭락 이후 양적완화 등으로 주가지수는 사상 최고치를 경신하였다. 비이성적인 요소는 이를 가속화할 수는 있으며 이에 따라 지속적인 위기와 기회는 빠르게 반복된다. 투자자의 입장에서 위기와 기회는 보는 측면에 따라 같은 말일 수도 있는데, 위기를 기다리고 준비하면 기회가 되기 때문이다.

03

펀드 및 기업투자

지금까지는 블록체인과 크립토 시장을 인터넷 기술과 주식시장과 비교 분석하며 고유한 특징뿐만 아니라 성장 가능성에 대해서도 살펴보았다. 이러한 크립토 시장의 가능성에 대해 가장 빠르게 알아채고 진출하는 집단이 있다. 바로 기업이다. 펀드의 형태를 가진 기관투자자일 수도 있고 사업을 직접 영위하는 주체일 수도 있다. 다양한 부류의 기업이 크립토 시장을 선점하기 위해 노력하고 있다.

먼저, 크립토 시장에 가장 공격적으로 투자한다고 알려진 크립토 헤지펀드나 크립토 벤처캐피털 펀드에 대해 살펴보도록 하자. 테라-루나 사태 등으로 투자심리가 바닥을 보이고 있었던 2022년 5월에는 실리콘 밸리에 기반하고 있는 안데르센 호로위츠Andreessen Horowitz; a16z 펀드는 크립토 자산 및 블록체인 스타트업을 위해 450억 달러 규모의 펀드를 출시한다고 밝혔다. 이번 펀드는 안데르센의 4번째 펀드로 그동안 총 투자액은 760억 달러 규모로 알려져 있다. PwC 보고서에 따르면, 전 세계 크립토 헤지펀드의 규모는 2019년 20억 달러에서 2020년에 38억 달러로 증가하였다. Statista에 따르면, 2020년 펀드별 평균 운용규모AUM는

4,280만 달러였고, 이는 2019년 대비 3배 이상 증가한 수치였다. 여러 보고서에서 크립토 펀드로의 지속적 자금 유입이 언급되고 있다. 주요 펀드로는 운용규모가 60억 달러 이상으로 공시한 Pantera Capital 등이 있고, 거래소 자체적으로 운용하는 Coinbase Ventures, Binance Labs 등도 있다.

대부분은 사모로 운영되는 펀드로 주요 정보는 공시되어 있지 않다. 인지도, 활동, 규모 등을 고려한 주요 펀드로는 다음 10개가 있다. 규모는 조사 시점에 가장 최근 자료를 활용하였으나 시기에 따라 크게 달라질 수 있기 때문에 참고로 활용하기로 한다. 크립토 자산에 직접 투자하거나 크립토 벤처회사에 투자하는 방법으로 운영한다. 펀드에서 가장 많이 투자하고 있는 크립토 자산은 비트코인과 이더리움이 압도적으로 많다.[37]

자료 2-11 주요 크립토 펀드 리스트 (2022년 5월)

N	펀드	규모	N	펀드	규모
1	Alameda Research[38]	〉$10B	6	AU21 Capital	〉$0.65B
2	Pantera Capital	$6B	7	DeFiance Capital	〉$0.5B
3	Kenetic Capital	Unknown	8	Coinbase Ventures	〉$3.7B
4	Multicoin Capital	〉$3B	9	Arrington XRP Capital	〉$10B
5	a16z	〉$4.5B	10	Three Arrows Capital[39]	〉$10B

*출처: 개인 조사

37 PwC. (2022, May). 3rd Annual Global Crypto Hedge Fund Report 2021
38 2022년 11월 무리한 레버리지 투자 등으로 인해 파산위기에 직면한 상태이다.
39 2022년 하락장에서 투자를 위한 차입금 상환 실패에 따라 2022년 8월 현재 법원에 파산신청을 한 상태이다.

또한, 아크 인베스트Ark Invest 등이 미국의 비트코인 현물 ETF 승인을 위해 지속해서 노력하고 있는데, 가정이지만 만약 미국 증권거래위원회SEC에서 승인된다면, 크립토 시장에 더 많은 유동성이 공급될 것으로 보인다. 지금보다도 많은 펀드가 시장에 유입될 가능성도 높아 보인다.

금융 펀드뿐만 아니라 일반 기업에서도 크립토 시장의 가능성, 성장성을 보고 문을 두드리는 경우가 많아지고 있다. 대표적으로 소셜 네트워크 서비스의 선두주자인 페이스북이 사명을 메타Meta로 변경하고 크립토 시장과 직접 연결되어 있는 메타버스로 진출하기 위해 노력하고 있다. 금융회사인 제이피모건JPMorgan이 가상부동산인 디센트럴랜드Decentraland에 입점했다거나 HSBC가 더 샌드박스The Sandbox의 부동산을 구매했다는 내용은 더는 뉴스가 아니기도 하다. 미국의 대형 유통업체인 월마트Walmart 역시 물건을 판매할 때 실제 오프라인 매장 대신 가상공간을 활용할 수 있는 방안을 찾기 위한 작업에 착수했다는 소식이다. 이미 게임, 미술, 음악 등은 먼저 크립토 산업에 선두 주자로 진출한 지 오래다. 기업이 기존에 영위하던 업종이 아니더라도 성장성이 있다면 지분투자 등을 통해 크립토 분야에 진출하려는 노력도 계속되고 있다.

이처럼 기업과 자본이 진출하고 있는 동시에 인재들도 앞다투어 크립토 시장에서 일자리를 구하고 있다. 최근 국가별로 금융당국의 거래소 이직 소식이 들렸다. 한국 거래소인 업비트Upbit의 2021년 평균 연봉이 약 4억 원에 달했다는 뉴스는 채용시장에 하나의 큰 충격으로 다가오기도 했다. 현재 자본이 몰리고 있기 때문에 기본적으로 높은 급여가 가능하다. 그리고 기업 역시 빠르게 진출하기 때문에 인재에 대한 수요가 높다. 전통 금융의 중심가인 월스트리트Wallstreet 인재들 역시 크립토 산업에 뛰어들고 있기는 매한가지이다. 씨티은행Citi, 골드만삭스Goldman Sachs, 모건스탠리Morgan Stanley 등의 임원들이 크립토 회사로 이직을 하거나 직접 창업을 하는 사례가 끊이지 않는다. 이제는 더는 뉴스거리도 아니다.

성장성이 있는 기술이 있고, 여기에 자본이 몰리고, 기업이 뛰어들고 있다. 그리고 인재들이 산업의 비전을 실현하기 위한 마지막 요소인 노동력을 제공하기 위해 크립토 분야로 진출하고 있다. 이러한 이유로 앞서 설명한 바와 같이 크립토 시장에서 새로운 사업의 출현이 활발하게 일어나고 있다. 또한, 크립토 시장에서 코인공개 역시 뜨겁다. 이처럼 향후 추가적인 성장 가능성을 위한 여러 가지 요소들이 모두 모여 있고, 현재로도 증명되고 있다. 다만, 아직은 이를 뒷받침하는 제도나 기술 등이 부족한 것도 사실이다. 반대로 보면, 이러한 부족한 부분을 채워나가면 더욱더 발전할 수 있을 것이라는 조금은 낙관적인 기대를 해본다.

한편, 사람들은 크립토 자산의 가치평가Valuation가 어렵다는 이야기를 한다. 사실 가치라는 개념이 매우 주관적이라서 원래 평가가 어렵다. 사람들은 주식시장이 너무 친숙한 나머지 지금까지 주식시장에서 사용되었던 몇 가지 방법을 가치평가의 전부라고 착각했을 수 있다. 시장은 주식시장만 있지 않다. 외환시장이나 예술품을 거래하는 시장도 있다. 크립토 시장 역시 새로운 하나의 시장이라고 본다면, 이에 맞는 가치평가 방법에 관한 연구 역시 필요하다고 생각한다. 예를 들어, 주식이 여러 개의 사업을 영위하는 기업에 대한 지분이라면, 비트코인 이후 등장한 이더리움 등의 플랫폼 위에 만들어진 디앱^{dApp} 토큰은 하나의 사업에 대한 지분으로 생각해 볼 수도 있다. 학문적으로도 많은 발전을 기대해본다.

3장

시장참여자

01

개요

크립토 시장을 여러 섹터로 세부적으로 나누어서 살펴보기 전에, 이 시장에 참여하고 있는 참여 주체에 대해 알아보도록 하자. 우리 개인투자자들의 시각에서의 크립토 시장과 다른 주체들의 시각은 다를 수 있다. 각기 상호 다른 목적이나 목표를 가지고 시장에 참여하기 때문에, 우리의 예측에서 크게 벗어나는 시장의 모습이 그려질 수도 있다. 지금까지 알려진 시장참여자의 종류와 특징에 대해서 살펴봄으로써 크립토 시장을 보다 더 잘 이해해보도록 하자.

지금까지 알려진 바로는, 시장참여자는 크게 6가지 종류로 나누어 볼 수 있다. 물론, 어디에서도 공식적으로 시장참여자의 종류에 대해 규정하고 있지 않으며, 관점에 따라 종류는 달라질 수 있다. 먼저, 기관투자자이다. 기관투자자는 다시 크립토 전문 투자회사와 전통 금융회사로 나뉠 수 있다. 다음으로, 채굴자이다. 비트코인의 경우, 거래 검증을 위하여 일종의 수학 문제를 푸는 작업, 즉 채굴mining에 성공할 경우, 시스템 운영에 기여한 대가로 일정한 비트코인이 새로 발행되어 주어진다. 세 번째로, 개인투자자이다. 개인투자자는 우리와 같은 일반 개인투자자와 소위 고래 Whale라고 해서 비트코인을 초반에 싼 가격에 대량 매집을 하였거나 아니면 다른 이유 등으로 인하여 대량의 물량을 가지고 있는 투자자 집단으로 나뉠 수 있다. 네 번째는 크립토 토큰 발행자이다. 많은 물량을 발행비용 없이 보유하고 있다. 일반적으로는 소화 가능한 수준으로 시장에 물량이 풀리겠지만, 유사시에는 그렇지 않을 수 있다. 시장의 리스크 요소이기도 하다. 다섯 번째는 일반 기업이다. 크립토 자산을 통해 직접적인 이익을 취하기보다는 매출 증가 등을 위해 크립토 회사와 파트너십 Partnership을 맺는 등 크립토 시장을 활용한다. 마지막으로 중앙은행을 포함한 국가가 있다. 이들은 법률과 규제를 주관하며, 때로는 금융정책을 통하여 시장에 직·간접적으로 영향을 미친다. 아직은 법률과 규제가 전통 금융시장에 비하면 턱없이 부족한 상황이지만 테라-루나 사태 등과 같은 각종 부작용이 계속 발생할 경우 국가의 역할이 보다 중요해질 수 있다.

시장 참여자들의 특징을 파악할 경우, 이들의 행동에 대한 이해를 잘 할 수 있다. 한 전통 금융회사가 비트코인은 향후 50만 달러가 될 것이라고 말했다고 해서, 또는 그 전통 금융회사가 명성이나 평판이 좋다고 해서 이를 전적으로 신뢰할 수는 없다. 그 회사 역시 시장참여자이기 때문이다. 이러한 발언은 발언 목적이 있을 수 있기 때문에, 이들의 기본적인 특징에 대해서는 알고 있어야 한다. 그들의 발언을 「향후 50만 달러가 됐으면 좋겠다」라고 말한 것으로 바꾸어서 생각해보면 어떨까? 또한, 온체인 데이터 On-chain Data에서 몇몇 고래가 비트코인 대량을 거래소 지갑으로 이동시켰다고 해서 무조건 물량이 시장에 나온다는 의미는 아니다. 단기 숏^{Short} 배팅을 위한 속임수였을 수도 있기 때문이다. 이처럼 시장참여자들이 벌이는 행동들의 숨은 목적에 대해서도 생각해보도록 하자.

02

기관투자자

기관투자자의 시장 참여 비중은 빠르게 증가하고 있다. 거래소 코인베이스의 경우 2022년 1분기 현재 이미 기관투자자의 자산은 1,340억 달러로 개인투자자의 자산 1,230억 달러를 앞질렀다고 밝혔다. 2년 동안 자산 규모가 22배 증가한 결과였다. 기관투자자는 주요 시장참여자로서 비중을 높여가고 있다.

은행, 증권사 등의 전통 금융회사는 과거 부정적인 시각에서 벗어나 빠르게 전담 부서 등을 만들며 준비를 해나가고 있는 것으로 보인다. 씨티은행은 2021년 6월 자산운용 부문 내에 디지털 자산 그룹 Digital Assets Group 을 신설하였다. 제이피모건의 제이미 다이먼 Jamie Dimon 회장은 비트코인의 내재가치가 없다며, 회의론자로 알려져 있으나, 작년 여름 크립토 시장이 커지면서 입장을 선회하기도 하였다. 고객이 원할 경우 6개의 크립토 신탁 Trust 에 대해 판매를 허용하기 시작하였다. 2022년 8월 블랙록 Black Rock 은 기관투자자에게 크립토 자산 거래 서비스를 제공하기 위해 코인베이스와 파트너십을 체결하였다. 이들 금융회사의 시각이나 입장은 언제든지 상황에 따라 180도 바뀔 수 있다. 한국의 경우에도 은행, 증권사에서 디지털 자산 관련 팀을 신설하거나 인재를 채용하는 등의 노력을 하고 있다.

 이는 비트코인을 비롯한 크립토 자산에 대한 고객의 관심이 급속도로 증가한 결과로 해석된다. 금융회사는 비즈니스 특성상 고객의 자산을 운용 또는 중개하는 과정에서 발생한 수수료를 기반하고 있기 때문에, 고객의 수요를 무시하지 못한다. 물론, 이들은 직접 투자를 하기도 하는데, 아직은 이들 기관의 전체 자산 대비 직접 크립토 투자 규모는 크지는 않아 보인다. 국제결제은행 BIS에 따르면 씨티은행, 골드만삭스, 제이피모건 등 주요 13개 글로벌 투자은행의 크립토 관련 기업 투자액은 2022년 1분기 현재 총 29.9억 달러였는데, 이들 은행의 기본자본 Tier 1 [40] 대비 0.14~1.62% 수준이었다.[41] 이들은 크립토 자산에 직접 투자하기보다는 관련 기업에 투자하거나 또는 그레이스케일 비트코인 투자신탁 GBTC이나 시카고 상업거래소 Chicago Mercantile Exchange; CME에 상장된 비트코인 선물 ETF 등 간접 투자상품에 주로 투자해왔다. 다만, 2022년 3월 골드만삭스가 미국 투자은행 중 처음으로 비트코인 장외거래 OTC[42]를 시작했는데, 이는 직접 가격 변동 위험 노출을 감수하고 투자를 진행했다는 점에서 과거 중개 업무에서 한발 더 나아간 것으로 보인다.

---

40 국제결제은행 BIS 기준 자기자본비율은 위험자산을 자기자본으로 나눈 값이다. 자기자본은 기본자본 Tier 1과 보완자본 Tier 2으로 구성된다. 기본자본은 영구적 자본으로서 자본금, 자본준비금, 이익잉여금 등이다. 보완자본은 자기자본은 아니지만, 자기자본을 보완할 수 있다고 판단되는 후순위채 등의 부채도 포함된다.

41 BIS. (2022, Jun 21). The Future Monetary System

42 차액결제옵션 Non-deliverable Option 거래를 시작했으며, 이 옵션은 기초자산인 비트코인을 주고받지 않고 결제일에 옵션 가격의 차액만 주고받는 구조이다.

기존의 자산운용사는 어떠한가? 자산운용사의 경우, 각국의 규제 상황에 따라 달라진다. 법률이 허용할 경우, 기존 자산운용사에서도 비트코인 등 크립토 자산을 포함하는 펀드를 출시하기 시작하였다. 독일은 2021년 8월 스페셜 펀드Spezialfonds가 운용자산의 20%를 가상자산에 할당할 수 있도록 하는 법률 「The Fund Location Act」을 제정하였다. 이에 맞추어, 독일 최대 자산 운용사 중 하나인 유니온 인베스트먼트Union Investment는 일부 포트폴리오에 비트코인을 편입하였다고 한다. 2022년 4월 미국 퇴직연금 운용사인 피델리티Fidelity는 퇴직연금으로 비트코인 투자를 추가할 수 있게 하였다. 직접 펀드를 출시하지는 않았지만, 기존 자산운용사에서는 여러 방법으로 크립토 시장에 다가서고 있다. 예를 들어, 세계 최대 자산운용사 블랙록은 모든 자산을 비트코인으로 보유한 마이크로 스트래티지의 지분을 매입하여 최대주주로 등극하였다. 간접적으로 비트코인을 보유하고 있다. 또한, 2022년 4월 스테이블코인인 USD CoinUSDC을 발행하는 써클Circle의 4억 달러 펀딩 라운드에 전략적 투자자로 참여하기도 하였다.

상장지수펀드ETF는 기존 자산운용사의 입장에서는 개인이나 기관투자자들에게 다소 생소할 수 있는 크립토 상품을 쉽게 판매할 수 있는 상품이다. 상품 출시를 위해서는 금융당국의 승인이 있어야 하지만 승인 여부는 국가별로 차이가 나고 있다. 미국은 2021년 10월 프로쉐어즈 비트코인 전략 ETFProShares Bitcoin Strategy ETF를 필두로 선물 ETF를 승인하였다. 자전거래, 비트코인 가격의 조작, 비트코인 네트워크 및 거래 플랫폼의 해킹 위험 등의 이

자료 3-1 그레이스케일 트러스트 상품 (2022년 7월)

상품	AUM	주당 가격
Grayscale® Basic Attention Token Trust	$2,337,722	$3.77
Grayscale® Bitcoin Cash Trust	$32,166,283	$0.92
Grayscale® Bitcoin Trust	$13,070,053,612	$18.88
Grayscale® Chainlink Trust	$1,951,172	$6.08
Grayscale® Decentraland Trust	$15,523,797	$8.18
Grayscale® Ethereum Classic Trust	$175,780,251	$12.56
Grayscale® Ethereum Trust	$3,502,026,619	$11.29
Grayscale® Filecooin Trust	$576,600	$5.18
Grayscale® Horizen Trust	$10,251,262	$1.50
Grayscale® Litecoin Trust	$77,964,164	$4.53
Grayscale® Livepeer Trust	$5,375,089	$8.74
Grayscale® Solana Trust	$3,764,047	$6.95
Grayscale® Stellar Lumens Trust	$7,917,376	$9.60
Grayscale® Zcash Trust	$19,632,031	$5.20
Grayscale® Decentralized Finance Fund	$3,509,806	$15.00
Grayscale® Digital Large Cap Fund	$189,013,179	$11.91
Grayscale® Smart Contract Platform Ex-Ethererum Fund	$1,710,486	$6.29

*출처: Grayscale

유로 2022년 10월 현재 아직 현물 ETF는 미국 증권거래위원회 Securities and Exchange Commission; SEC에 승인되지 않고 있다. 호주, 브라질, 캐나다, 싱가포르 및 최근 유럽과 같은 일부 국가에서는 현물 비트코인 ETF가 승인되었다.

한편, 크립토 전문 운용사나 헤지펀드의 경우, 기존 자산운용사의 시장 침투가 더딘 틈을 타서, 이미 시장에서 활발하게 활동하고 있다. 세계 최대 크립토 전문 운용사인 그레이스케일 Grayscale

은 투자신탁상품Trust을 운용하고 있는데, 2021년 한때 운용자산은 610억 달러 이상을 기록하였으나, 크립토 시장의 위축으로 현재 270억 달러 수준으로 알려져 있다. 크립토 시장에 직접 투자하기가 어려운 기관투자자들의 자금이 그레이스케일 신탁상품에 투자되고 있다. 전체 크립토 운용자산AUM 362억 달러 중 70% 이상을 그레이스케일이 운용하고 있다. 이 운용사 역시 비트코인 투자신탁GBTC을 비트코인 현물 ETF로 전환하기 위해서 증권거래위원회에 계속 승인 요청을 하는 상황이다.

자료 3-2 크립토 전문 운용사 규모 및 자산 현황 (2022년 7월)

Flows by Provider (US$m)					Flows by Asset (US$m)				
운용사	Week	MTD	YTD	AUM	자산	Week	MTD	YTD	AUM
Grayscale	–	–	-37	27,027	Bitcoin	-1.7	0.8	20.5	24,634
CoinShares XBT	-2.0	-1.8	-380	1,361	Ethereum	7.6	9.2	-443.6	7,769
CoinShares Physical	0.6	1.3	225	360	Multi-asset	2.2	3.6	217.3	2,875
					Binance	–	–	-22.4	259
					Short Bitcoin	6.3	11.8	83.5	127
Purpose	0.0	0.0	46	673	Litecoin	–	–	2.9	111
3iQ	-2.0	-2.0	-429	661	Solana	0.0	0.2	110.3	100
21Shares	4.0	4.8	102	939	Tron	–	–	-3.7	67
ProShares	8.2	12.4	273	765	Cardano	0.1	0.1	11.9	34
ETC Group	-0.7	2.3	-129	402	Zcash	–	–	–	31
Other	6.4	8.1	376	4,040	Other	0.1	-0.5	70	218
Total	14.6	5	47	36,226	Total	14.6	5	47	36,226

*출처: CoinShares

자료 3-3 주요 크립토 펀드 리스트 (자료 2-11과 동일)

N	펀드	규모	N	펀드	규모
1	Alameda Research	〉$10B	6	AU21 Capital	〉$0.65B
2	Pantera Capital	$6B	7	DeFiance Capital	〉$0.5B
3	Kenetic Capital	Unknown	8	Coinbase Ventures	〉$3.7B
4	Multicoin Capital	〉$3B	9	Arrington XRP Capital	〉$10B
5	a16z	〉$4.5B	10	Three Arrows Capital	〉$10B

*출처: 개인 조사

　헤지펀드는 대부분 사모로 자금을 모집하여 투자를 진행하기 때문에 공시되는 자료는 제한적일 수밖에 없다. 헤지펀드에는 거래소^{CEX}의 투자 자회사 등이 포함되어 있다. 크립토 시장에서 직접 비트코인 등에 투자하기도 하지만 크립토 스타트업^{Startup}에 직접 투자를 진행하기도 한다. 수익 극대화를 위하여 레버리지를 적극 활용하며, 투자자금 중 유휴자금$^{Idle\ Money}$에 대해서는 디파이^{Defi}를 활용하여 이자수익을 창출하는데도 매우 적극적이다. 다만, 이러한 헤지펀드들끼리 서로 대출과 차입, 그리고 디파이 프로토콜끼리 서로 얽혀 있다 보니, 한쪽에서 문제가 생기면, 연쇄적으로 문제가 번져나갈 수 있으니 유의해야 한다. 최근 벌어진, Three Arrows Capital, BlockFi, Celsius 등이 한 시점에 다 같이 문제가 생기거나 파산을 신청한 이유이다. 이후, FTX의 거버넌스 토큰^{FTT}의 인위적인 가격 상승과 레버리지 금융이 야기한 크립토 시장 전체 폭락 사태 역시 이와 유사하다고 보인다.

　최근 하락장에서 비트코인이 2만 달러 부근으로 내려오자 마이크로 스트래티지가 마진콜 Margin Call 위험이 있다는 기사가 많았다. 비트코인을 투자한 이후 이를 담보로 대출을 받아 다시 비트코인을 투자하였기 때문에, 담보로 제공한 비트코인의 가격이 낮아질 경우, 대출기관에서는 추가 담보제공 요청을 할 수 있다. 마진콜 이슈가 아니더라도, 일반 기업이나 투자회사 등 기관에서 비트코인을 얼마에 매수하였는지는 때로는 심리적으로 중요할 수도 있다. 미국의 나스닥 상장회사이자 비트코인 투자로 가장 유명한 회사인 마이크로 스트래티지는 2022년 6월 480개의 비트코인을 평균 20,817달러에 매수하였다고 알린 바 있다. 이에 따라, 총 129,669개를 보유하게 되었으며 평균 단가는 30,664달러가 되었다. 비트코인 보유 2위 상장회사는 테슬라로 43,200개를 보유하고 있으며, 평균 단가는 34,722달러이다. 1,000개 이상 보유한 상장기업은 총 15개 회사이며, 한국의 넥슨 Nexon 도 1,717개를 평균 단가 58,241달러에 보유하고 있다고 알려져 있다.[43] 펀드 혹은 신탁의 경우, 비트코인 보유량 654,885개로 압도적 1위 신탁인 그레이스케일의 비트코인 투자신탁 GBTC 의 평균 단가는 19,509달러이다. 2위는 코인셰어즈 Coin Shares 로 69,730개, 평균 단가 11,045달러이다. 기업보다는 펀드나 신탁의 평균 단가가 낮은 것을 확인할 수 있다. 시장에서는 일반적으로 기관투자자의 평균 단가가 대략 3만 달러 부근 선이라고 인식하고 있다. 비트코인 가격이 이보다 낮아지면 이들 기관투자자 역시 손실을 보게

---

43 https://bitcointreasuries.net

된다. 현재 크립토 자산뿐만이 아니라 주식, 채권, 부동산, 금 등 전체 투자시장이 모두 얼어붙어 있기 때문에, 지금 당장은 가격이 이들의 평균 단가 이상으로 오르기 쉽지는 않겠지만, 향후 시장 회복이 진행될 경우, 어떻게 전개되는지 관찰해볼 만하겠다.

03

채굴자

채굴자는 새로운 블록을 생성하고 그 대가로 토큰을 지급받는다. 총 2,100만 개가 발행되도록 설계된 비트코인은 10분마다 일정량이 발행되는데, 이 발행물량을 받기 위해서는 컴퓨터의 연산 작업을 통해 해시캐시 Hashcash라는 문제를 풀어야 한다. 이 과정을 채굴이라고 하며, 비트코인 공급량을 일정하게 유지하기 위해, 채굴자 수에 따라 문제가 어려워지도록 설계되어 있다. 따라서 채굴자들은 엄청난 수의 컴퓨터를 동원해야 비트코인을 지급받을 수 있게 되었다.

　채굴 과정에서 들어가는 전기세와 장비가격 등을 채굴원가라고 하는데, 비트코인 가격이 높아지고 이에 따라 채굴자 수가 많아짐에 따라 해시캐시 난이도는 높아졌고, 채굴원가도 같이 올라갔다. 이들은 비트코인 가격이 원가보다 높아질 경우 매도를 하여 수익을 챙긴다. 종종 이들이 한꺼번에 물량을 시장에 내다 팔 경우, 갑자기 변동성이 크게 나타나기도 한다. 이러한 채굴원가는 채굴자별로 다르며, 분석기관별로 추정 채굴원가는 다르게 나타난다. 최근 제이피모건은 채굴원가를 2022년 초 18,000~20,000달러에서 에너지 효율 개선으로 8월 현재 15,000달러 정도로 추정하였다.[44] 다른 기관에서는 8,000달러라고 하고, 20,000달러 이상이라고 하기도 한다. 비트코인 가격과 채굴원가에 따라, 채굴자들의 비트코인 매도에 대한 다이내믹 Dynamic 이 달라질 수 있다. 이를테면, 현재와 같이 비트코인 가격이 2만 달러 부근이라면 채굴원가가 이보다 높은 채굴자들은 처음에는 손실이 발생하기 때문에 매도하지 않다가 시간이 지나면서 재무압박 등으로 인해 물량을 일시에 시장에 풀 수 있다. 최근 뉴스[45]에 따르면 채굴자들의 비트코인 보유량이 지난 2주간 약 4,300개 급감하였다고 한다.

채굴자들은 전 세계에 퍼져있는데, 개별 국가의 규제에 따라, 주요 채굴 국가 순위는 달라지기도 한다. 중국은 과거 2021년까지 글로벌 채굴 점유율이 70% 이상으로 알려져 있으나, 정부에서 크립토에 대해 전면 금지를 선언하면서 채굴이 불가능해졌다. 이에 채굴자들은 중국에서 미국, 카자흐스탄 등으로 이동했다. 2022년 하반기 현재 미국은 글로벌 해시레이트 Hashrate [46]의 35% 수준을 차지하고 있을 정도로 많은 채굴자를 보유하고 있다고 판단된다. 이외에 해시레이트 10% 안팎의 카자흐스탄, 러시아, 캐나다, 말레이시아 등이 채굴 국가로 알려져 있다. 다만, 막대한 전력 소모로 인하여 환경적인 문제가 끊임없이 대두하기도 하며, 정부의 크립토 산업에 대한 입장에 따라 이러한 국가별 채굴 데이터는 한순간에도 뒤바뀔 수 있다.

---

44 https://ft.com/content/4732c153-b9ba-4bd9-adb6-b5b9d9162e5a
45 Crypto Quant
46 1초당 계산이 가능한 해시의 수의 합, 즉, 연산 능력의 합을 의미한다.

자료 3-4 채굴기업 시가총액 예시 (2022년 7월)

채굴기업	가격($)	시총($M)	12개월 PSR
Canaan Inc. (CAN)	3.75	701.0	1.9
HIVE Blockchain Technologies Ltd. (HIVE)	4.18	343.8	2.1
Bitfarms Ltd. (BITF)	1.96	398.1	10.9

*출처: 개인 조사

    채굴자의 규모가 커지면서 기업화된 경우도 많다. 어쩌면 당연한 순서일 수도 있다. 비트코인 가격이 올라가면서 채굴원가도 동시에 올라가는데, 비트코인 가격이 떨어질 때 소규모 개인의 경우 대처가 어려울 수 있기 때문이다. 즉, 채굴원가는 이미 늘어난 채굴자 수가 바로 줄어들지 않는 한, 쉽게 줄어들지 않는다. 게다가 소규모라면 더 성능이 좋은 컴퓨터로 바로바로 교체하지 못하기 때문에 생산성 측면에서도 문제가 발생한다. 하락장이 단기간에 끝이 난다면 재무적으로 버틸 수 있지만, 그렇지 않다면 파산하는 경우가 많다. 일례로, 2018년 하락장에서 1,000여 곳 이상의 한국의 채굴자들이 대부분 문을 닫았다. 늘어나는 손실을 감당하지 못했기 때문이다. 한편, 미국의 채굴기업들은 나스닥에 상장하여 좋은 투자대상으로 평가받는 경우도 많다. 하락장임에도 불구하고 몇몇 기업은 시가총액이 수천억 원에 달하는 경우도 있다.

    이와 같이 비트코인 채굴이 마무리되어 가는 시점인 2030년대까지는 어느 정도 시장에 매물을 제공하면서 영향을 미칠 것으로 판단된다. 물론, 비트코인 이외에 이더리움을 비롯한 다양한 알트코인의 채굴 역시 가능하기 때문에, 향후 가격이 오를 경우 이들의 행동에 대해서도 관심을 가질 필요가 있다.

04

개인투자자

개인투자자 수도 빠르게 증가하고 있다. 투자규모 면에서는 기관투자자에게 뒤질 수 있지만, 크립토 시장에 참여하는 개인투자자 수는 무시 못 할 수준으로 성장하였다. 2021년 하반기 한국의 개인투자자는 500만 명을 넘어섰으며, 일평균 거래대금은 11조 원 이상으로 코스피 시장의 70% 수준으로 집계되었다.[47] 글로벌 시장에서도 마찬가지이다. 2021년 1분기 기준 미국 거래소인 코인베이스의 자산 중 개인투자자의 비중이 48%로 집계되었다.[48]

개인투자자들은 그 수가 많고 시장 참여 행태가 매우 다양하기 때문에, 분석의 대상에서 제외한다. 다만, 개인투자자 중 일부는 고래라고 불리는 거대 자산 투자자에 해당한다. 정확히 누구인지는 알 수 없다. 블록체인 상에서 해당하는 거래계좌만을 알 수 있기 때문이다. 물론, 기업일 수도 있지만, 구분할 수 있는 방법은 직접 자신이 발표하지 않는 한 없다. 이러한 계좌의 움직임은 주요 크립토 자산의 단기 가격 움직임을 살펴보는데 참고 자료

47　금융정보분석원 FIU. (2022, Mar 2). 가상자산사업자 실태조사 결과.
48　BIS는 2022년 연례 경제보고서를 발표하면서 미래 통화 제도 The future monetary system 를 주제로 한 보고서를 수록

자료 3-5 비트코인 계좌별 보유량

잔액 구분	지갑 주소 수	보유량	비중
(0 - 0.00001)	3,258,960	15.58	0%
[0.00001 - 0.0001)	7,951,556	343.96	0%
[0.0001 - 0.001)	10,544,820	4,073	0.02%
[0.001 - 0.01)	10,622,344	40,320	0.21%
[0.01 - 0.1)	6,793,281	222,116	1.16%
[0.1 - 1)	2,826,339	875,409	4.59%
[1 - 10)	735,406	1,854,080	9.71%
[10 - 100)	133,495	4,301,987	22.53%
[100 - 1,000)	13,720	3,867,297	20.26%
[1,000 - 10,000)	2,085	5,024,005	26.32%
[10,000 - 100,000)	90	2,120,735	11.11%
[100,000 - 1,000,000)	5	780,107	4.09%

*출처: bitinfocharts.com

로 사용되고 있다. 2022년 7월 현재 약 비트코인을 보유한 지갑 4,300만 개 중 상위 95개 지갑에서 보유하고 있는 개수가 15%에 해당한다. 상위 2,180개 지갑의 보유 개수는 40%를 넘어간다. 이들의 움직임에 따라 단기 가격 급등락은 물론이거니와 중기 가격 흐름까지 영향을 미칠 수 있다. 따라서 거대 물량을 보유하고 있는 지갑의 움직임은 참고할 필요가 있다.

현재 가장 잘 알려진 고래로는 비트코인 창시자로 알려진 사토시 나카모토, 윙클 보스 형제 Cameron Winklevoss, Tyler Winklevoss 그리고 팀 드레이퍼 Tim Draper 등이 있다. 물론, 정확하게 어떠한 지갑을 사용하는지 등은 알 수 없으며, 대중들이 추정할 뿐이다. 이들의 특징으로는 단기 차익을 목적으로 하기보다는 가격이 떨어졌을 때

매집을 하여 장기 보유하는 특징 등이 있다. 2022년 4~5월에서 와같이 가격이 2만 달러까지 단기간에 급락한 시점에는 이들 고래 지갑으로의 물량 유입이 더욱 활발해지는 경향이 있다.

    선물 투자자의 경우 레버리지를 사용하기 때문에 이러한 지갑의 움직임을 실시간으로 파악하여 유용하게 활용하기도 한다. 즉, 고래 지갑에서 자신이 투자하고 있는 코인과 동일한 코인이 거래소 지갑으로 이동되었을 경우, 매도 신호로 볼 수도 있다. 물론 항상 그런 것은 아니다. 그들이 매도를 위해 지갑에서 물량을 옮겼는지 아니면 선물 목적 등 다른 이유로 옮겼는지를 알 수 없기 때문이다. 하지만 다수의 고래 지갑에서 동시에 유사한 움직임이 발생하였다면 이를 토대로 투자 전략을 수정할 수도 있을 것이다. 반대로 비트코인이 거래소 지갑에서 개인 지갑으로 옮겨졌다면 가격 상승을 바라보는 입장에서는 좋은 소식일 수 있겠다. 개인 지갑에서 스테이블코인이 거래소 지갑으로 옮겨졌다면, 이 역시 좋은 소식일 수 있겠다.

자료 3-6   비트코인 상위 5위 고래 지갑 예시

N	지갑 주소	규모
1	34xp4vRoCGJym3xR7yCVPFHoCNxv4Twseo	252,597
2	bc1qgdjqv0av3q56jvd82tkdjpy7gdp9ut8tlqmgrpmv24sq90ecnvqqjwvw97	168,010
3	1P5ZEDWTKTFGxQjZphgWPQUpe554WKDfHQ	132,883
4	3LYJfcfHPXYJreMsASk2jkn69LWEYKzexb	125,351
5	3M219KR5vEneNb47ewrPfWyb5jQ2DjxRP6	101,266

*출처: bitinfocharts.com

이러한 고래 지갑의 움직임만을 계속 추적하며 바라볼 수는 없기 때문에, 투자자들은 종종 실시간으로 이러한 움직임을 알려주는 보고서[49] 등을 검색하기도 한다. 또는 트위터^{Twitter}상에서는 고래의 움직임을 실시간으로 알려주는 Whale Alert라는 전문가 그룹이 있기도 하다.

---

49 Crypto Quant, Sentiment 등

05

토큰 발행자

토큰을 발행한 창업자나 관련 팀 그리고 상장 전 초기 투자자 모두 보유 물량이 많다는 점에서 고래에 해당한다. 예를 들어, 더 샌드박스의 경우, 창업자와 관련 팀의 토큰 물량이 전체 지분 중 19%에 해당하며, 어드바이저 그룹Advisor Group 역시 10%를 차지한다. 이들 물량은 락업Lockup 기간에 해당하지만 않는다면 언제든지 팔 수 있다. 다만, 투자자들은 이들이 사업을 운영하고 있기 때문에 쉽게 팔지는 않을 것이라고 가정한다. 그렇지만 이는 가정이기 때문에 이들의 성향 등에 대하여 주의를 할 필요가 있다. 크립토 시장은 아직 초기이기 때문에 언제든지 프로젝트가 좌초되는 경우도 많고, 심지어는 창업자들이 투자자금을 가지고 사라져버리는 이른바 러그풀Rug Pull[50]이 자주 발생하기도 한다.

창업자들의 물량이 시장에 일시에 출회할 때는 가격에 상당한 영향을 미칠 수도 있다. 일반적으로는 대량 물량을 일시에 시장에 내다 팔지는 않겠지만, 프로젝트의 성공 여부, 팀 내 분쟁,

---

50 원래 의미는 양탄자를 잡아당겨 그 위에 있는 사람을 쓰러트리는 행위이며, 크립토 시장에서는 프로젝트 개발자가 프로젝트를 갑자기 중단하고 투자자금을 가지고 사라지는 사기를 의미한다.

재무 사정, 신규 사업 진출 등 다양한 요인에 따라, 물량은 언제든지 출회할 수 있다. 물론, 이는 스테이킹^{Staking}에 대한 보상 또는 각종 이벤트에 대한 상금 성격으로 회사가 보유하고 있는 물량과는 다른 순수한 창업자들의 개인 보유 물량을 말한다. 리플^{Ripple; XRP}의 전 공동창업자이자 최고 기술책임자였던 제드 맥캘럽^{Jed McCaleb}은 회사를 떠난 이후 줄곧 그가 보유한 물량을 시장에 내다 팔았는데, 그 물량이 리플의 가격 하락 요인이었다고 한다. 2014~2019년 10억 개 이상의 리플을 매도했고, 2022년에는 5개월간 4.6억 개의 리플을 팔았다고 전해진다.

이러한 극단적인 사례 이외에, 지극히 정상적인 운영 과정에서도 대량의 물량이 시장에 일시에 출회할 수도 있다. 한국의 대표적인 P2E 토큰인 위믹스^{Wemix; WEMIX}의 발행사 위메이드^{Wemade}는 2022년 초 회사 보유 물량을 대거 시장에서 처분한 적이 있었다. 회사는 토큰의 발행이나 사용 등에 관한 사항은 백서^{Whitepaper}에 근거하고 있다고 대응했지만, 이러한 유동화^{Liquidation}에 대한 합법성 여부에 대해서는 시장의 의문이 다수 제기[51]되었다. 기본적으로 제도권에서 관리, 감독하고 있지 않거나 부족하기 때문에 이러한 대량 매도 가능성에 대해서는 현재로서는 투자자들이 코인별로 직접 확인하고 검증하는 수밖에 없다. 일반적으로 주식시장에서는 각종 공시와 제한 조치로 인해서 투자자들이 일정 부분

---

51 (머니투데이. 2022.3.9.) 자시연 위메이드 저격, "위믹스, 시장질서 훼손...강력 규제 필요"
https://news.mt.co.kr/mtview.php?no=2022030810514042257

보호받고 있지만, 크립토 시장에서는 이러한 조치가 아직 부족하기 때문에, 특히 큰 금액을 투자할 때에는 창업자 물량 등에 대해 확인을 해보기를 바란다.

06

일반 기업

일반 기업의 크립토 시장 참여는 크게 두 가지 방법으로 일어나고 있다. 하나는 직접 토큰을 발행하고 이를 활용하여 생태계를 구축하는 방법이다. 한국의 위메이드, 컴투스^{Com2uS; CTX} 등 여러 게임회사가 이러한 방법으로 크립토 시장에 직접 참여를 하고 있다. 다른 하나는 기존의 크립토 프로젝트와 협업을 하는 방법이다. 크립토 프로젝트와 일반 기업의 사업이 서로 윈윈^{Win-Win}할 수 있도록 접점을 찾아 두 개를 연결한다. 가상부동산^{Metaverse Land} 프로젝트에 입점했던 삼성전자, 제이피모건, 소더비^{Sotheby's} 등은 가상부동산을 통해 고객과의 접점을 확대할 수 있고, 더 샌드박스나 디센트럴랜드는 가상부동산의 활용도를 더욱 높일 수 있다.

  일반 기업이 미래 성장성을 위하여 크립토 시장에 참여할 경우, 주가에 미치는 영향보다는 토큰 가격에 미치는 영향이 더욱 크게 느껴진다. 이유는 기업의 가치평가에서 차지하는 시장참여로 기대되는 성장가치가 아직은 전체 가치 중 크게 평가받지 못하는 데 반해, 크립토 시장은 기대감만으로도 가격이 오를 수 있는 초기 시장이며 성장에 대한 가치를 더욱 높게 쳐주기 때문으로 보인다. 예를 들어, 테슬라가 도지코인을 결제 수단으로 활용하겠다는 뉴

자료 3-7   폴리곤 가격 차트

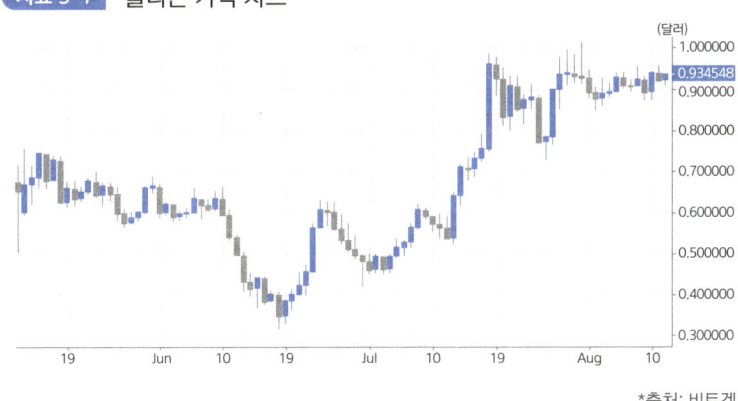

*출처: 비트겟

스가 나왔을 때 도지코인의 미친 가격 상승을 보았었던가? 2022년 7월 하락장이 연출되고 있는 시점에도 폴리곤의 가격 반등은 매우 강했다. 폴리곤이 디즈니의 액셀러레이터 프로그램에 선정된 회사로 선택되었다는 뉴스의 영향도 있다고 생각한다.

장기적으로는 일반 기업과의 협업이 실제 현금흐름Cash Flow을 창출할 수 있는지가 크립토 자산 가격에 대한 주요 평가요소가 되어야 하지만 단기적으로는 기대감만으로도 충분히 가격 상승이 있을 수 있다. 이러한 뉴스는 종종 트리거Trigger로도 작용할 수 있다. 즉, 하락에서 상승으로 반전을 꾀하는 모멘텀Momentum을 제공한다거나, 상승이 주춤거릴 때 새로운 동력을 제공할 수도 있다. 다만, 아직은 일반 기업과의 협업이 실제로 현금흐름을 창출할 만큼 깊숙이 진행되기보다는 기업 입장에서 이제 크립토 시장에 진출하겠다는 상징성이 더욱 클 수 있기 때문에, 실질적인 가치평가는 장기적인 관점에서 바라보아야 할 것이다.

07

정부 및 국제사회

각국의 정부와 국제기구 등의 국제사회는 지속해서 크립토 시장에 영향을 미치고 있다. 토큰 발행은 기본적으로 정부의 고유 권한인 통화 발행과 대치되는 개념이기 때문에 정부의 크립토 시장에 대한 입장은 앞으로도 긍정적이기는 자못 어려워 보인다. 정부의 영향력은 지금까지 살펴본 일반 기업이나 개인투자자 등과는 다르게 시장 전체로 접근하는 측면이 있기 때문에 매우 크다고 할 수 있다. 2021년 6월 중국이 코인 채굴을 전면 금지를 하였는데, 이 때문에 비트코인 가격은 반 토막이 되었다. 2018년 1월 한국의 법무부 장관이 가상화폐 거래소 폐쇄 발언을 했었는데, 이후 비트코인 가격은 80% 폭락하였다. 이처럼 정부의 규제 발언만으로도 시장이 큰 급등락을 할 수 있기 때문에, 무엇보다도 정부의 스탠스 Stance를 파악해두면 좋을 것 같다.

이제는 과거만큼 직접 모든 크립토 거래 전면 금지와 같은 극단적인 규제 발언보다는 최근 테라-루나 사태로 불거진 스테이블코인 발행에 대한 규제와 같이 조금 더 구체적인 분야로 초점이 맞춰지고 있는 모양새다. 전면 금지를 하기는 이미 시장이 너무나도 커져 버린 측면이 있고, 전 세계 모든 국가가 일괄적으로 동시에 규제하는 것은 실질적으로 불가능해 보인다. 최근 국제기구 등 국제사회 역시 비트코인 채굴이 막대한 전기 사용으로 인해 환경에 악영향을 미치고 있다고 비판하거나 스테이블코인의 문제점을 지적하기도 한다. 과거에 비판의 주류를 이루었던 크립토 자산의 무용론과는 조금 다른 접근이다. 따라서 이러한 흐름을 읽고 관련 규제가 시행될 경우 크립토 시장에 어떠한 영향을 미칠지 분석을 미리 해둘 필요가 있다. 예를 들어, 중앙은행 디지털화폐 Central Bank Digital Currency; CBDC가 시행될 경우, 양립할 수 있는 스테이블코인이 있을지, 있다면 어떠한 코인이 될지, 또는 현재 전송수단으로 많이 사용하고 있는 리플 XRP이나 트론 TRX에는 어떠한 영향이 있을지 등은 좋은 분석 주제가 될 수 있겠다. 또한, 이와 관련하여 한국에는 현재 원화 스테이블코인이 없는데, 이 또한 변화가 있을 수 있는지도 주목해봐야 하겠다.

가장 최근의 움직임은 단연 거래소, 스테이블코인, CBDC 이슈가 되겠다. 이미 막대한 피해자를 발생시킨 테라-루나 사태에 대한 소송 등은 아직 일단락되지 않았다. 2022년 11월 FTX 파산 이슈, 12월 업비트-위믹스 이슈 등 거래소와 관련된 여러 문제들도 추가 발생하였다. 또한, 이러한 문제를 방지할 수 있는 방법이 마련되지 않았기 때문에, 각국 정부 및 국제 사회가 규제 마련을 위해 노력하고 있는 중이다. 따라서 거래소와 스테이블코인과 관련해서는 앞으로도 미국 등 주요 국가의 규제 방향에 대해 살펴볼 필요가 있겠다.

4장
산업분석

01

개요

크립토 시장의 개별 섹터를 분석하기 위해서는 먼저 섹터를 구분할 수 있어야 하는데, 쉽지 않은 일이다. 왜냐하면, 계속 새로운 프로젝트가 만들어지고 있고 이를 기존에 존재하는 몇 개의 섹터 내에 포함하면 구분 자체가 매우 단순해지거나 모호해지기 때문이다. 또한, 너무 세부적으로 구분한다면 분석은 개별 자산 수준으로 내려가서 섹터 분석의 의미가 줄어든다. 따라서 어떠한 섹터가 있는지는 여러 기관에서 발행하는 자료를 통해 공통으로 언급되는 카테고리 Category를 참조하도록 하겠다.

「메타버스 Metaverse」라고 하면 여기에는 플레이투언 Play to Earn; P2E 게임도 포함되고, 가상부동산도 포함된다. 최근 유행하였던 무브투언 Move to Earn; M2E 게임도 포함되겠다. 가능하면 보다 하위 구분이 유의미한 분석에 도움이 된다는 생각이다. 최근까지 공통으로 나온 여러 가지 개념을 종합해보면, Web 3.0, Layer 2, Layer 3, Defi, P2E, M2E, 가상부동산, 스테이블코인, 거래소, ICO, DeX, Meme, DAO, 미디어, 오라클, 소셜 네트워크, 엔터테인먼트, NFT, 자산운용 등이 있다.

물론 아직은 비트코인 이외의 코인을 통칭하는 개념인 알트코

자료 4-1 업비트 지수 분류 테마, 1개월 수익률 (2022년 5월)

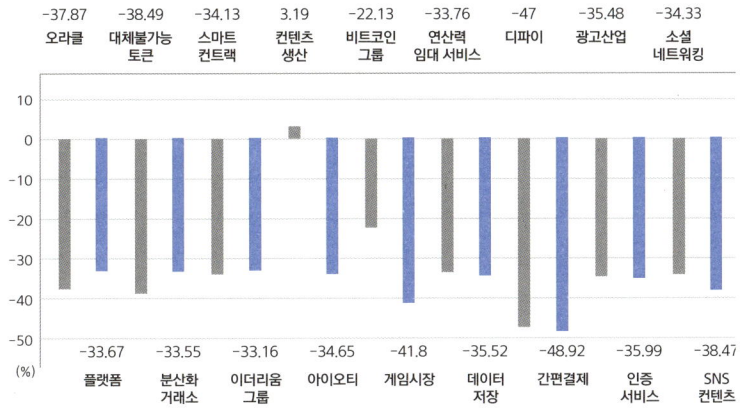

*출처: 업비트 자료 가공

알트코인Alternative Coin의 가격은 비트코인의 가격에 따라 변동한다. 즉, 상관관계가 매우 높다. 따라서 알트코인의 변동폭이 더 크기는 하지만 방향성은 크게 다르지 않다. 즉, 비트코인이 조금 오르거나 내리면 알트코인은 대체로 이보다 많이 움직이는 경향이 있다. 2022년 9월 중의 하루 변동 폭을 스냅샷Snapshot하였는데, 비트코인이 0.7% 하락을 보여주자, 알트코인은 대체로 더 큰 하락을 보여주었다. 항상 이와 같지는 않겠지만, 비트코인이 전체 크립토 시장에서는 가장 안전한 자산으로 인식되고 있기 때문에, 일반적으로 알트코인이 보다 더 큰 변동성을 보여준다.

그렇다면 굳이 왜 비트코인이 아닌 알트코인에 대해 분석을 해야 하는 것일까? 즉, 비트코인만 분석을 잘해서 비트코인에만 투자를 해도 되는 것이 아닌가라고 생각할 수도 있다. 한국에서

자료 4-2 비트코인과 알트코인 수익률 (2022년 9월)

BTCUSDT	-0.76%	ETHUSDT	-0.49%	XRPUSDT	-0.98%	EOSUSDT	+3.50%	BCHUSDT	-0.34%
DOTUSDT	-1.17%	DOGEUSDT	+0.62%	SOLUSDT	-2.10%	MATICUSDT	+1.56%	BNBUSDT	-1.46%
ATOMUSDT	+1.64%	XTZUSDT	-0.86%	SUSHIUSDT	-0.76%	AXSUSDT	-3.02%	THETAUSDT	-1.75%
GALAUSDT	-1.87%	SANDUSDT	-2.54%	DYDXUSDT	-3.29%	CRVUSDT	-5.92%	NEARUSDT	-2.39%
PEOPLEUSDT	-1.53%	LRCUSDT	-2.42%	NEOUSDT	-1.39%	ALICEUSDT	-1.59%	WAVESUSDT	-1.00%
ZILUSDT	-2.54%	IOSTUSDT	-1.69%	APEUSDT	-2.19%	RUNEUSDT	-1.83%	KNCUSDT	-1.16%
ENSUSDT	+4.48%	GALUSDT	-0.88%	MTLUSDT	-3.66%	AUDIOUSDT	-0.72%	SXPUSDT	-1.36%
1INCHUSDT	-2.36%	COMPUSDT	-1.55%	IMXUSDT	-3.41%	LUNA2USDT	+8.62%	SRMUSDT	-0.77%
MASKUSDT	-2.35%	WOOUSDT	-1.16%	LTCUSDT	+2.45%	ADAUSDT	+0.45%	ETCUSDT	-2.02%
LINKUSDT	-1.04%	TRXUSDT	-1.31%	UNIUSDT	-1.55%	ICPUSDT	-1.58%	AAVEUSDT	-1.84%
FILUSDT	-0.70%	XLMUSDT	-1.58%	AVAXUSDT	-2.64%	DASHUSDT	-1.51%	SHIBUSDT	-0.55%
XEMUSDT	-1.82%	MANAUSDT	-1.89%	EGLDUSDT	-1.43%	KSMUSDT	-3.06%	ARUSDT	+0.25%
RENUSDT	-1.84%	FTMUSDT	-2.27%	ALGOUSDT	-0.56%	IOTAUSDT	-1.18%	YFIUSDT	-0.69%
ENJUSDT	-2.83%	GMTUSDT	-1.25%	CHZUSDT	-6.13%	XMRUSDT	+1.78%	ROSEUSDT	-1.05%
ZRXUSDT	-2.89%	KAVAUSDT	-4.71%	C98USDT	-3.26%	OPUSDT	-1.64%	RSRUSDT	-1.19%
SNXUSDT	-4.27%	STORJUSDT	-3.02%	FLOWUSDT	-3.48%	REEFUSDT	-1.14%	TRBUSDT	-1.34%
QTUMUSDT	-1.06%	API3USDT	-0.79%						

*출처: 비트겟

삼성전자에만 투자를 하는 부류도 많다. 반대로 조금은 위험해 보이는 바이오나 메타버스 관련주에 투자하는 부류도 있다. 어느 부류가 옳고 그르다고 말할 수는 없다. 모두의 투자 목표라던가 판단 기준이 같을 수 없기 때문이다. 즉, 비트코인이 5천만 원에서 1억 원으로 오를 경우 2배가 오르지만, 알트코인은 이보다는 훨씬 많이 오르리라는 사실은 누구나 예측할 수 있다. 누군가는 더 높은 수익률을 바란다. 다만, 그렇다고 하더라도 모든 알트코인이 다 오르지는 않는다. 빠르게 사라지고 다시 만들어진다. 2019년 리플의 대표이사인 브래드 갈링하우스Brad Garlinghouse는 블룸버그와의 인터뷰[52]에서 모든 크립토 자산의 99%가 아마도 0이 될 것이라는 암울한 예측을 하였다. 2021년 채굴 특수 하드웨어 공급업체인 Bitmain Technologies의 창립자인 우지한Jihan Wu은 포브스Forbes와의 인터뷰[53]에서 코인의 95%가 모든 가치를 잃고 사라지더라도 나머지 5%는 엄청나게 성장할 것이라고 말했다. 우리는 분석을 해서 살아남아 성장할 알트코인을 찾아낼 필요가 있다. 다만, 한 번 더 강조하고자 하는 바는 알트코인은 이미 가치저장의 수단으로 인정받고 있는 비트코인과 본질적으로 다르다는 점이다. 이름을 「비트코인」의 「코인」 부분을 동일하게 사용해서 마치 비트코인과 관련이 있다는 이미지를 심어주는 소위 비트코인의 후광 효과를 누리고 있다고 보인다. 즉, 현재 그래도 광범위하게 자산으로 확실하게 인정받고 있는 크립토 자산은 비트코인 하나이며, 나머지는 현재 규제 부재 등으로 인해 알트코인이 직접 하는 말도 기본적으로 신뢰하기는 어렵고 더욱 철저한 분석을 해야 한다는 의견이다.

또한, 비트코인의 경우 창시자로 알려진 사토시 나카모토는 우리 곁에 있지 않다. 발행량을 비롯하여 비트코인의 모든 설계는

---

[52] https://finance.yahoo.com/news/brad-garlinghouse-says-99-cryptocurrencies-230033717.html
[53] https://forbes.com/sites/robertolsen/2021/12/23/billionaire-crypto-pioneer-says-market-will-grow-to-tens-of-trillions-of-dollars

탄생 이후 바뀌지 않았다. 단 한 번도 말이다. 이 점이 비트코인이 알트코인과 본질적으로 완벽하게 다른 점이다. 따라서 비트코인은 디지털 금이라고 불리기도 한다. 비트코인이 처음 탄생했을 때와 비교하면, 현재 비트코인을 분석하는 다양한 방법이 등장했다. 하지만 이와 같이 다양한 차트나 기법을 이용하여 비트코인의 가격을 예측하는 것이 크게 의미가 있을까? 몇 년 전만 해도 비트코인 자체를 부정하는 기사들이 쏟아져 나오고 투자자들의 심리가 위축되곤 하였다. 하지만 2022년 여름 하락장이 펼쳐지고 비트코인 가격이 2만 달러 부근에 머무르고 있지만, 더 이상 비트코인 자체에 대해 부정하는 기사는 보이지 않는다. 비트코인 이외에 알트코인의 생태계에서 벌어지는 다양한 이벤트가 만들어내고 있는 위험성에 대해 주로 다루고 있는 것처럼 보인다. 만약, 앞서 언급한 바와 같이 발행량의 절대 불변성, 희소성 등의 이유로 비트코인의 알트코인에 대한 차별성을 인정한다면, 비트코인은 가치 저장의 수단으로서 분석을 하며, 알트코인은 일종의 증권의 특징을 가지고 있는 자산으로 분석을 해야 할 수 있다. 이를테면, 비트코인의 경우, 법정화폐의 발행량이 증가한다면, 법정화폐의 가치가 감소하기 때문에, 발행량이 크게 변하지 않아 가치가 불변하는 비트코인에 대해, 보다 많은 법정화폐가 필요하다고 분석할 수도 있다. 물론, 이는 대중에서 비트코인을 디지털 금으로 어느 정도 보편적인 동의를 한 상태일 것이다. 다만, 여기서 말하고자 하는 바는 분석 방법에 대한 것이다. 위의 분석 방법은 하나의 예시에 불과하지만 알트코인에 대해서는 이와 유사한 방법을 적용할 수는 없겠다. 왜냐하면, 목적 자체가 가치 저장의 수단이라기보다는 특정한 유틸리티 Utility를 가지고 개발된 경우가 대부분이기 때문이다. 법정화폐와 같이 블록체인 상에서 전송 수단으로서 역할을 하고 있는 리플 XRP이나 트론 TRX 등의 경우, 비트코인과 유사하게 보일 수 있겠지만, 이 코인들의 목적은 가치저장 목적이 아닌 빠르고 안전한 전송에 있을 것이다. 또한, 본질적으로 그 코인을 만든 개발자가 존재하기 때문에, 발행량이 절대 불변할 것이라고 말할 수도 없다. 실제로 총 발행량이 상황에 따라 변경되는 경우도 많다. 그러므로 알트코인은 유틸리티가 어느 정도 되는지에 대해 평가가 이루어져야 한다. 비트코인과 알트코인은 현재 가격 변동의 상관관계가 매우 높지만, 본질적으로는 다르게 평가해야 한다.

알트코인 하나하나를 모두 분석하는 방법은 주식시장에서 모든 기업을 분석해서 결론을 도출하는 귀납적 Bottom-up 방법으로, 사업이 새로 등장하고 사라지는 속도가 매우 빠른 크립토 시장에서는 효율적으로 보이지는 않는다. 최근 스테이블코인 중의 하나인 테라 UST가 내재되어 있는 알고리즘 Algorithm 작동 실패로 원래 의도하였던 1달러와의 페깅 Pegging이 되지 않아 시장에서 퇴출당하였다. 단 며칠 만에 벌어진 일이다. 그렇다고 하더라도 스테이블코인 섹터 자체가 갑자기 유망하지 않아졌다는 의미는 아니다. 동일한 섹터 내에서도 다양한 코인이 이전보다 발전해가면서 출시되었을 수 있다. 기본적으로 코인은 블록체인 위에 오픈 소스 Open Source로 만들어졌기 때문에 이후에 만들어지는 코인은 기존의 문제점을 다양한 각도에서 해결하면서 출시되었을 개연성도 높다. 우연히 테라^{UST}가 붕괴되는 시기에 출시되었던 저스틴 선의 스테이블코인^{USDD}은 동일하게 알고리즘을 사용하였지만 보다 많은 준비금^{Reserve}을 보충하는 모습을 보였다. 즉, 테라 ^{UST} 하나만으로 전체 스테이블코인 섹터나 보다 구체적으로는 알고리즘 기반 스테이블코인을 평가하기는 조금은 시기상조로 보인다.

그렇다면 크립토 시장 내의 다양한 섹터 중에 최소한 중기적으로 소위 뜨는 섹터를 어떻게 찾아내야 할까? 이를 정확하게 예측해내는 사람은 없을 것이다. 지금까지 시장도 역사가 길지 않고 너무나도 많은 종류의 코인이 새로 나오기 때문이다. 그리고 프로젝트의 흥망성쇠의 주기가 매우 짧기도 하다. 그리고 주식과는 조금 다르게 성장성이 없었던 섹터 자체도 섹터에 속한 코인의 시가총액이 커짐에 따라 오히려 프로젝트가 새로 개발될 수도 있어 보인다. 안데르센 호로위츠^{a16z}는 보고서[54]에서 크립토 시장의 금융화 정도가 매우 높아서 코인의 펀더멘탈^{Fundamental}보다 가격이 먼저 앞서 가는 측면이 있다고 밝혔다. 현재까지 나온 중첩된 섹터에 대해서는 한 번씩 살펴보아야 하겠으며 또한, 과거 주식시장을 포함한 여러 산업의 성장 사례를 되돌아보면서 탐색해 볼 필요가 있다.

한편, 규모가 있는 펀드들이 공통적으로 투자하고 있다고 해서

---

54 Daren Matsuoka, Eddy Lazzarin, Chris Dixon and Robert Hackett. (2022, May 17). Introducing the 2022 State of Crypto Report. a16z. https://a16zcrypto.com/state-of-crypto-report-a16z-2022

해당 코인이 유망하지 않을 수도 있으니 유의해야 한다. 많은 글로벌 크립토 투자회사에서 루나^LUNA 코인을 포트폴리오 일부로 편입해서 운영을 해왔으나, 루나는 며칠 만에 상장폐지 단계까지 추락했다. 글로벌 거래소인 FTX에서 거버넌스 토큰^FTT과 레버리지 금융 등을 활용해 솔라나^SOL 등 코인에 대해 집중적으로 가격 상승을 유도했으나, 문제가 생긴 지 며칠 만에 가치의 대부분이 사라지기도 하였다.

02

가상부동산

2021년 12월 홍콩의 부동산 재벌이자 뉴월드그룹 New World Group 이라는 회사의 CEO인 아드리안 정 Adrian Cheng 이 블록체인 기반 가상부동산 게임인 더 샌드박스 투자 대열에 합류했다는 소식이 전해졌다. 홍콩의 리갈호텔그룹 Regal Hotels Group 은 더 샌드박스의 토지를 매입하면서 녹색 대도시의 개발을 발표했다. 캐나다의 가상부동산 회사인 메타버스그룹 Metaverse Group 은 디센트럴랜드의 가상 토지 116개 구역을 사는데 250만 달러를 투자했다. 2018년 홍콩의 크립토 투자회사인 애니모카 브랜즈 Animoca Brands 에 피인수된 더 샌드박스는 손정의 회장이 이끄는 소프트뱅크 Soft Bank 의 비전펀드 Vision Fund 로부터 9,300만 달러를 투자받았다. 또한, 삼성전자는 미국 뉴욕 맨해튼의 대형 제품 체험 전시장인 「플래그십 Flagship 837」의 가상 전시장을 디센트럴랜드에 열었다. 이외에 미국계 은행인 제이피모건의 디센트럴랜드 진출 및 영국계 은행인 HSBC의 더 샌드박스 입점 소식도 차례로 들려왔다. 기존의 금융 인프라를 가상부동산이 작동하는 블록체인 인프라와 통합하려는 의지로 해석된다.

한편, 전시회나 공연 등의 행사도 가상부동산에서 이루어지고

자료 4-3 디센트럴랜드에 입점한 삼성전자

*출처: 디센트럴랜드

있다. 글로벌 패션 기업인 구찌Gucci는 더 샌드박스의 토지를 구입했고 이를 통해 온라인 매장인 「구찌 볼트Vault」를 운영하여 구찌 NFT, 빈티지 가방 등 아이템을 전시할 계획이라고 한다. 또한, 더 샌드박스 유저가 게임 가상현실에서 구매하고 착용할 수 있는 패션 아이템도 출시할 예정이라고 언급했다. 디센트럴랜드에서 세계 최초의 디지털 이비자 클럽Amnesia Ibiza이 오픈했고, 유명 셀리브리티Celebrity인 패리스 힐튼Paris Hilton이 공연을 하였다. 제한적이기는 하지만 디센트럴랜드에 입점해 있는 월마트에서 물건을 구입하거나 도미노 피자Domino Pizza에서 주문을 하면 현실 세계인 오프라인에서 받아볼 수 있다고 한다. 한국에서는 일부 커뮤니티 유저들이 더 샌드박스가 2022년 상반기에 진행한 게임 알파시즌 2의 종료 시점 즈음에 이를 기념하고자 운동회를 개최하기도 하였다.

한국에서는 네이버의 제페토Zepeto를 활용하여 소통을 시도하는 사례가 많다. 정부에서도 제페토에서 정책 설명회를 진행하기도 하였고, 아이돌 멤버들이 팬 사인회를 개최하기도 하였다. 하나금융은 제페토에 「하나글로벌캠퍼스」를 구현하고, 연수원 그랜드 오프닝 행사와 신입 행원을 위한 멘토링 프로그램 수료식을 진행했다.

가상부동산이라는 새로운 공간을 활용하는 새로운 시도가 끊임이 없다. 따라서 현재 시점에서 어떠한 업종이 가상부동산의 황태자로 등극할 수 있을지를 판단하기는 시기상조로 보인다. 다만, 기존의 평면적인 가상공간에서의 소통 방식이 지속해서 입체

자료 4-4 │ 하나금융그룹 제페토 연수원

*출처: 하나은행

적인 가상공간의 방식에 도전받고 있다는 사실은 분명하다. 우리는 최근까지 페이스북, 트위터, 유튜브, 디스코드Discord 등을 통해서 소통을 시도하고 커뮤니티를 형성해왔다. 사람들 사이에 읽기와 쓰기 모두 가능하게 한 Web 2.0 시대2005~2020년의 사업은 모두 평면이라는 특징이 있다. 과거 한국의 싸이월드Cyworld가 평면을 탈피하려는 시도를 하였지만 성공하지 못했다. 블록체인을 통한 개방성과 소유권이 Web 2.0을 대체하는 Web 3.0의 특징이지만, Web 3.0을 기반으로 하는 가상부동산에는 또 다른 특징이 추가될 수 있겠다. 바로 기존 평면을 탈피한 입체 공간이라는 점이다. 물론, 가상부동산의 초기 모습은 기술력 부족 등의 사유로 평면의 모습을 하고 있는 경우가 많았다. 하지만 최근 사람들의 관심을 받는 주요 가상부동산 회사들은 이로부터 발전하여 지금은 모두 입체적인 공간을 구현하고 있다.

사람들은 가시성을 선호한다. 현실과 유사할수록 인기를 끌었다. 게임 업계에서는 과거 평면 게임이 발전하여 지금은 3D 게임이 대세이다. 공간 감각은 필수가 되었다. 우리의 눈이 인식하는 정도로 말이다. 가시성은 사람들에게 현실 세계에서와 같은 친숙함을 부여할 수 있다. 여러 기업에서 가상공간을 가시화하는 장치를 개발하는 노력을 기울이고 있다는 사실은 향후 가상부동산의 더욱 많은 활용성을 시사한다. 빅테크 기업인 구글, 애플, 삼성 등이 앞다투어 가상현실Virtual Reality; VR과 증강현실Augmented Reality; AR 기술을 개발하고 있다.

이는 새로운 비즈니스 환경을 의미한다. 아직은 이러한 시도가 사람들에게 기존 회사들을 대체할 만큼 다가서지는 못했을지라도, 향후 주도권이 넘어간다면 보다 많은 사업 시도가 이어질 것으로 생각된다. 전혀 다른 비즈니스 환경이기 때문에 기존에는 생각지도 못한 많은 아이디어가 쏟아져 나오리라 기대해본다.

이외에도 가상부동산의 투자 매력 중의 하나로 가교 역할을 꼽을 수 있다. 크립토 시장에 처음 진입한 사람들이 접하는 모든 대상은 낯설 수 있다. 가상부동산에서 통용되는 화폐도 가상이고, 영위되는 사업도 가상이 기본이 된다. 이러한 낯선 공간에서 가상부동산은 현실에서 가상으로 진입하는 채널Channel이 될 수 있다. 기존 Web 2.0 시대에 사람들은 처음에는 야후Yahoo에 먼저 접속하였고 이후에는 구글Google을 통해서 인터넷이라는 새로운 세상으로 들어갔다. 한국에서는 다음Daum과 네이버Naver가 압도적이다. 이제는 교통이나 날씨가 궁금해도 이러한 플랫폼에 접속한다. 일상생활에서 벌어지는 모든 상황이 다음과 네이버를 통해 인터넷과 연결된다. 마찬가지 일들이 벌어질 것으로 생각한다. Web 3.0 시대에도 사람들은 진입로가 필요할 수 있다. 입체적인 공간이 사람들에게 익숙해지고 편안해지는 시점이 되면, 사람들은 이제 Web 2.0의 산물인 구글, 네이버, 유튜브에 있을 필요를 느끼지 못할 수도 있다. 크립토 시장에는 새로운 아이디어를 장착한 다양한 프로젝트 시도가 이어지고 있는데 이는 이러한 시점을 앞당기는데 매우 긍정적이라고 본다. 한국의 대표 플랫폼 기업인 카카오는 근무 장소 상관없이 가상공간에서 근무를 시작한다고 발표했다.[55]

자료 4-5 소더비 디지털 미술관

*출처: 디센트럴랜드

한편, 가상공간이기는 하지만 직접 체험을 해볼 수 있는 장소도 제공할 수 있다. 예를 들어, 여러 종류의 디지털 미술품NFT[56]으로 채워진 전시회에 가보는 경험도 할 수 있다. 일일이 거래 플랫폼인 오픈씨OpenSea 등을 방문해보는 등의 추가적인 노력을 할 필요도 없다. 더 샌드박스에서는 알파시즌을 통해 게임 유저에게 디지털 미술품을 감상할 수 있도록 전시관을 설치해두기도 하였다. 글로벌 예술품 경매 회사인 소더비는 2021년에 디지털 미술

---

55 (동아일보 2022.5.30.) 카카오, 7월부터 가상공간으로 출근…'메타버스 근무제' 도입
https://donga.com/news/article/all/20220530/113703580/1

56 대체 불가능 토큰 Non-Fungible Token 으로 가상공간의 부동산, 디지털 파일, 그림, 영상 등에 블록체인 기술을 이용하여 복제 및 위조가 불가능한 증명서를 첨부함으로써 원본 및 소유권을 나타내는 용도로 사용된다.

관을 개장하였다.

이처럼 가상부동산은 다양한 가치를 지니고 있지만, 아직은 회의적인 시각이 많다. 과연 가상부동산에 살 수 있느냐고 질문한다. 땅이 없는데 땅을 만들어 팔 수 있느냐고, 현대판 '봉이 김선달'이 등장한 것이냐고 비판한다. 사실 조금만 생각해보면 봉이 김선달이 어찌 보면 생수 시장의 선구자였다고 생각해볼 수도 있는데 말이다. 동시에 가상부동산을 폰지 스킴 Ponzi Scheme[57]으로 치부하는 비판도 있다. 위의 설명으로도 충분하다고 생각하지만, 근본적으로 궁금해 하는 사항은 결국 가상부동산으로부터 수익이나 현금흐름의 창출이 가능하냐는 의미로 받아들이고 이에 대해 설명해 보도록 하겠다.

폰지 스킴인지 아닌지 여부는 결국은 투자자의 자금 이외에 새로운 수익원이 있느냐에 따라 달려 있다. 또는 만족감이나 자긍심 등 무형의 가치가 있다면 폰지 스킴에서 탈피할 수도 있다. 추후에는 이러한 무형의 가치가 추가적인 수익원이 되기도 한다. 미술품은 전시회를 개최할 수도 있는 것처럼 말이다.

최근 유행하였던 M2E는 폰지 스킴의 전형적인 사례라고 비판받고 있다. M2E의 대장 격인 스테픈 Stepn의 경우, 핸드폰을 손에 쥐고 가상신발을 신고 달리기를 하면 코인 Green Satoshi Token; GST을 받을 수 있는데, 이를 가능하게 하기 위해서는 고가의 코인 GST으

---

[57] 신규 투자자의 돈으로 기존 투자자에게 이자나 배당금을 지급하는 방식의 다단계 금융사기를 일컫는 말로, 1920년대 미국에서 찰스 폰지 Charles Ponzi 가 벌인 사기 행각에서 유래했다.

자료 4-6 스테픈 코인 GST 가격 추이

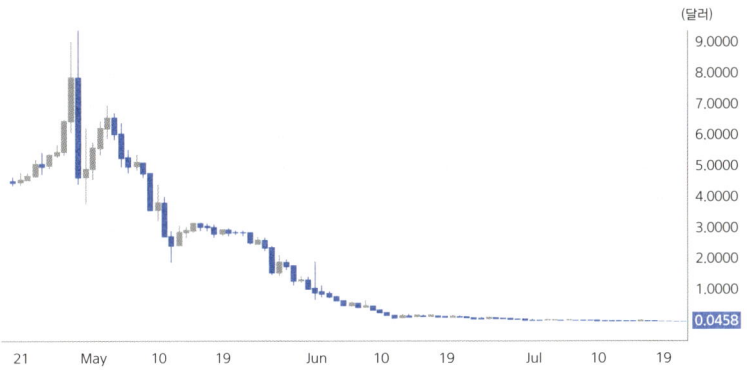

*출처: 비트겟

로 신발을 구매하고 수리해야 한다. 그러나 광고 등의 추가 수익원이 매우 작기 때문에 대부분 수익이 후발 투자자의 주머니에서 나오는 상황을 보고 하는 비판이다. 시장이 상승장일 경우에는 문제가 발생하지 않을 수 있지만, 하락장이 시작되면 조그마한 악재라도 발생할 경우, 은행에서의 뱅크런Bankrun과 같은 상황이 발생할 수 있다. 이처럼 믿음이 손상될 경우에는 회복하기 어려운 경우가 태반이다. 2022년 5월 하순 중국발 P2E 게임 금지 악재로 인하여 며칠 만에 신발의 가격이 기존 15 SOL에서 6 SOL 밑으로 급락하였다. 코인 GST 가격 역시 급락하였다. 가격은 최고점 9달러에서 0.05달러로 99.5% 하락하였다.

그렇다면 가상부동산 시장은 어떠한가? 얼핏 보아도 부동산을 매각하면 수익을 낼 수 있는 것 같이 보이는데, 그렇다면 이는 결국 M2E 섹터의 스테픈이 가상 신발을 팔아 자금을 확보하는 방법과 크게 다를 바가 없어 보이지 않을까? 이외에 다른 추가 수익원이 있을까?

    추가 수익원을 살펴보기에 앞서, 주요 가상부동산 플랫폼을 살펴보도록 하자. 최근 가상부동산 시장이 뜨거워지면서 너나 할 것 없이 모두 가상부동산이라고 칭하면서 공격적인 마케팅을 하고 있지만, 사람들이 모이지 않으면 모두 허상에 불과할 수 있다. 과거 2000년대 소셜 네트워크 플랫폼으로 수많은 사업체가 생겨났었지만, 사람들은 페이스북과 마이스페이스닷컴Myspace.com 두 군데에만 주로 트래픽Traffic을 일으켰다. 결국, 페이스북이 절대 강자로 발돋움하긴 했지만 말이다. 비슷한 현상이 벌어지고 있다. 기술력 등이 부족한 가상부동산 업체가 많이 생겨날수록 기존에 입지를 탄탄하게 구축한 선두주자들로 사람들이 몰린다. 전체 플

자료 4-7   더 샌드박스와 디센트럴랜드 비교 (2022년 6월)

구분		더 샌드박스	디센트럴랜드
코인	명칭	SAND	MANA
	가격	$1.40	$1.04
	발행물량	30억 개	21.9억 개 (최초 28억 개)
	유통물량	12.3억 개	18.4억 개
	시가총액	$17억	$19억
랜드	발행물량	166,464개	90,601개 (판매하지 않는 물량 포함)
	판매물량	약 70%	약 50% (전체 물량 대비)
	바닥가격	1.33 ETH	1.943 ETH
기타	체인	이더리움	이더리움, 폴리곤
	설립	2012년	2015년

*출처: 개인 조사

랫폼이 2~3개 있었을 때는 진짜와 가짜를 구분하지 않다가도, 10개, 또는 100개가 넘어간다면 사람들은 이중 근본을 찾기 시작할지도 모른다. 시가총액, 트래픽, 그리고 기술력 등을 보아 현재 절대 강자로 군림하는 플랫폼은 2~3개로 좁혀진다. 이중 더 샌드박스와 디센트럴랜드를 간단하게 살펴보도록 하자. 최대 크립토 펀드인 그레이스케일은 「가상부동산을 시작하고 싶으면 디센트럴랜드에서 땅을 사라」라고 말하기도 했다.

참고로 발행물량과 유통물량은 주식시장에서와 유사하다. 전체 발행 가능한 수량을 정해놓고 상황이나 여건에 따라 시장에 물량을 판매한다. 물론, 토큰에 따라 총 발행물량 자체가 달라질 수도 있다. 총 발행물량이 달라지지 않는 가장 대표적인 토큰은 비트코인이다. 토큰 생태계라는 개념의 토큰Token과 경제학Economics의 합성어인 토크노믹스Tokenomics는 총 발행물량의 배분에 대해 규정하고 있는데, 백서Whitepaper에 대표적으로 규정되어 있는 사항이다. 예를 들어, 더 샌드박스의 토크노믹스에 따르면 토큰의 총 발행물량은 총 30억 개로 최초 판매물량33.18%, 프로모션12%, 기타 창립자 및 회사 보유분 등54.82%으로 구성되어 있다. 시장에 유통물량으로 풀리는 것은 주식시장에서 유상증자와 유사하다. 유상증자이긴 한데 발행가격이 0이다. 특히, 하락장에서 시장에 유통물량이 증가한다면 토큰 가격에 부담으로 작용할 수도 있다. 더 샌드박스는 프로모션을 위하여 이벤트 상금Rewards으로 랜드Land 보유자에게 최소 200 샌드를 지급한 적이 있는데, 기존 토큰 보유자에게는 좋은 소식이 아닐 수도 있다. 시가총액은 유통물량과 가격의 곱으로 계산되는데, 시가총액이 증가할만한 이유가 없이 유통물량이 증가하면 가격이 하락하는 것이 산술적으로 타당하기 때문이다. 따라서 토큰 가격이 희석되지 않게 하기 위해서는 본질적으로 시가총액이 증가할 만한 이유가 있게 만들어야 한다. 예를 들어, 프로젝트가 자체적으로 광고나 수수료 수입의 증가와 같은 실질적인 가치를 창출할 때가 좋은 기회라고 생각한다. 아직은 크립토 시장의 역사가 길지 않은 만큼 이러한 토크노믹스 설계 및 집행의 부주의로 인하여 코인 가격이 급락하는 경우도 많다. 한국의 주요 P2E 토큰인 위믹스의 경우에도 회사 물량을 대량 유동화한 이벤트로 인해 토큰 가격이 급락한 경우도 있었다. 이를 두고 많은 논란이 있었지만, 할 수 있다 없다는 문제를 이야기하기보다는 토큰 가격에 분명 부담이 되는 상황은 맞다고 생각한다.

그렇다면 이러한 가상부동산이 가져다주는 수익원은 무엇이 있을 수 있을까? 2021년 대체 불가능한 토큰 NFT 이라는 트렌드는 단순한 디지털 미술품 등에서 각종 이벤트의 참석권한 등의 유틸리티 Utility 를 부여한 NFT로 발전해왔다. 그러나 이마저도 투자자들은 실질적인 가치 Value 가 없다고 평가했다. NFT가 제공하는 이벤트에는 얼마나 영향력 있는 사람들이 오는지, 얼마나 가치가 있는지 등에 대해 합리적인 추론을 하기 시작했다. 가장 인기 있는 NFT 컬렉션 중 하나인 「지루한 원숭이들의 요트 클럽 Bored Ape Yacht Club; BAYC」은 최저가격 Floor Price; FP 이 지난 5월 한 달간 138 ETH에서 50 ETH로 60% 이상 237,000달러 하락하였다. 이후부터는 기존에 NFT 시장 초기의 하이프 Hype로 인해 가격이 급상승 또는 유지되던 NFT는 모두 큰 손실을 기록하였다. 가상부동산 역시 결국은 일종의 NFT이기 때문에 실질적인 가치, 즉 수익원이 중요하다. 수익원이 탄탄하지 못하다면 초기의 하이프 Hype는 얼마 가지 못할 수 있다.

가상부동산 NFT을 보유하고 있을 때 받는 혜택 Rewards은 수익원과는 다른 말이다. 예를 들어, 더 샌드박스의 랜드를 보유하고 있을 때 혜택은 다양하다. 2022년 랜드 보유자에게 최소 200 SAND를 지급하고, 스테이킹 Staking 이자율을 일반 투자자에 비해 보다 많이 주는 등의 방침을 세워 랜드 보유자의 혜택은 강화되었다. 다만, 이는 추가 수익원에서 나오는 것은 아니다. 생각해보라. 처음에 발행한 물량 중 아직 유통되고 있지 않은 물량에서 토큰을 지급하기 때문에 회사에서 이를 위해 추가적으로 필요로 하는 재원은 사실상 없다. 가만히 다시 생각해보자. 계속 이렇게 물량이 풀리고 나머지 조건이 모두 일정하다고 가정하면 산술적 토큰 가격은 풀리는 물량만큼 떨어질 것이다. 그리고 총 발행 물량과 유통물량이 같아지면 어떻게 될까? 회사는 다시 발행물량을 변경할까? 아니면 추가 수익원을 통해 마케팅 비용을 충당할까? 우리는 알 수 없지만, 최소한 회사가 추가 수익원이 있으면 이 부분이 투자자들에게 돌아올 것이라는 막연한 기대는 있다. 앞으로 이 부분은 계속 지켜보아야 할 문제이기는 하지만 말이다. 혹자는 이는 사용자와 사용자 시장 P2P이기 때문에 중간에 회사가 고려되지 않아도 된다고 비판할 수 있겠지만, 아직은 가격

책정, 개발, 트래픽 등 다양한 분야에서 중앙화된 회사에 대부분을 의존하고 있기 때문에 회사를 배제하고 이야기하기는 어렵다.

더 샌드박스를 비롯하여 디센트럴랜드 등 가상부동산의 추가 수익원에는 임대료와 광고료가 있다고 알려져 있다. 아쉽지만, 아직까지 기사화되었던 사례는 찾기 어렵다. 충분히 가능한 일이라고는 생각된다. 실제로 직접 가상부동산을 구입하는 비용이 크다면, 일시적인 행사 목적으로 임대를 할 수도 있다. 광고판을 가상부동산에 세울 수도 있겠다. 임대 시장이 활성화되기 위해서는 가상부동산 가격이 일정 수준 이상 상승해주어야 하지 않을까? 그렇지 않다면, 굳이 복잡하게 임대를 하지 않고 직접 구매하면 되기 때문이다. 임대인과 임차인을 연결해주는 시장이 있다고 하는데, 이에 대한 연구나 분석 역시 흥미로운 주제가 될 것으로 보인다.

따라서 아직은 대표적인 가상부동산인 더 샌드박스나 디센트럴랜드도 폰지 스킴이라는 비판에서 자유로울 수는 없다. 물론, 여기의 랜드를 구입한 기업의 입장에서는 마케팅 채널을 하나 더 추가한다는 가치가 있을 수는 있다. 하지만 일반 투자자 입장에서는 현재 토크노믹스에 따른 발행물량의 배분 정도가 바라볼 수 있는 혜택이기 때문이다. 그리고 그 배분의 가치는 신규 토큰 투자자의 유입이 있어야만 유지가 될 수 있다. 즉, 다시 말해서 아직은 더 샌드박스나 디센트럴랜드의 랜드는 기존 투자자 자금으로 부양되고 있다. 아직은 수익창출이 안 되는 NFT에 불과하다는 비판이 있을 수 있다. 게임 프로젝트가 성공해서 많은 트래픽이 창출되고, 게임 유저User가 수익 목적이 아닌 순수하게 게임의 즐거움을 위해 토큰을 구매하여 토큰 수요처가 늘어난다든지, 아니면 랜드에서 임대, 광고 또는 상품 매출, 마케팅 효과[58] 등이 발생할 필요가 있어 보인다.

그렇지만 우리가 앞으로도 관심을 가지고 있어야 하는 이유는 지금까지 설명한 바와 같이 여러 가지 가능성 때문이다. 즉, 수익원을 창출할 가능성 말이다. 이를 위해서는 트래픽 증가를 위해 지속적인 양질의 콘텐츠 개발 등이 필수적이다. 2022년 2월 디센트럴랜드의 월간 활성화 유저 수는 30만 명, 가장 높은 동시접속자 수는 2,500여 명으로 파악되었다.[59] 현재는 가능성보다 무척 초라한 트래픽이다. 과거 많은 소셜 네트워크 플랫폼 회사들이 그랬듯이, 먼저 많은 트래픽을 확보하면, 이후에 다양한 콘텐츠 확보가 수월하고 최종적으로 값비싼 광고 시장에 진출이 어렵지 않았다. 대표적으로 유튜브와 페이스북이 그랬다. 우리는 수익원에 지속적으로 관심을 두되, 이에 앞서 가상부동산 플랫폼의 트래픽에 대해 추적해나갈 필요가 있다.

지금까지 가상부동산의 성장 가능성을 통한 본질적인 가치에 대해 살펴보았다. 이외에도 잠시 부동산펀드나 리츠 Reits 시장의 움직임에 대해 간략히 알아보도록 하자. 먼저, 과거에 부동산의 증권화가 있었다면, 이제는 토큰화 Tokenization 가 시장이나 학계의 연구 주제로 떠오르고 있다. 실제 토큰화가 이루어지면 각종 계

---

58 상품 매출이나 마케팅 효과의 발생은 결국 랜드의 임대, 광고라는 수익창출로 이어진다.

59 쟁글 다이제스트
https://xangle.io/research/6201f5875444440e8816ea3e

약사항 및 이행조건 등이 모두 스마트 컨트랙트에 포함되며, 모든 거래는 블록체인에 기록되기 때문에 보다 높은 편의성 및 안정성이 담보될 수 있다. 현재 한국에서는 카사코리아, 루센트블록, 펀드블록글로벌 등이 부동산 디지털 유동화증권 DABS 발행을 위해 부동산 토큰화를 추진하고 있다고 알려져 있다. 아직은 실무적으로 모든 계약사항을 스마트 컨트랙트에 반영하는 방법 자체가 쉽지 않고 법률적인 제약사항 등이 있기도 하다.

이뿐만 아니라, 실제 부동산을 매입하여 운용하는 부동산펀드나 리츠와 같이 가상부동산을 대상으로 하는 펀드도 운용되고 있다. 현재 운용 중인 펀드는 MREIT MetaSpace Real Estate Investment Trust, Digital Landowners Society, Council of Kingz, Imperio DAO, Pangea DAO 등이 있다.

MREIT는 수익의 60%를 재투자하고, 25%를 배분하는 전략

자료 4-8 MREIT

*출처: MREIT

을 사용한다. 거버넌스 토큰을 구입한 이후 MREIT를 구매할 수 있다. 리테일, 오피스 리스, 광고 공간 제공 등을 통하여 수익을 창출한다. 다만, 우리가 알고 있는 일반적인 리츠의 수익 배분비율인 90%에 비해 배분비율이 낮다.

Digital Landowners Society는 부동산 거래 플랫폼이며, NFT를 많이 보유할 경우 추가적인 혜택을 제공한다. Council of Kingz의 경우, 토큰 대신 NFT를 구매하여 부동산에 투자할 수 있으며, 부동산 보유자들은 마케팅 과제를 수행해야 한다는 특징이 있다. 임대료의 80%, 매각이익의 60%, 기타이익의 80%를 부동산 보유자들에게 배분한다. Imperio DAO는 아발란체Avalanche; AVAX 네트워크를 사용하며, 특징은 MREIT와 유사하다. 개발과 투자로 구분하여 운영하며, 모든 수익을 배분에 사용한다. Pangea DAO의 경우, 토큰 구매 후 투자를 해야 하며, 기관이나 벤처캐피털리스트Venture Capitalist; VC의 투자 배제가 특징이다.

03

크립토 거래소

바이낸스는 중국계 캐나다인 창펑자오 Changpeng Zhao, 趙長鵬가 운영하는 중앙화된 크립토 거래소이다. 2017년에 바이낸스 코인 Binance Coin; BNB이라는 자체 코인을 만들었다. 총 발행량은 2억 개이고 그 중 50%는 바이낸스와 기존 투자자들이 보유하고, 나머지 50%는 코인공개 ICO 방식으로 시장에 상장시켰다. 초기에는 평범한 거래소 자체화폐로 여겨져 별로 주목을 받지 못했지만, 바이낸스가 매년 기록적인 성장을 거듭하자 BNB의 위상도 점점 높아져서 2021년에는 비트코인과 이더리움에 이어 전체 크립토 시장의 시가총액 3위에 오르는 기염을 토했다. 아래 자료에서 BNB의 가격 차트를 보면, 0.5달러에서 약 700달러까지 1,400배 상승했었다. 이후부터 투자자들은 크립토 거래소의 거버넌스 토큰에 대해 지속적으로 보다 많은 관심을 보이기 시작했다. 물론, 2022년 FTX 거래소의 파산으로 인하여 전반적으로 거래소 토큰에 대한 의구심이 커졌지만, 거래소 토큰의 괄목할만한 성장은 분석의 대상으로서 의미가 있다.

먼저, BNB의 가격 상승은 BNB에 대한 수요가 증가했기 때문인데, 이유는 크게 3가지가 있었다. 먼저, 바이낸스 거래소 계좌

자료 4-9 BNB 가격 추이

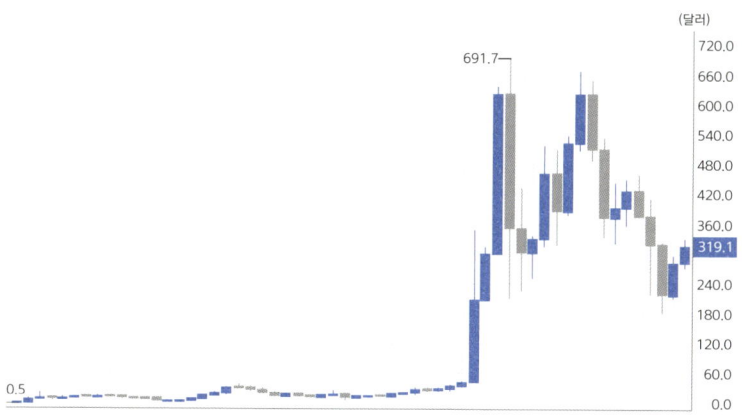

*출처: 바이낸스

에 BNB를 보유하고 있으면, 수수료 할인 혜택이 있다. BNB로 거래 수수료를 지불 할 수 있는데, 수수료의 25%를 할인해주는 혜택이 적용된다. 따라서 투자자들은 바이낸스를 주 거래소로 이용할 경우, BNB를 보유하면 경제적으로 이득을 취할 수 있게 된다. 다른 거래소 역시 해당 거버넌스 토큰을 보유할 경우 수수료 할인 혜택을 제공하고 있다. 거래소 영업이 잘될수록 거버넌스 토큰 역시 가격이 상승할 확률이 높은 이유다. 다만, 2022년 6월 현재 미국 증권거래위원회는 바이낸스의 BNB 판매로 인하여 증권 관련 법령을 위반했는지를 조사 중인 것으로 알려져 있다.[60]

---

[60] 바이낸스가 2017년 코인공개를 통해 발행한 바이낸스 코인이 증권에 해당하면 바이낸스는 이를 미국 증권거래위원회에 등록하게 되어 있다. 미국에서 미등록 증권의 판매는 불법으로 규정하고 있다.

다음으로 바이낸스는 2019년 4월 자체적으로 바이낸스체인을 출시했고, 이후 바이낸스 스마트 체인 Binance Smart Chain; BSC 을 출시하여 스마트 컨트랙트를 도입하였다. BSC의 성공으로 인하여 관련 생태계가 만들어졌다. 체인 이용료 혹은 전송 수수료는 BNB로 지불하여야 한다. 기존의 이더리움이 값비싼 수수료 등의 이유로 확장성에 제한이 걸린 상황에서 BSC가 빠르게 시장 확장을 하면서 이와 관련한 전송 수수료 역시 무시 못 할 수준으로 커졌다. BNB의 가격이 BNB 수요 증가로 폭등했기 때문이다.

마지막으로 2장에서 이미 짚고 넘어간 거래소 코인공개의 영향력이다. 바이낸스에는 런치패드라는 코인공개를 위한 플랫폼이 있다. 바이낸스에 상장되는 코인을 런치패드를 통해 BNB로 구매할 수 있다. 보다 많은 BNB를 보유하고 있을 경우 당첨될 확률이 더 높게 설계되어 있다. 런치패드 코인이 상장되면 일반적으로 그 코인 가격이 단기간 내에 급등하기 때문에 투자자들에게 BNB의 보유 유인이 된다. 최근 진행된 스테픈의 거버넌스 토큰 GMT의 경우 발행가 0.01달러에서 당일 19배 상승했으며, 이후 최고 417배 상승하였다. 물론, 이후 하락장에서 M2E의 폰지 스킴 논란 등으로 인하여 가격이 많이 하락하였다. 그래도 2022년 6월 20일 현재 발행가 대비 81배 수준에서 형성되어 있다.

한편, 바이낸스는 BNB의 가격 부양 등의 목적으로 지속적으로 유통량을 소각한다. 즉, 각종 수수료 등으로 받은 BNB를 소각하는데, 가장 최근 BNB의 18번째 소각이 이루어졌다. 2022년 1분기에 총 1,684,387개의 BNB가 소각되었는데, 이는 약 8,400

자료 4-10 GMT 가격 추이

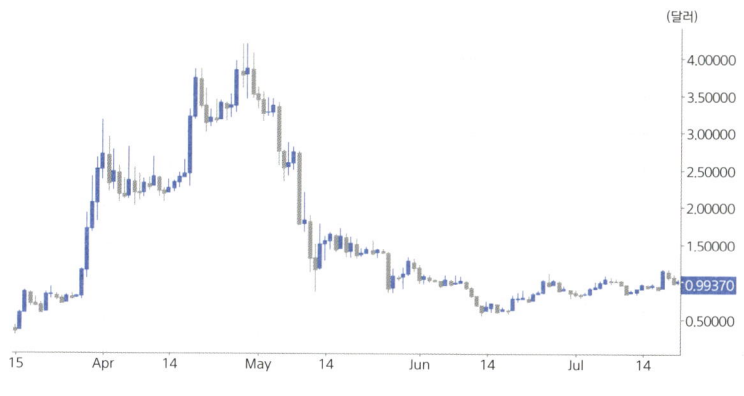

*출처: 비트겟

억 원 규모이다.

바이낸스의 엄청난 수수료 수익을 바라보고 가치평가를 해본다면 바이낸스 주식에 투자를 하면 되지 않을까? 미국 주식시장에 상장된 코인베이스Coinbase; COIN[61]의 경우, 투자자들은 이 주식을 매수하면 된다. 그러나 바이낸스는 현재 상장되어 있지 않다. 투자자들이 바이낸스의 성장에 배팅한다면 지금 투자 가능한 대상은 BNB뿐이다. 바이낸스가 성장하면 BNB의 가격도 올라간다는 점에서 바이낸스나 투자자들은 BNB를 주식처럼 생각하는 경향이 있어 보인다. 현재 증시에 상장한 거래소는 코인베이스밖에 없기 때문에 거래소의 성장이 예상된다면 거래소 거버넌스 토

---

61 2021년 4월 14일, 미국 나스닥에 상장하였다. 기준가격은 250달러였고, 860억 달러로 평가받았다. 2022년 8월 10일 현재 주가는 87달러이다.

큰을 분석할 필요가 있다. 다만, 앞서 언급한 바와 같이 바이낸스를 비롯한 대부분의 거래소는 중앙화된 거래소로 사실 우리가 평소 알고 있던 은행이나 증권사와는 다르게, 오히려 개인이 운영하는 중개소에 가깝다는 점을 항상 유의해야 한다. 대부분이 제도권 금융 수준의 규제 당국의 관리나 감독을 받지 않고 있기 때문이다. 따라서 거래소에서 일어나는 일에 대해서는 사실상 알기 어렵고, 2022년 11월 FTX 사태로 인한 피해자는 언제든지 나타날 수 있다.

현재 수수료는 어느 정도일까? 거래소가 벌어들이는 수익은 거래 수수료, 출금 수수료, 상장 수수료, 체인 이용 수수료, 청산 수익 등이 있다. 이 중 체인 이용 수수료는 별도의 체인이 있는 바이낸스와 같은 거래소에만 적용된다. 상장 수수료는 신규 코인이 상장할 때 거래소가 벌어들이는 수익인데, 정규적이지 않고 파악하기 쉽지 않다. 청산 수익은 선물 투자자들이 레버리지를 일으켜서 투자를 했을 경우, 담보금이 0 미만으로 되면 강제 청산을 당하면서 거래소가 얻는 수익이며, 특히 변동성이 높을 때 엄청난 청산 금액이 발생한다.[62] 우리는 여기에서 일정한 요율이 있고 매일 발생하는 거래 수수료에 대해서 살펴보도록 하자.

일반적으로 현물과 선물의 요율이 다르다. 선물의 경우 현물보다는 요율이 낮다. 선물은 투자자들이 레버리지를 일으켜 투자

---

[62] 코인니스 CoinNess 에 따르면, 2022년 6월 19일 주요 거래소에서 지난 1시간 0.51억 달러 규모의 선물 포지션이강제 청산되었고, 24시간 기준으로는 4.74억 달러 규모의 선물 포지션이 강제 청산되었다.

자료 4-11 거래소 CEX의 1일 거래량 및 기본 수수료 (2022년 6월)

구분	바이낸스	비트겟	바이비트	FTX	코인베이스
현물 거래량	$13.3B	$1.0B	$0.4B	$2.2B	$1.8B
선물 거래량	$55.1B	$7.1B	$10.4B	$6.7B	-
현물 수수료	0.1%	0.1%	0.1% (지정가: 0%)	0.02%	지정가: 0.4% 시장가: 0.6%
선물 수수료	지정가: 0.02% 시장가: 0.04%	지정가: 0.04% 시장가: 0.06%	지정가: -0.025% 시장가: 0.075%	지정가: 0.02% 시장가: 0.07%	-

*출처: 개인 조사

하기 때문에 선물 요율에 레버리지 비율을 적용한 값이 거래소가 받는 수수료가 된다. 예를 들어, 바이낸스의 시장가 선물 수수료는 0.04%이지만, 레버리지 비율을 50배로 할 경우, 0.04%의 50배인 2%가 된다. 즉, 투자자가 1,000달러를 50배 레버리지로 매수할 경우 20달러를 수수료로 내며, 동일한 금액을 다시 매도할 경우 다시 20달러를 수수료로 낸다. 또한, 지정가와 시장가에 대한 요율이 다르다. 지정가는 거래가 바로 체결되지 않는 호가로 주문을 하는 경우이며, 시장가로 주문할 경우 바로 체결된다. 지정가보다 시장가 요율이 높다. 거래소별로 지정가로 주문할 경우 수수료를 오히려 지급하는 경우도 있다. 한편, 거래소는 마케팅 수단으로 레퍼럴 제도[63]를 운영하는데, 투자자들이 다른 투자자들의 초대로 거래소에 가입할 경우 수수료를 할인해주며 초대자에

---

[63] 합법 여부에 대한 논란이 있으나, 2022년 10월 현재 불법이라는 공식적인 발표는 없는 상태로 보인다. 지속해서 개별적인 확인이 필요하다.

게는 가입자가 발생시키는 수수료 일부를 지급한다. 기존 가입자가 자발적으로 마케팅에 참여하도록 하는 피라미드식 방법이다.

위 표는 기본 거래 수수료로 제공되는 할인이 적용되지 않았다. 다만, 이외에 출금 수수료 등 다른 수수료도 수익으로 발생하기 때문에 거래소 수익은 위 기본 수수료보다 높을 수도 있다. 예를 들어, 바이낸스의 경우, 하루 동안 벌어들이는 거래 수수료를 단순 계산해보자. 현물 수수료로 1,300만 달러, 선물 수수료로 1,600만 달러[64]가 계산된다. 한국에서 거래 수수료가 저렴한 증권사인 키움증권의 거래 수수료율이 0.015%이며, 한국 전체 코스피 1일 거래대금이 2022년 7조 원이었다는 사실을 고려하면, 크립토 거래소가 벌어들이는 수익은 실로 어마어마한 수준이다.

미국 시장에서는 인기가 있는 코인베이스의 경우, 글로벌 거래대금 측면에서는 높은 순위가 아니며, 마진^{Margin} 거래도 금지한 지 오래다. 그렇지만 2021년 미국 나스닥에 상장되어 있기 때문에, 재무정보가 기간별로 공시된다. 코인베이스는 2012년 설립되었으며, 현재 약 100여 개국에서 8,900만 명 이상의 사용자를 확보하고 있다.[65] 2021년 거래대금은 1조 671억 달러를 기록하였다. 2022년 1분기 매출액 110억 달러 중 86.8%에 해당하는 100억 달러를 거래 수수료에서 얻었다. 코인베이스의 거의 대부분의 수익은 거래 수수료라고 볼 수 있다. 물론, 선물을 위주로 하는 거

---

64 2022년 6월 중 1일 거래량 $55.1B × 0.03% (지정가와 시장가의 중간값 가정)
65 2022년 1분기 매출액은 82%가 미국에서 발생했으며, 나머지 8%가 미국 이외의 지역에서 발생했다.

자료 4-12 코인베이스 2022년 1분기 매출액 분석

Account	Three Months Ended March 31,	
	2022	2021
Retail, net	965,841	1,455,171
Institutional, net	47,195	85,409
Total transaction revenue	1,013,036	1,540,580
Blockchain rewards	81,895	9,251
Custodial fee revenue	31,694	23,451
Earn campaign revenue	5,906	11,111
Interest income	10,454	3,320
Other subscription and services revenue	21,906	9,268
Total subscription and services revenue	151,855	56,401
Total net revenue	1,164,891	1,596,981
Crypto asset sales revenue	569	203,799
Corporate interest and other income	976	332
Total other revenue	1,545	204,131
Total revenue	$ 1,166,436	$ 1,801,112

*출처: 코인베이스

래소의 경우, 청산 수익이 다른 수입원이 될 수 있다. 바이낸스의 경우는 체인 이용료 수익이 주요 수입원에 추가될 수 있다. 현물 거래만 취급하는 코인베이스의 경우에도 매출액이 1조 원을 넘겼다. 다른 주요 선물 거래소의 최소 수익을 추정해볼 수 있는 지표가 된다.

그렇다면 왜 이렇게 거래 수수료가 많을까? 그리고 앞으로도 계속 이렇게 거래 수수료가 높게 유지될 수 있을까? 거래소의 성장이 앞으로도 이어질 수 있을까? 즉, 거래소의 거버넌스 토큰의

가격 상승은 거래소의 성장이 담보되어야 하기 때문에 이는 중요한 질문이 된다.

가장 먼저, 거래소가 한 국가에만 국한되어 있지도 않고 1년 내내 매일 24시간 시장이 열리기 때문이다. 그러므로 개별 국가에 한정되어 있는 증권사보다 기본적으로 더 많은 거래가 발생할 수 있는 조건을 갖추고 있다. 또한, 크립토 시장은 선물시장이 발달해 있다. 주식시장에서는 개인이 선물이나 옵션 등 파생상품 투자를 하는 경우는 극히 드물다. 또한, 공매도도 극히 제한적으로 한다. 그러나 크립토 거래소에서는 거의 누구나 선물거래를 할 수 있다. 인터페이스Interface나 작동방법은 유튜브, 블로그 등을 통해 사람들에게 이제는 낯설지 않기도 하다. 사람들은 자기도 모르는 사이에 자신이 가지고 있는 담보금 대비해서 수 배 또는 수십 배를 걸고 거래를 하기도 한다. 많은 부작용도 있지만, 거래소 입장에서는 이렇기 때문에 더 많은 수수료가 발생할 확률이 높다. 이는 또한 숙련된 투자자가 아닐 경우 청산으로 이어져서 청산 수익이 발생하면 이는 거래소의 추가 수익원이 된다. 따라서 수수료 측면에서 크립토 거래소는 유리한 위치에 있는 것으로 보인다.

다만, 이러한 많은 수수료 수익이 앞으로도 계속 이어질지는 생각해보아야 한다. 아직 시장에 진입하지 않은 투자자들이 더욱 많이 있고, 강세장에서는 신규 투자자가 보다 많이 지속적으로 유입이 되고 있기 때문에, 시장은 아직 포화상태Saturated가 아닌 것처럼 보인다. 다만, 이렇게 수익성이 좋은 사업이라는 사실을 알기 때문에 여러 거래소가 투자자 확보를 위해 마케팅을 공격적으로 하고 있다. 낮은 수수료율 등 보다 좋은 조건을 내걸고 투자자 확보를 선점하기 위해 노력하고 있다. 또는 주기적으로 각종 이벤트를 내걸고 있다. 따라서 단위 고객당 수익성은 조금 낮아질 수도 있겠다. 또한, 규제 이슈에 대해서는 계속 관심을 가지고 있어야 한다. 여러 국가에서 이제 비로소 거래소에 대한 각종 규제를 만들어가고 있기 때문에, 거래소 헤게모니 Hegemony에 지각변동은 언제든지 발생할 수 있다. 거래소가 한 국가에서만 영업을 하는 것이 아니기 때문에, 한 국가에서 규제로 인해 철폐를 맞는다고 할지라도 완전히 파산하지는 않을 수 있다고 생각할 수 있다. 그러나 반은 맞고 반은 틀리다. 왜냐하면, 투자자 베이스가 한 국가에 집중되어 있다면 파산까지도 이를 수 있다. 거래소 간의 경쟁이 심하기 때문에 쉽게 다른 국가의 투자자들을 자기 거래소로 갑자기 유치하기가 만만치 않기 때문이다. 따라서 투자자 베이스가 높은 주요국 위주로 규제의 변화는 거래소 순위에 변화를 줄 수 있을 만큼 중요한 이슈이다. 예를 들어, 2021년 9월, 한국에서 운영하였던 60여 개 거래소 중 「특정 금융거래정보의 보고 및 이용 등에 관한 법률 이하, 특금법」 시행에 따라 시중은행과 실명인증 계좌 제휴를 하고 금융정보분석원 Financial Intelligence Unit; FIU에 등록을 성공하여 원화마켓 거래 서비스를 포함해 기존 사업을 그대로 이어갈 수 있는 곳은 4대 거래소 업비트·빗썸·코인원·코빗[66]로 좁혀졌다.

---

66 2022년 8월 현재 고팍스 거래소도 추가되어 총 5개 거래소이다.

자료 4-13 주요 중앙화 거래소 거버넌스 토큰 시가총액 (2022년 6월)

순위	거래소	토큰	가격($)	시가총액($10억)[67]
1	바이낸스	BNB	233.57	38.1
2	FTX*	FTT	26.46	3.6
3	크립토닷컴	CRO	0.124	3.1
4	쿠코인**	KCS	10.74	1.1
5	후오비 글로벌	HT	5.5	0.8
6	OKX	OKB	12.45	0.7
7	게이트아이오	GT	4.25	0.3
8	우네트워크	WOO	0.2186	0.2
9	MEXC**	MX	1.33	0.1
10	비트겟	BGB	0.13	0.2

* 2022년 11월 재무상태 악화로 인해 파산 위기 발생 *출처: 코인마켓캡
** 2022년 8월 우리나라에서 불법거래소로 지정

그렇다면, 현재 주요한 거래소의 거버넌스 토큰의 시가총액은 각각 얼마일까? 2022년 6월 약세장이 펼쳐지고 있는 가운데, 거버넌스 토큰 역시 하락을 피하기는 어려웠지만, 주요 유틸리티 Utility가 탄탄할 경우, 가격은 비트코인 대비 덜 하락했다고 판단된다. 먼저, 주요 거래소 거버넌스 토큰의 시가총액에 대해서 알아보고, 하락장에서 하락률을 비교해보도록 하자. 그리고 거버넌스 토큰이 제공하는 주요 유틸리티에 파악해보고 향후 투자 가능성을 판단해보도록 하자.

위 표는 주요 중앙화 거래소 거버넌스 토큰의 시가총액 순위이

---

67 유통물량 기준 (단, BGB는 발행물량 기준)

며, BNB는 전체 크립토 시장에서 시가총액 5위에 해당하며, GT는 93위에 해당한다. 전체 100위 중 거래소 거버넌스 토큰이 7개가 차지하고 있다. 특히, BNB의 경우 시가총액 381억 달러는 한국 코스피 시가총액 5위에 해당한다. 즉, BNB보다 시가총액이 큰 한국의 회사는 삼성전자, LG에너지솔루션, SK하이닉스, 삼성바이오로직스밖에 없다. 거버넌스 토큰의 높은 성장 가능성에 대해서 가늠해볼 수 있는 부분이다. 코인마켓캡 기준 전체 중앙화 거래소 거버넌스 토큰의 시가총액 합은 2022년 6월 현재 546억 달러이며, 이중 BNB가 차지하는 비중은 약 70%이다. 다만, 항상 BNB가 이렇게 시가총액 대부분을 차지하리라는 법은 없으며, 순위는 언제든지 뒤바뀔 수도 있다. 과거 비트멕스Bitmex는 씨티은행 출신인 아서 헤이즈Arthur Hayes와 제이피모건 부사장 출신인 벤 델로Ben Delo 등이 2014년 공동 설립한 세계 1위 비트코인 선물거래소였지만, 미국 법무부가 헤이즈를 포함한 임원 4명을 「은행비밀보호법」 위반 혐의로 기소하면서 비트멕스는 몰락의 길을 걷게 되었다. 현재는 거래소 순위 25위권에 위치해 있다. 그러므로 우리는 현재 거래소가 크립토 시장에서 막강한 영향력을 행사할 수 있는 규제가 없는 현 상황에서는 세계 1위 BNB뿐만 아니라 성장 가능성이 있는 거래소 거버넌스 토큰에 대해 계속 관심을 가지고 있어야 한다. 성장과 몰락이 갑자기 발생할 수 있으므로 양방향에 대한 관심이 필요하다.

앞서 설명한 바와 같이, 거래소 거버넌스 토큰은 주식의 배당과 같이 직접적인 유틸리티를 제공하는 경우가 많다. 거래 및 출금 수수료 할인 이외에도 토큰 보유자를 대상으로 코인공개 또는 스테이킹에 참여할 기회 등을 제공하여 금전적인 이득을 취할 수 있게 해준다. 이러한 기회는 비교적 정규적으로 발생하기 때문에, 주식시장에서 가치평가 모델 중 배당소득을 활용한 평가방법인 배당할인방법 Dividend Discount Model을 활용할 수도 있다. 이 모형 중에서 보다 쉽게 이해할 수 있는 간단한 방법인 고든의 성장모형 Gorden Growth Model, P=D1/(R-G)을 활용하면, 거버넌스 토큰의 공정가치를 비교적 어렵지 않게 계산할 수도 있다. 고배당주가 높은 음﹣의 변동성이 있는 시장 혹은 하락장에서 가격 방어가 되는 특징이 있는 것처럼, 거래소 거버넌스 토큰 역시 유틸리티 함량이 높을수록 가격이 덜 떨어지는 특징이 관찰되었다. 이는 거버넌스 토큰의 유틸리티가 주식의 배당과 같은 안전장치로서의 속성이 있기 때문이다.

비트코인은 2022년 5월 5일 4만 달러에서 6월 23일 2만 달러로 약 50% 폭락하였다. 일반적으로 비트코인 이외의 코인을 일컫는 알트코인은 이보다 하락률이 높다. 관찰한 바로는, 보통 60% 이상 하락하는 게 이상하지 않다. 대표적인 알트코인인 이더리움 마저도 2,900달러에서 1,090달러로 62% 하락하였다. 거래소 거버넌스 토큰 1위인 BNB의 경우, 397달러에서 223달러로 약 43% 하락하였다. 파산 위기 이전에 FTX의 거버넌스 토큰인 FTT의 경우, FTT 보유자에게 이더리움 전송 수수료 무료 등의 매력적인 추가 혜택 제공으로도 유명하며, 이 기간의 하락률은 34%에 불과하였다. 가장 많이 하락한 크립토닷컴의 거버넌

자료 4-14   주요 중앙화 거래소 거버넌스 토큰 하락장에서 하락률

순위	거래소	토큰	5.5일 가격($)	6.23일 가격($)	하락률(%)
1	바이낸스	BNB	397	233	43
2	FTX*	FTT	38.67	25.44	34
3	크립토닷컴	CRO	0.304	0.113	63
4	쿠코인**	KCS	18.27	10.41	43
5	후오비 글로벌	HT	9.4387	5.1271	46
6	OKX	OKB	19.134	11.190	42
7	게이트아이오	GT	6.52	4.07	38
8	우네트워크	WOO	0.3536	0.1710	52
9	MEXC**	MX	2.39	1.34	44
10	비트겟	BGB	0.18663	0.11392	39

* 2022년 11월 재무상태 악화로 인해 파산 위기 발생
** 2022년 8월 우리나라에서 불법거래소로 지정

*출처: 개인 조사

스 토큰인 CRO였으며, 이더리움 하락률과 동일하였다. 전체 10개 거래소 거버넌스 토큰의 단순 평균 하락률은 44%로 비트코인보다 6% 덜 하락하였다. 극단적으로 공포에 질린 하락장이 계속 이어졌던 이 기간에 비트코인보다 덜 하락한 크립토 자산이 많지 않은데, 거래소 거버넌스 토큰이 이에 해당하였다.

그렇다면 주요 거래소 거버넌스 토큰별로 유틸리티는 무엇이 있을까? 물론, 현재 유틸리티를 제공하지 않는다고 해서 앞으로도 제공하지 않는다고 단정 지을 수는 없다. 오히려, 향후에 제공할 가능성도 배제할 수는 없다. 다만, 이는 기대감에 근거한 것이므로 주의를 필요로 한다.

먼저, 스테이킹 이득에 대해서 살펴보자. 과거 FTT의 경우, 거

래 수수료 할인, 이더리움 출금 수수료는 25 FTT 이상 보유자에게 1일 1회 무료, 150 FTT 이상 보유자에게 코인공개^{IEO} 참여 기회 제공이라는 혜택이 있었다. 배당과 유사하게 직접 금전적인 이득을 제공하지는 않았다. 그렇지만 이더리움의 가격이 4,000달러에 육박했을 때, 출금 수수료가 상당히 비싸졌기 때문에, NFT 민팅^{Minting} 등을 위해 이더리움이 필요한 경우 출금 수수료 면제 조건은 매력적이었다. 후오비, OKX, 게이트아이오의 경우, 스테이킹에 따른 배당과 같은 혜택이 있다. 후오비와 게이트아이오는 거버넌스 토큰을 스테이킹할 경우, 다른 신규 상장 코인을 제공한다. 그러나 이미 시가총액이 후오비는 1조 원을 넘어섰고, 게이트아이오 역시 4천억 원 수준으로 이미 높아졌기 때문에, 모든 스테이킹 기회에 다 참여한다고 하더라도, 배당률은 높아도 3~4% 미만으로 추정된다. 그리고 OKX의 경우 OKB를 스테이킹하면 OKB 코인을 제공하는데, 180일 동안 예치할 경우 연이율 2%이었다. 다만, OKB의 경우, 코인공개^{Jumpstart} 기회를 제공하는데 수익성이 높았다. 이외에, 스테이킹에 따른 가장 많은 직접적 금전적인 혜택을 제공하여 한국 시장에서 점유율을 높여 간 코인은 지금은 불법거래소로 지정된 MEXC의 거버넌스 토큰인 MX였다. 다만, 2022년 하락장에서는 아쉽지만 이러한 스테이킹 기회는 많이 줄어들었거나 거의 사라졌기에 매우 유의해야 한다. MX를 예치하면, 예치 대가로 신규 상장 코인을 주었다. 스테이킹과 런치패드 등에 참여하였다고 가정해보면, 달러 기준 연환산 수익률은 2022년 1월 59.9%, 2월 43.7%, 3월 46.6%, 4월

45.8%, 5월 31.8%를 기록하였다. 물론, 1~3월까지는 거버넌스 토큰의 가격이 꽤 많이 상승하였었기 때문에 수익률도 보다 높게 나왔던 측면이 있다. 그러나 2022년 8월 현재 MX의 가격은 4월 고점 대비 40% 수준에서 거래되며 회복을 못 한 채 저가에서 거래되고 있는데, 이는 MEXC의 MX에 대한 가격 부양책을 과거처럼 시행하지 않았기 때문으로 풀이된다. 또한, 동시에 불법거래소로 지정되어 한국에서의 영업이 사실상 모두 불법이 되어버렸다. 거래소 거버넌스 토큰의 위험성을 알리는 좋은 사례로 보인다.

다음으로, 신규 코인공개 기회 제공에 따른 이득에 대해서 살펴보자. 여기에는 티켓Ticket 방식과 물량Volume 방식이 있다. 티켓 방식은 일정 수량의 토큰당 티켓을 배분하며, 이 중 티켓이 당첨되면 상장 코인을 제공한다. 바이낸스, 후오비 등 많은 거래소가 사용하는 방식이며, 과거 FTX IEO를 통한 상장 코인의 첫째 날 수익률은 자료 2-5에서 살펴본 바와 같이 평균 1,100% 수준으로 매우 높았다. 다만, 당첨 확률이 매우 낮기 때문에, 로또 당첨에 비교되기도 한다. 수천만 원 이상의 토큰을 보유하여도 당첨이 안 되는 경우도 많았다고 한다. 동시에 스테이킹 기간 동안 토큰의 가격이 하락할 위험에 노출되기 때문에 주의를 기울여야 한다. 이를 회피하기 위해서는, 선물시장에서 1배 레버리지로 숏Short 거래를 하는 방법이 있다. 현물거래와 동시에 스테이킹을 하면서, 선물시장에서는 숏 거래를 통해 현물의 가격 하락 위험을 헤지하는 방법이다. 다른 거래소 역시 런치패드를 운영하는데, 티켓 방식으로 당첨확률이 매우 낮다. 따라서 신규 코인의 상장 첫 거래일에 가격 상승이 높아도 당첨 자체가 되지 않는다면 의미가 없기 때문에, 투자자에게 매력적인 유인책은 아니다. 로또 당첨금이 많다고 하더라도 대부분의 사람이 로또를 사지 않는 이유와 같다.

이와는 다르게 물량Volume에 따라 배분하는 방식을 택하는 거래소는 바이비트와 OKX가 있다. 다만, 바이비트 거래소의 경우 동일 금액을 거버넌스 토큰에 투자했을 경우 배분받는 정도가 OKX 거래소 대비 현저히 작기 때문에 논의에서 제외하기로 한다. 또한, 바이비트의 거버넌스 토큰인 비트다오BitDAO; BIT의 경우, 스테이킹 종료 시 가격 하락률이 보다 높은 경향을 보여왔다. 비정규적으로 그리고 지속적으로 신규 코인 상장 이벤트가 진행되어야 직전 이벤트가 종료된 이후의 가격의 급격한 하락을 어느 정도 막을 수 있겠다. OKB의 경우, 현재 소액 투자자가 높은 수익률을 기대할 수 있는 거래소 코인으로 알려져 있다. 예를 들어, OKX의 코인공개Jumpstart 구조에 따르면, 보통 100개의 OKB를 매수하여 참여하는 경우가 많다. 500개는 개인투자자들에게 부담스러운 가격이며, 헤지를 하지 않으면 오히려 가격 하락에 따른 손해를 볼 위험도 있다. 2022년 OKX의 코인공개를 통한 신규 상장 코인인 ORB, ELT, TAKI 모두 성과가 좋았다. 아주 큰 욕심만 부리지 않았다면, TAKI는 조금 저조하였지만, ORB, ELT의 경우, 보통 자신이 투자한 금액 대비 15배 이상의 수익을 얻었을 것으로 보인다. 예를 들어, ORB의 공모가격은 0.035달러였으며, 다음의 상장 첫 거래일의 시간봉 차트를 보면, 0.66달러

자료 4-15 ORB의 상장 첫 거래일 시간봉 차트

*출처: OKX

까지 올랐으며, 이는 공모가 대비 약 19배이다. 다만, 앞서 언급한 바와 같이, 코인공개 이벤트가 끝나면 이벤트 기대감으로 상승하던 OKB의 가격 방어가 어렵고 급락이 자연스럽기 때문에, 이에 대한 준비는 반드시 필요하다. 그러나 OKB의 시가총액 자체가 현재 전체 거래소 중 6위 수준으로 낮지 않다는 단점이 있다.

선물거래를 위주로 하는 비트겟 Bitget 거래소의 경우, 현물 부분에 대해 보강하는 차원에서 런치패드를 간헐적으로 진행하기 시작하였는데, 티켓 방법임에도 불구하고, 보유자 수가 다른 거래소 토큰에 비해서 많지 않기 때문에 어느 정도 당첨이 되기도 한다고 알려져 있다. 2022년 진행한 런치패드를 통해 상장한 레볼랜드 Revoland; REVO의 경우, 참여자가 20개 티켓을 부여받는다면, 이 중 3개 정도가 당첨되는 높은 확률을 보여주었다. 다만, 수익률은 2~3배 정도에 그쳤다. 장점은 시가총액이 다른 거래소에 비해 낮다는 점이다.

마지막으로, 거래 수수료 할인에 따른 이득에 대해서 살펴보자. 현물거래의 경우, 단기 트레이딩을 하는 비율이 선물거래에 비해 많지 않다. 당연하다. 왜냐하면, 빠른 트레이딩을 할 만큼 비트코인의 가격변동이 크게 느껴지지 않기 때문이다. 이는 역으로 레버리지를 사용하는 선물거래가 활성화되어 있기 때문이다. 또한, 거래규모가 선물거래에 비해 크지도 않다. 따라서 거래 수수료 할인에 대한 이득은 선물거래에서 더욱 크게 유인으로 작용할 수 있다. 참고로 자료 2-7에 따르면, 바이낸스의 1일 선물거래 규모는 501억 달러로 타 거래소 대비 압도적이다. 2위권인 OKX와 바이비트의 거래소 거버넌스 토큰은 시가총액이 이미 1조 원에 가까워져 있다. 5위권 이내의 비트겟의 선물거래 규모는 82억 달러로 바이비트와 크게 차이가 나지 않으면서, 시가총액은 매우 낮다. 비트겟은 비트겟 토큰^{Bitget Token; BGB} 보유자에게 BGB로 현물거래 수수료를 지급할 경우 20% 할인을 제공한다. 비트겟을 이용하는 투자자들은 대부분 테더^{Tether; USDT} 선물거래를 하기 때문에, 이는 매우 큰 유인책이 될 수는 없다. 현재, USDT 선물거래에 대해서는 할인을 제공하지 않는다. 기본적으로 레퍼럴^{Referral}을 통해 가입할 경우, 선물거래 수수료에 대해 50% 할인을 제공하기 때문으로 보인다. OKB의 경우, 선물거래 수수료에 대해 할인을 제공하는데, 보유량에 따라 차등적이다. 예를 들어, 2022년 기준 OKB 500개 이상을 보유할 경우 10% 할인, 2,000개 이상은 25~40% 할인^{각 지정가, 시장가}을 제공하였다. BNB의 경우, 현물과 선물의 할인을 모두 제공한다. 현물거래 수수료의 25%, 선물거래 수수료의 10%를 할인해준다. 즉, 이처럼 현물과 선물의 수수료 할인이 거래소별로 다르게 적용되니, 거래소 토큰에 대해 투자를 진행할 경우, 이 책에서 분석하는 바와 같이 일일이 다 확인해보기를 바란다. 시가총액이 낮을수록, 선물거래량이 많을수록, 선물거래 수수료 할인이 많을수록 투자대상으로서 더욱 좋아 보인다.

이외에도 거래소별로 다양한 유틸리티를 제공하고 있다. 스테이킹이나 런치패드 참여 기회 이외의 이벤트를 개최할 수도 있다. 300개 이상의 거래소가 있는데, 투자를 진행할 때는 직접적인 금전적인 혜택과 할인 등 기타 유틸리티에 대해서 분석을 하고 진행하기를 바란다.

그렇다면, 지금까지 살펴본 수준에서 투자를 진행한다면 어떤 거래소 거버넌스 토큰이 매력적인가? 물론, 투자자마다 가치관이나 목적이 다르기 때문에 무엇이 옳다 그르다를 말할 수는 없다. 우선, 이에 대해 자신의 기준을 확립하는 게 우선이다. 이를테면, 보다 많은 위험을 감수하고 높은 수익을 바랄 것인지, 아니면, 단기 트레이딩 투자자로서 상승추세를 이용해서 트레이딩을 할 것인지 등에서 고민을 해보아야 한다. 여기에서는 주식, 채권이 아닌 크립토 시장에 진입하는 투자자라면 어느 정도는 위험을 감수Risk Taking할 수 있다고 보인다. 그러지 않고서는 처음부터 크립토 시장에 들어오지 않았을 테니 말이다.

예를 들어, 이미 거래소 토큰 1위인 BNB의 가격이 지금보다 폭발적으로 상승하기 위해서는 지금까지 갖추었던 다양한 기능Function이나 제공했던 유틸리티 이외에 새로운 무언가를 더 장착하여야 한다.[68] 이를테면, 바이낸스가 운영하고 있는 자체 체인 BSC은 이미 가치에 반영이 되어 있다. 따라서 가입자 수의 폭발적 증가라던가, 수수료율의 인상이라던가, 아니면 바이낸스가 발행하는 스테이블코인 Binance USD; BUSD의 시장 석권 등이 필요하겠다.

후오비, OKX, 게이트아이오와 같은 중형 거래소의 경우는 조금 애매하다. 가격이 이미 1조 원 수준에 근접하기 때문이다. 물론 시장이 강세장이었던 2021년 말이나 2022년 초에는 이를 훌쩍 뛰어넘기도 했었다. 이러한 중형 거래소의 다음 단계는 FTX, 크립토닷컴 수준이었는데, 모두 자체 체인이 없기 때문에 다른 기능의 벤치마크가 불가능하지는 않아 보인다. 다만, 과거 FTX가 파산 전에 이더리움 전송 수수료를 고객을 위해 직접 부담하는 부분은 따라잡기 조금은 부담스럽지 않나 생각된다. 이더리움 가격이 정상화될 경우 비용이 만만치 않아 보이기 때문이다.[69] 코인공개 IEO의 상장 첫 거래일에 10배 이상의 수익률을 달성하는 부분은 노력하면 어렵지만은 않아 보인다. 보다 성장 가능성이 높은 신규 코인의 발굴을 위해 발로 뛰고, 상장일에 코인 가격 부양을 위한 노력을 적절하게 기울이면 불가능한 일은 아니라고 보인다. 그렇지만 거버넌스 토큰의 현재 시점의 가격 자체가 시가총액 1,000억 원 수준의 가벼운 토큰에 비해서는 이미 몇 배 이상으로 커져 있기 때문에 부담이 아닐 수 없다.

68 크립토 시장 전체가 상승한다면 추가적인 가치 장착이 없이도 가격이 상승할 수도 있다.
69 이더리움 2.0이 출시될 경우 영향은 배제하였다.

마지막으로 지금은 비교적 덜 알려져 있는 저가형 거버넌스 토큰에 대한 지속적인 관심이 필요하다. 여기에서 「저가형」이란 토큰의 시가총액이 1천억 원 수준에 형성되어 있는 토큰[70]을 말한다. 단기간에 1위 바이낸스 거버넌스 토큰의 시가총액까지 상승하기는 어려울 수 있지만, 가격이 상승할 여지가 충분히 있다. 몇몇 저가형 토큰을 발행하는 거래소의 거래규모 수준이 중형 거래소와 별 차이가 없고, 중형 거래소에서 제공하는 토큰 보유자에 대한 유틸리티가 비슷하거나 어떤 부분에서는 저가형이 보다 앞서는 부분이 있는 경우도 있기 때문이다. 또한, 현재 시행하고 있지 않은 기능도 추후 시행 가능하다는 점은 기대감으로 작용할 수 있다. 예를 들어, BGB의 경우 로드맵에 따라 2022년 BGB 스테이킹[71]이 잠시 시행된 적이 있었는데, 투자자에게 장기 보유를 위한 유인책이 될 수 있다. 다만, 저가형 토큰은 시가총액 자체가 작기 때문에 변동성이 보다 높을 수 있다는 단점이 있다. 장기 투자자가 아니라면 낮은 시가총액에서 비롯되는 이러한 높은 변동성을 버틸 수 있을지가 관건이겠다.

다만, 투자를 고려할 때 한 가지 더 유의해야 하는 사항은 거래소를 만든 창업자와 초기 멤버의 성향이다. 거래소 거버넌스 토큰을 가장 많이 보유하고 있는 사람은 사실 그들이다. 그들이 기업의 대주주와 같은 위치에 있다. 이들이 시장에 물량을 내다 팔

---

70 BGB 등 많은 거래소 토큰이 1천억 원 미만의 시가총액에 머무르고 있다.
71 2022년 8월 현재 스테이킹은 잠정 중단된 것으로 보인다.

아 수익 실현을 하게 되면 토큰 가격이 오르기 쉽지 않다. 예를 들어, 바이낸스의 창업자 창펑자오는 자신의 자산으로 BNB와 비트코인만 보유하고 있다고 공개적으로 이야기하고 있고, 지속적으로 BNB의 가격 상승을 위한 노력을 하는 것처럼 보인다. 물론, 다른 크립토 자산을 보유하지 않는 이유에 대해서는 잠재적인 이해 충돌 가능성 배제라고 언급하였지만, 2014년부터 보유한 비트코인에 대해서도 지금까지 팔지 않았다. 과거가 항상 미래를 담보하지는 않겠지만, 최소한 과거에 창업자가 들쭉날쭉한 행보를 보였다면 의심을 해볼 필요가 있다. 즉, 거래소 토큰의 토크노믹스를 확인해보면서 초기 물량이 어디로 갔는지 그리고 그 물량이 시장에 나올 가능성 등에 대해 생각해볼 필요가 있다.

또한, FTX의 FTT처럼 레버리지 금융의 담보자산으로 활용되었는지도 파악하기는 어렵겠지만, 주의를 기울이고 있어야 한다. 그리고 거버넌스 토큰이 현물 이외에 선물시장도 오픈이 되어있는지, 어느 거래소에 걸쳐 오픈이 되어 있는지 등에 대해서도 역시 확인해보아야 한다. 현재 거래소에 집중된 헤게모니와 감독 당국의 규제 부재를 틈타, 거래소가 거버넌스 코인을 활용하여 과도한 행위를 하고자 하는 유인은 충분하다. 따라서, 이에 대해서는 지속적으로 관심을 가지고 지켜보아야 할 것이다.

크립토 시장은 비트코인이 만들어진 이래로 규모 면에서 계속 성장을 하고 있다. 또한, 보다 다양한 기능을 갖춘 코인들도 속속들이 등장하고 있다. 이 와중에 테라-루나 사태와 같은 참사가 벌어지기도 했지만, 시장은 언제 그랬냐는 듯이 새로운 희망으로 과거를 잊고 앞으로 나아가곤 하였다. 제도적인 측면에서 악재가 터지기도 하였다. 중국에서는 코인 거래를 금지한다는 뉴스가 정기적으로 들려 오곤 한다. 러시아에서도 그랬다. 그러나 상황이 변하자 오히려 장려하겠다는 톤의 뉴스로 바뀌기도 한다. 이렇게 다양한 뉴스가 오고 가는 와중에도 시장은 계속 성장하고 있다. 그리고 현재 크립토 시장의 주된 참여자인 20~30대가 성장하여 40~50대가 되고, 새로운 20~30대가 진입하게 되면 크립토 시장은 규모 면에서 한층 더 성장하리라고 생각된다. 그렇다면 시장 참여자가 가장 먼저 쉽게 진입할 수 있는 채널인 중앙화된 거래소 역시 보다 많은 신규 가입자를 유치할 수 있다.

지금은 아무리 비트코인이 디지털 금이라고 외쳐도, 금이 이미 있기 때문에 투자시장의 40~50대 참여자들은 보다 익숙한 금을 인플레이션 헤지 수단으로 여긴다. 하지만 10~20년 후에도 그럴까? 금보다 비트코인이 보다 익숙한 20~30대 투자자들이 시간이 지나 보다 주된 투자자로서 시장에 참여하게 된다면 지금과는 또 다른 양상일 수 있다. 거래소 토큰의 옥석 가리기를 하고 그때를 기다린다면 어떨까?

04

디파이

디파이 DeFi 는 탈중앙화된 금융 Decentralized Finance 의 약어로서, 기성 은행의 중앙화된 금융 Centralized Finance 에 대비되는 개념이다. 이는 탈중앙화된 분산 금융 또는 분산 재정을 의미한다. 보다 구체적으로는 블록체인 기반으로 조성되는 금융 서비스이며, 크립토 토큰을 이용한 금융 서비스 전체를 의미한다. 금융 서비스는 대출이나 저축만으로 한정되어 있지 않으며, 기존 금융기관에서 하고 있는 모든 서비스를 포함한다. 이미 활발하게 이루어지고 있는 서비스에는 대출, 차입, 파생상품, 보험, 복권 등이 있다.

디파이의 반대말은 씨파이 CeFi 이다. 씨파이는 기존의 중앙화된 금융 시스템을 의미한다. 대표적인 기관으로 은행이 있는데, 기본적으로 접근성과 투명성에 문제점이 있으며, 또한, 중앙 집중화에서 야기되는 문제점도 있다. 세계은행에 따르면 2017년 기준 은행 계좌를 소유하지 않은 인구가 전 세계 17억 명이라고 한다. 지리적 위치나 신용 문제 등으로 많은 사람이 금융기관에 접근조차 하지 못하고 있다. 또한, 2008년 서브프라임 금융위기가 발생한 이유 중의 하나는 신용평가사의 서브프라임 모기지 증권에 무분별하게 최고로 높은 신용등급 AAA 을 부여하는 등 투명성 문제가 있었다. 중앙 집중화로 인한 문제점은 다양한데, 예를 들어, 거대 자본이 소수의 기관에 몰렸을 경우, 그 소수의 기관이 판단을 잘못 내릴 경우 그 파장이 금융시장 전체로 퍼질 수 있다. 2008년 리만 브라더스Lehman Brothers가 파산했을 때, 미국에서 수백 개의 은행이 연쇄 도산을 하였고, 충격은 미국을 넘어 글로벌 시장으로 확산되었다.

디파이는 씨파이의 문제점들을 해결하기 위해 도입되었다. 물론 이것이 씨파이의 모든 문제점을 해결할 수 있다는 것은 아니다. 최근 대표적인 스테이블코인인 테라UST를 활용한 디파이 시스템이 붕괴되면서, 전체 크립토 시장이 연쇄 충격을 받은 사례는 씨파이의 중앙 집중화로 인한 문제점이 야기하는 결과와 유사하다. 현재 수많은 디파이 프로토콜Protocol이 있다 보니, 하나의 디파이 프로토콜이 다른 여러 개의 디파이 프로토콜과 연결되어 있는 경우가 많다. 마치 2008년 서브프라임 금융위기 당시 알 수 없을 정도로 수많은 연결고리가 있었던 모기지Mortgage와 관련된 증권이나 파생상품이 떠오를 수밖에 없는 대목이다. 물론, 이는 어느 정도 운영상의 문제점이 발생하였기 때문이기도 하다. 반대로 장점도 여럿 있는데, 먼저 개인 핸드폰만 있다면 쉽게 접근할 수 있는 장점이 있다. 또한, 대부분의 디파이 프로토콜은 이더리움 체인ERC이나 BSC 등과 같은 공개된 블록체인 상에서 구축되기 때문에 오픈 소스Open Source[72]로 대부분의 설계내역이나 운영방법 등 주요 사항이 공개되어 있다. 즉, 보다 투명하다는 장점이 있다.

이전 장들에서 설명한 섹터와는 다르게 디파이 섹터에서는 특정 토큰을 특정해서 논의를 진행하기는 어렵다. 디파이는 기존 금융시장을 대체하는 금융 서비스 전체를 일컫는 말로, 새로운 서비스가 등장하고 기존 서비스가 사라지거나 개선되는 현상이 반복되고 있기 때문이다. 즉, 지금 현재 시점에서 어떤 디파이 프로토콜의 장단점에 대해 분석을 했을지라도, 향후 이 디파이 프로토콜의 단점을 조금 개선한 다른 디파이 프로토콜이 등장할 수도 있다. 오픈 소스로 소스코드가 제공되는 상황에서는 문제점도 더욱 쉽게 개선이 가능할 수 있다. 따라서 이번 장에서는 다양한 디파이 프로토콜을 어떻게 활용할 수 있을지에 대해서 개괄적으로 생각해보면 좋을 것 같다.

디파이 프로토콜을 사용하기 위해서는 담보물이 예치되어 있어야 한다. 디파이 프로토콜에 예치된 총 담보물의 가치를 총 예치자산Total Value Locked; TVL이라고 부른다. 2020년 1월 1일 기준 6억 달러에 불과하였던 TVL은 2021년에 엄청난 상승을 거치고 2021년 말 2,356억 달러로 정점을 찍었다. 2년 만에 약 391배가 상승하였다. 2022년 테라-루나 사태 및 이후 벌어진 대출 프로토콜인 셀시우스Celsius; CEL의 출금금지 조치 등으로 인하여 디파이에 대한 투자자들의 인식이 급랭하는 바람에 2022년 6월 현재는 고점 대비 68% 하락한 768억 달러 수준에 머무르고 있다.

전체 TVL 중에서 약 64%에 해당하는 490억 달러가 이더리움

---

72 공개되는 코드Code는 일반적으로 라이선스License의 제약 없이 사용할 수 있다. 특히, 디파이 프로토콜에서는 스마트 컨트랙트를 오픈 소스로 공개해야만 투자자금 행방에 대한 투자자의 불안감을 불식시킬 수 있다.

자료 4-16 디파이 프로토콜 TVL

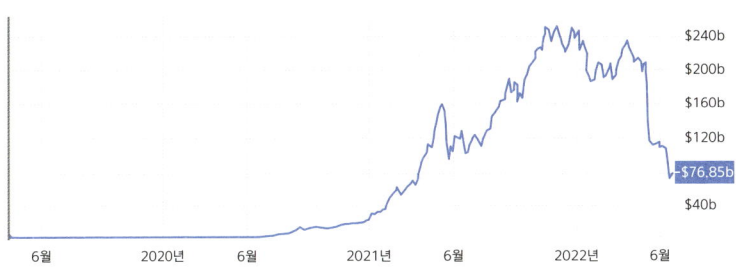

*출처: Defilama

체인ERC에 예치되어 있다. 전체 디파이 시장 중 50%가 넘는 규모이며, 프로토콜은 504개이다. 2위는 바이낸스 스마트 체인BSC이며, 규모는 60억 달러7.8%로 비교적 작지만, 프로토콜 수는 407개로 이더리움 프로토콜을 바짝 뒤쫓고 있다. 이외에 트론TRX, 아발란체AVAX, 솔라나SOL, 폴리곤MATIC 등의 체인이 순위권에 자리 잡고 있으며, 이더리움 가격이 높아졌을 때 전송 수수료나 거래 수수료 등이 비싸다는 단점을 파고들어 빠른 속도와 낮은 수수료 등으로 시장에서 새로운 디파이 프로토콜에 어필할 수 있었다.

예를 들어, 더 샌드박스의 스테이킹 프로토콜은 기본적으로 이더리움을 토대로 작동하였으나, 지금은 이더리움 체인은 종료되었고, 폴리곤 체인만 가능하다. 과거 투자자들 입장에서 이더리움 체인으로 스테이킹을 하고 싶어도, 이더리움 체인 상에서 동일한 토큰을 전송하는데 비용이 수배에서 수십 배가 비쌌기 때문에 부담을 느꼈다면, 현재 폴리곤 체인 상에서는 수수료가 이더리움 체인 대비 미미한 수준이기 때문에 거래할 때 수수료를 더

자료 4-17 체인별 디파이 TVL (2022년 6월)

순위	체인	프로토콜	TVL	비중(%)
1	Ethereum (ETH)	504	$49.03B	63.8
2	BSC (BNB)	407	$6.02B	7.8
3	Tron (TRX)	9	$4.13B	5.4
4	Avalanche (AVAX)	219	$2.83B	3.7
5	Solana (SOL)	72	$2.75B	3.6
6	Polygon (MATIC)	264	$1.75B	2.3
7	Cronos (CRO)	64	$1.17B	1.5
8	Fantom (FTM)	243	$1B	1.3
9	Waves (WAVES)	5	$926.95M	1.2
10	Arbitrum	92	$783.86M	1.0

*출처: Defilama

이상 고려하지 않아도 되게 되었다. 앞으로도 이더리움 2.0 전환 등으로 기존의 문제점을 해결하지 않는다면, 다른 체인의 비중 확대가 예상된다.

디파이 프로토콜 혹은 디파이 디앱dApp을 보다 잘 이해하기 위해서는 스테이블코인, 대출, 거래소, 파생상품, 펀드 운용, 복권, 지불, 보험, 거버넌스 등에 대해서 각각 학습을 하여야 한다. 하지만 우리는 지금 투자 목적으로 접근하고 있기 때문에, 투자 목적에 보다 적합한 대출, 차입, 파생상품에 대해 보다 구체적으로 살펴보도록 하자. 스테이블코인에 대해서는 다른 장에서 구체적으로 논의할 예정이다.

현재, 디파이라마Defilama 분류상, 전체 디파이 프로토콜 중 1위는 탈중앙화 거래소Decentralized Exchange; Dex로 규모는 245억 달러이며, 2위는 대출^{Lending}이며 168억 달러이다. 다만, 4위에 있는 CDP^{Collateralized Debt Position}나 5위 Yield, 6위 Liquid Staking 모두 이자수익을 받을 수 있다는 점에서 일정 부분 이 책에서 언급하고 있는 대출과 유사한 개념으로 볼 수 있다. 4, 5, 6위의 규모를 합하면 230억 달러이다. 3위는 브리지^{Bridge}로 서로 다른 체인을 변경해주는 프로토콜이다. 같은 코인이어도 이더리움을 사용하는 경우가 있고 폴리곤을 사용하는 경우도 있다. 이러한 다른 체인 간의 변경을 가능하게 해준다.

대출의 경우, 전통적인 금융시장에서는 신용도 또는 담보물의 가치를 통해서 대출을 받았다. 하지만 대출 디파이 프로토콜에서는 오직 토큰을 담보로 활용해 대출을 받을 수 있다. 신용대출은 없다. 대출자가 시행하는 대출 자산은 유동성 풀^{Liquidity Pool}에 예치되며 이는 차입자에게 전달된다. 이때 대출자의 수익은 차입자의 이자비용에서 발생한다. 이러한 대출과 차입은 중앙관리자가 없는 상태에서 스마트 컨트랙트에서 이미 정해진 알고리즘^{Algorithm}과 이자율에 따라 자동으로 이루어진다.

2022년 6월 말 현재 테라-루나 사태, 셀시우스 사태 등으로 이미 디파이 시장이 크게 위축되었기 때문에, 최상위에 위치한 대출 프로토콜인 컴파운드^{Compound}나 에이브^{Aave} 역시 TVL 급락을 겪고 있으며, 여러 가지 문제점에 노출되어 있다. 다만, 여기에서는 먼저, 어떠한 방식으로 대출 및 차입 프로토콜이 운영되는지 컴파운드를 통해 간략하게 살펴보고 넘어가도록 하자.

이더리움의 디파이 프로토콜인 컴파운드에서는 2022년 6월 현재 다이Dai; DAI, ETH, USDC, USDT, 컴파운드Compound; COMP 등 20개의 토큰이 사용 가능한데, 이중 USDT를 제외한 19개 토큰을 담보물로 사용할 수 있다. 다음에서와 같이 담보자산과 차입자산에 따라 대출금리와 차입금리가 달라진다. 컴파운드는 2020년 6월 자체 거버넌스 토큰인 COMP를 출시하여 커뮤니티 기반 프로토콜로 전환하기도 하였다. 8개의 토큰 중 담보자산을 예치하면 해당 금액만큼 C 토큰을 받게 된다. 예를 들어, DAI를 예치하면 C DAI를 받게 된다. 그리고 이자 역시 이자율만큼 계산하여 C DAI를 받게 된다. 이후 대출을 종료하고 원금을 받고 싶을 때는 C DAI를 DAI로 전환한다. 이때 C DAI와 DAI의 교환비율은 대출 종료 시점에서 C DAI의 수요 공급에 따른 가치에

자료 4-18 컴파운드의 담보자산별 대출 및 차입 이자율 (2022년 6월)

Market	Total Supply	Supply APY	Total Borrow	Borrow APY
Ether ETH	$828.73M -0.26%	0.05% -	$20.46M +0.07%	2.60% -
USD Coin USDC	$813.82M +2.40%	0.31% +0.04	$196.86M +9.81%	1.39% +0.09
Wrapped BTC WBTC	$723.69M +0.09%	0.04% -	$13.05M -	2.78% -
Dai DAI	$634.11M +1.62%	1.21% -0.04	$311.41M -	2.89% -0.05
Tether USDT	$429.23M +2.83%	2.37% -0.13	$286.27M +0.09%	3.88% -0.11
Basic Attention Token BAT	$60.15M +0.03%	0.08% -	$1.86M +0.01%	3.37% -
Compound Governance Token COMP	$48.73M +0.02%	0.01% -	$325K -7.00%	2.48% -0.01

*출처: 컴파운드

따라 달라진다. 최초 C DAI와 DAI의 교환비율이 1:1이었다고 했을지라도, DAI 대출에 대한 수요가 커진다면 C 가치가 상승해서 C DAI와 DAI의 교환비율이 1:1이 아니라 1:1.5가 될 수도 있다. 물론, 대출에 대한 수요가 차입에 대한 수요보다 높아진다면 이자는 감소할 수 있겠다.

투자자는 컴파운드를 통해 이미 보유한 자산을 활용하여 추가적인 수익을 낼 수 있다. 또는, 컴파운드 거버넌스 토큰 COMP을 매수하여 이를 예치할 경우 수익이 발생할 수 있다. 상승장에서는 프로토콜의 거버넌스 토큰 역시 일반적으로 가치가 상승할 확률이 높다. 추가적인 수익을 위해 거버넌스 토큰에 대한 수요가 커질 확률이 높기 때문이다. 하락장은 문제가 될 수 있다. 기존 토큰의 가격 하락은 프로토콜 이용 여부와 상관이 없다. 하지만 COMP의 경우, 제공하는 유틸리티가 컴파운드 프로토콜 이곳 한 군데밖에 없기 때문에 하락장에서는 보다 급하게 가격이 하락할 수도 있다. 비트코인이 2022년 5월 5일 4만 달러에서 6월 23일 2만 달러로 약 50% 폭락하였는데, 동일 기간 COMP는 107.3달러에서 39.62달러로 63% 폭락하였다. 13% 더 하락하였다. 거래소에 상장된 토큰 상위 10개의 평균 하락률인 44%보다 19% 더 하락하였다. 물론, 대출 이자율 역시 하락한다. 차입자의 경우, 상승장에서는 담보자산의 가치 역시 커지기 때문에 문제가 발생하지 않는다. 오히려 추가적인 차입이 가능하다. 하지만 하락장에서는 담보자산의 가치가 하락하기 때문에 마진콜 Margin Call[73] 위험에 노출될 수 있다. 공급된 담보자산 가치가 차입자산 가치보다 작아지면 청산 절차에 돌입한다. 컴파운드는 담보자산을 시장에 매도하고, 추가로 청산 수수료를 청구한다.

따라서 대출-차입 프로토콜은 상승장에서 유용하게 활용할 수 있다. 하락장에서는 여러 가지 문제에 노출이 되며, 새로운 문제들이 계속해서 시장에 등장하고 있다.

최근 셀시우스의 사례를 살펴보자. 리도^{Lido} 프로토콜을 통해 이더리움을 예치를 하면 이자와 아직 출시되지 않은 이더리움 2.0에 대해 1:1로 교환해주는 일종의 파생상품 증서인 stETH를 지급하였다. 투자자는 지급받은 stETH를 셀시우스에 다시 예치를 하고 가치의 70%에 해당하는 이더리움을 지급받았다. 셀시우스는 투자자가 예치한 stETH를 커브^{Curve} 파이낸스를 통해 유동화하여 재투자하였다. 셀시우스는 이러한 투자를 통해 수익을 창출하여 투자자에게 이자를 지급하였다. 따라서 셀시우스는 엄밀히 말하면 씨파이에 더욱 가까워 보인다. 이때, 최초 리도 프로토콜에 이더리움을 대출한 투자자는 셀시우스로부터 지급받은 이더리움을 다시 리도에 대출하는 행위를 반복한다. 이를 무한 반복할 경우 최초 투자자금 대비 3배에 달하는 투자를 하는 결과가 나온다. 그리고 상승장에서는 이자수익이 많이 늘어난다. 물론, 상승장이기 때문에 이더리움의 가격 상승은 덤이다.

하지만 하락장에서는 이더리움과 stETH가 어디에선가 지속적으로 담보로 잡히고 있을 수 있기 때문에 담보가격 하락에 따

---

73 추가 증거금이나 담보금 납부 요구

른 청산 문제가 불거질 수 있다. 셀시우스가 재투자를 위하여 어디에선가 받았던 stETH를 담보로 활용했을 수도 있으며, stETH를 이더리움으로 유동화한 후 이더리움을 담보로 활용했을 수도 있다. 디파이 알고리즘을 구조적으로 완성도를 더 해서 설계했다면, 이러한 문제는 사전에 방지했을 수도 있었다고 생각된다. 또한, 하락장에서는 뱅크런Bankrun[74] 이슈가 발생할 수도 있다. 앞에서 언급한 C DAI나 stETH는 모두 직접적인 토큰도 아니다. 이는 그냥 토큰을 기초자산으로 만들어낸 증서일 뿐이다. 약속한 바와 같이 교환비율대로 원 자산과 교환을 해주지 않는다면 이 증서는 아무 쓸모가 없어진다. 하지만 원 자산의 가격 역시 하락하기 때문에, 투자자 입장에서는 빠르게 원 자산으로 교환하기 위해 stETH를 매도하기 원한다. 시장에 stETH가 대량 출회될 경우, 이를 교환해주기 위한 이더리움이 충분히 없다면, stETH는 증서로 역할에 실패하게 되고 가치는 붕괴하게 되어 투자자는 손실을 보게 된다. 원론적으로는 리도나 셀시우스에 이더리움이나 stETH가 충분히 있어야 하겠지만, 이 프로토콜 역시 이자지급 및 수익 극대화 등을 위하여 이를 담보로 사용하여 투자를 하기 때문에, 뱅크런 현상이 발생하면, 유동성 위기에 빠지게 된다. 프로토콜에서 이를 해결하기 위해 보유자산을 매각하기 시작하면 하락장에서 가격이 폭락할 수 있기 때문에, 투자자들 역시 패

---

[74] 은행의 대규모 예금 인출 사태를 의미하며, 은행의 예금 지급 불능 상태를 우려하는 예금자들이 예금을 찾기 위해 일시에 은행으로 달려간다는 데서 유래했다.

닉셀Panic Sell[75]에 동참하게 되어 큰 손실을 보게 된다. 테라-루나 사태에서 테라UST가 달러에 디페깅De-pegging되었을 때 결국 폭락하여 역사의 뒤안길로 사라지는 데 걸린 시간은 채 며칠이 안 되었다. 이러한 위험들로 인하여 하락장에서는 대출-차입 프로토콜에 대한 투자를 주의하여야 한다.

투자자가 하나의 디파이 프로토콜만 단순히 이용하는 데서 그치지 않고, 다수의 디파이 프로토콜 사이 역시 연결되어 있으며, 이에 대한 정보는 투명하게 공개될 제도적 장치가 부족하다. 언뜻 보기에 셀시우스 사태의 원인은 2008년 서브프라임 금융위기의 원인과 유사해 보인다. 아직 규제가 주식이나 파생상품 시장보다 부족한 상황이기 때문에 하락장에서의 대출-차입 디파이 프로토콜에 대한 투자는 위험에 대한 충분한 분석이 동반되어야 하겠다.

반면, 상승장에서는 적극적인 활용을 고려해볼 수 있다. 장기 투자자 입장에서는 보유자산의 가격 상승뿐만 아니라 추가적인 이자수익을 창출할 수도 있기 때문이다. 또는, 프로토콜의 거버넌스 토큰은 보다 많은 이자를 제공하기 때문에 관심을 둬둘 만하다. 특히, 총 예치자산이 작은 초기에는 이자율이 높은 경우가 많으므로 선별해서 투자해볼 만하다. 상승장에 한해서이다. 높은 이자 덕분에 거버넌스 토큰 가격이 상승할 가능성이 높기 때문이다. 물론, 이자율은 총 예치자산이 증가함에 따라 낮아지게 되고,

---

75 자산의 가격이 급락할 때 투자자들이 추가 하락에 대한 공포로 보유자산을 매도하는 현상

거버넌스 토큰 역시 예치 대가로 받는 토큰의 가격이 크게 상승하지 않는다면 가격 상승은 제한적일 수 있다. 그러나 레버리지 효과로 인하여 비트코인이나 이더리움과 같은 일반적인 자산을 예치할 때보다는 수익성이 높다.

예를 들어, 하락장이 시작되기 전이었던 2022년 2월 말 현재, 디파이 4위 체인인 아발란체 체인의 총 예치자산은 103억 달러였다. 아발란체 체인 위에 만들어진 디파이 중 아발란체만 단독으로 사용하는 프로토콜은 Trader Joe, Benqi, Playpus Finance, Yield Yak 등 총 4개였다. Trader Joe와 Benqi는 모두 시장점유율 10% 이상이었고, 주요 거래소의 투자를 받았다고 알려졌다. 이중 Benqi를 살펴보면, Benqi가 서비스를 제공하는 여러 자산 중에 아발란체 AVAX와 Benqi QI의 이자율이 괜찮아 보였다. 당시

자료 4-19   아발란체 체인 디파이 프로토콜 (2022년 2월)

프로토콜	1일 변동률	7일 변동률	1개월 변동률	TVL
1. AAVE (AAVE)	-5.00%	-2.73%	+39.34%	$3.04B
2. Trader Joe (JOE)	-7.55%	-5.02%	+52.75%	$1.39B
3. Curve (CRV)	-0.17%	+1.85%	+48.73%	$1.24B
4. Benqi (QI)	-7.00%	-16.33%	-3.74%	$1.09B
5. Playpus Finance (PTP)	+0.91%	+4.65%	+16.94%	$706.55M
6. Multichain (MULTI)	-2.06%	-4.83%	-21.44%	$622.19M
7. Alpha Finance (ALPHA)	-	-	+30.12%	$475.21M
8. Wonderland (TIME)	-1.57%	-2.10%	+80.27%	$391.79M
9. Yield Yak (YAK)	-	-	+24.45%	$343M
10. Beefy Finance (BIFI)	-4.79%	-15.46%	+44.12%	$252.14M

*출처: Defilama

QI는 0.048달러, AVAX는 69달러 수준에서 거래가 되고 있었다. QI를 예치하면 QI와 AVAX를 연이율 77.55%로 보상받을 수 있었다.

한 달 정도 지난 시점인 2022년 4월 초에 AVAX는 98달러, QI는 0.075달러 수준에서 거래되고 있었다. 다만, Benqi의 이자율은 31%로 급감하였다. 절댓값으로는 괜찮았지만, 한 달 전의 이자율에 비해서는 매력적이지 않은 수치였다. 여기에서 오리지날Original 코인인 AVAX의 상승폭은 42%였지만, QI의 상승폭은 이보다 큰 56%를 기록하였다. AVAX의 일종의 파생상품 증서인 QI가 보다 상승폭이 큰 이유는 높은 이자율 및 이에 따른 수요 증가 때문이다. 장기간 유지는 힘들 수 있지만, 단기적으로는 선별할 수 있다면 좋은 투자처로 활용할 수 있다. 하락장과는 다르게 투자자들의 탐욕 심리가 오리지널 코인보다는 C DAI, COMP, CEL, QI와 같은 파생상품 증서 토큰의 더 높은 가격 상승을 이끌 수 있는 원동력이 된다. 그리고 여기에는 지속 가능하

자료 4-20 Benqi 프로토콜 대출 이자율 (2022년 2월)

Avalanche AVAX		Bitcoin WBTC.e		Ethereum WETH.e		Chainlink LINK.e	
Supply %	Supply	Supply %	Supply	Supply %	Supply	Supply %	Supply
7.49%	$567M	1.68%	$300M	1.95%	$286M	2.91%	$193M
Tether USDT		USD Coin USDC.e		DAI DAI		BENQI QI	
Supply %	Supply	Supply %	Supply	Supply %	Supply	Supply %	Supply
6.68%	$273M	6.08%	$327M	8.27%	$601M	77.55%	$34M

*출처: Benqi

지 않아 보이는 높은 이자율의 유혹이 한몫한다.

한편, 투자자들이 주의해야 하는 디파이는 지속 가능하지 않아 보일 만큼 높은 이자율을 제공하는 프로토콜이다. 위 사례에서 Benqi의 경우는, 총 예치자산이 증가함에 따라 이자율이 급속도로 낮아진다. 하지만 테라의 앵커 프로토콜의 경우 스테이블코인이라고 주장했던 UST에 대한 이자율을 20% 수준으로 정해놓고 지급했다.[76] 새로 만들어진 프로토콜의 경우 낮은 이자율을 제공할 경우 투자자들이 예치를 하지 않을 수 있기 때문에 초반 잠시 높은 이자율을 제공할 수 있지만, 일반적으로 지속해서 그렇게 하지는 않는다. UST의 경우, 잠시의 디페깅 충격에도 뱅크런 사태가 발생해서 결국 순식간에 무너져버렸다. 이후 시장은 앵커 프로토콜을 반면교사 삼아 실현 불가능한 높은 이자율을 제공하는 프로토콜을 예의 주시하게 되었다. 바로 이자율을 낮추어 지속 가능성을 담보했던 프로토콜이 있었던 반면, 그렇지 못한 프로토콜도 있었다. 그렇지 못한 프로토콜은 역으로 유동성 부족으로 인한 뱅크런을 의심해봐야 한다. 이자율을 낮출 경우 발생할 수 있는 예치자산의 급격한 인출로 유동성이 문제가 된다면, 쉽게 이자율을 낮추기 어렵기 때문이다. 이는 스테이블코인의 예치에 대한 이자율이라면 보다 명확하게 판별할 수 있다. 쉽게 말하자면, 우리가 은행에 정기예금을 한다면 받게 되는 이자율이라고 생각하면 된다. 테라-루나 사태가 발생한 이후에도 이자율을

---

[76] 이후 1.5%씩 이자율을 낮추기로 발표하였다.

자료 4-21 2022년 5월 10일 이후 대출 프로토콜의 이자율 (2022년 6월)

프로토콜	이자율 감소 여부	USDT 이자율	BTC 이자율
BlockFI	Yes	평균 7.53%	평균 2.61%
Abra			
Hodlnaut			
SwissBorg			
Nexo	No	평균 9.08%	평균 8.19%
Celsius Network			
Binance			
CoinLoan			
YouHodler			
Nebeus			
Compound			
Alchemix 외 3개			

*출처: Alpha Impact

낮추지 않은 프로토콜도 있었다. 조사한 15개 프로토콜 중 4개는 이자율을 낮추었지만, 11개는 그렇게 하지 않았다. 무조건 문제가 생긴다는 이야기는 아니지만, 충분한 주의를 기울일 필요는 있겠다.

이외에, 파생상품과 보험에 대해서도 간략하게 살펴보도록 하자. 파생상품의 종류에는 선물, 옵션, 스왑 등이 있으며, 일반적으로는 중앙화된 플랫폼, 즉, 씨파이에서 거래가 된다. 파생상품 디파이의 규모는 20억 달러이며, 대출 전체 디파이의 12% 수준이다. 현재 TVL 기준 업계 3위인 신세틱스 Synthetix; SNX 의 경우, 크립토 자산뿐만 아니라 원자재, 외환, 지수, 주식 등의 기초자산 Underlying Asset 에 대해서도 파생상품을 제공하고 있다. 현재는 각각에 대해서 중앙화된 크립토 거래소 혹은 주식시장에서 유사한 파생상품이 있기 때문에, 활용도가 크지는 않을 수 있다. 다만, 중앙화된 거래소가 유동성 위기에 빠진다거나 하는 등의 이벤트가 발생할 경우에는 활용해볼 수도 있겠다.

보험의 경우, 크립토 운용자산의 규모가 작다면 무시할 수 있지만, 크다면 가입을 고려해볼 수 있다. 전통 금융의 경우, 한국에 있는 은행에 대한 예금은 예금자보험에 가입되어 있어, 5천만 원까지는 예금보험공사에서 보장해준다. 그리고 다른 금융기관 역시 이를 감독·관리하는 규제기관이 있기 때문에 사건, 사고가 나면 구제될 수 있는 여지가 있다. 하지만 크립토 시장에서는 문제가 발생할 경우, 책임을 져줄 기관이 없을 수 있다. 중앙화된 거래소의 경우, 그래도 거래소와 관련된 문제라고 한다면, 문제를 해결할 수 있겠지만, 거래소 자체가 법률, 규제, 해킹^{Hacking} 등 중대한 문제가 발생할 경우, 투자자의 자금은 아무도 책임져줄 기관이 없다. 즉, 예금보험공사 같은 규제기관이 없는 것이다. 따라서 개개인이 알아서 준비해야 한다. 자신이 투자하고 있는 프로토콜이 실제로 안전한지, 해킹 이슈는 없는지 등에 대해 불안하고 운용규모가 크다면 탈중앙화 보험에 대해서 살펴보아야 한다. 실제로 해킹은 끊이지 않고 발생하고 있는 이슈이다.

보험 프로토콜 업계 중 규모 면에서 압도적 1, 2위는 아머^{Armor; ARMOR}, 넥서스 뮤추얼^{Nexus Mutual; NXM}이다. 모두 이더리움 체인을 사용한다. 보장받고자 하는 스마트 컨트랙트의 주소를 정하고, 토큰 종류, 보장금액, 보장기간을 정하여 견적서를 작성하면, 위

자료 4-22 대출 디파이 프로토콜 TVL 순위 (2022년 6월)

프로토콜	1일 변동률	7일 변동률	1개월 변동률	TVL
1. AAVE (AAVE)	-0.97%	+22.94%	-37.74%	$5.39B
2. Compound (COMP)	-2.24%	-1.71%	-31.89%	$2.84B
3. JustLend (JST)	-1.50%	-2.88%	-44.49%	$1.6B
4. AAVE V3 (AAVE)	-1.35%	+10.87%	+5.19%	$1.07B
5. Vires Finance (VIRES)	+0.10%	+1.40%	+0.41%	$667.16M
6. Venus (XVS)	-0.31%	+5.07%	-19.82%	$644.25M
7. Iron Bank (IB)	+1.21%	-4.05%	+101%	$623.59M
8. Parallel DeFi Super App	+0.79%	+12.51%	-8.04%	$513.98M
9. Tectonic (TONIC)	+0.18%	+39.19%	-17.69%	$267.34M
10. dForce (DF)	0%	+2.85%	-0.15%	$249.78M

*출처: Defilama

험평가자가 심사를 하여 이자율을 정한다. 이때 보험가입자는 보험 프로토콜의 거버넌스 토큰[77] 등으로 보상을 받는다. 실제로 2020년 탈중앙화 대출 프로토콜 bZx는 플래시론 공격 Flash Loan Attack[78]을 받았는데, 피해자 중 미리 스마트 컨트랙트에 대해서 보험에 가입해두었고, 이들이 제출한 3건의 보험 청구 액수 34,996달러는 위험평가자들이 승인하기로 투표한 후 즉시 지급되었다.[79]

정리해보면, 대출과 차입 프로토콜은 ①상승장, ②신규 프로토

---

[77] 넥서스 뮤추얼의 경우, NXM 토큰
[78] 담보를 설정하고 대출을 받은 토큰을 공격하여 토큰 가격 조작을 통해 이득을 취한 뒤 바로 담보를 상환하는 방식
[79] 「세상에 없던 금융」, 디파이, 코인게코 지음, p154

콜, ③거버넌스 토큰, ④낮은 TVL, ⑤높은 이자율일수록 투자 검토를 해볼 만하다. 또한, 예치대상이 스테이블코인일 경우 이자율이 현재 기준 고정 15%를 넘기는 등의 지속 가능하지 않다고 판단된다면 주의를 기울일 필요가 있다. 예치 대가로 제공되는 증서가 다른 디파이에서 활용되는 등 여러 디파이가 복합적으로 얽혀 있다면 이 역시 주의를 기울여야 한다. 하락장에서도 보수적인 접근이 필요하다. 현재 대출과 차입 프로토콜의 순위를 기록하였지만, 이는 참고목적으로만 보기 바란다. 왜냐하면, 시간이 지난 후 독자가 이 책을 보고 있을 때쯤이면 새로운 프로토콜이 나올 수 있고, 이 프로토콜이 더 수익성이 좋을 수 있기 때문이다.

또한, 프로토콜 자체만으로 판단할 수 없는 이유는 이 프로토콜이 제공하는 자산별 이자율 등 구체적인 항목을 조사해야 하기 때문이다. 그때마다 TVL이 달라지는 등 이자율에 영향을 주는 상황이 변하기 때문에 투자 시점에 따라 의사결정은 달라질 수 있다. 예를 들어, 2022년 6월 말 현재 업계 1위인 에이브 프로토

자료 4-23 에이브와 컴파운드 대출 프로토콜의 이자율 (2022년 6월)

구분	에이브		컴파운드	
	대출 이자율	차입 이자율	대출 이자율	차입 이자율
ETH	0.48	1.51	0.05	2.60
USDC	0.60	1.69	0.32	1.42
DAI	1.59	2.97	1.29	2.98
USDT	1.10	2.22	2.23	3.75

*출처: 에이브, 컴파운드

콜의 USDT에 대한 공급 이자율은 1.10%이지만 2위인 컴파운드 프로토콜에서는 2.23%를 제공한다. 또한, 중앙화된 거래소에서는 이보다 높은 이자율을 제공하는 경우도 많다.

이외에, 파생상품, 보험, 복권 등 다양한 디파이 프로토콜에 대해서는 필요할 경우 활용하면 좋겠다. 탈중앙화된 거래소의 경우 역시 필요할 경우 사용하면 되고, 유용한 기능을 제공할 경우 거래소의 거버넌스 토큰 역시 수요가 높아질 수 있다. 이전 장에서 살펴본 바와 같이 이러한 거버넌스 토큰을 보유할 경우 유틸리티에 대해 분석해볼 필요가 있다. 그리고 스테이블코인에 대해서는 다른 장에서 독립적으로 살펴보도록 하자.

05

Web 3.0

Web 3.0에 대한 명확한 정의는 현재 없다. 새로운 기술 혁명이라고 회자되고 있지만, 정확하게 Web 3.0에 대한 개념이 정립되지 않은 이유는 도입 초기이기 때문이라고 보인다. 즉, 아직은 사람들이 지속적으로 개념을 추가·수정하고 있기 때문에, 지금 이 글에서 사용하는 Web 3.0에 대한 개념은 현재 시점에 사람들의 정의라고 생각하고 보기 바란다.

Web 3.0에 대한 개념을 이해하기 위해서는 Web 1.0과 Web 2.0에 대한 개념을 먼저 이해해야 한다. Web은 World Wide Web의 줄임말로 인터넷에서 정보를 교환할 수 있게 하는 연결 서비스를 의미하며, 이것은 Web 1.0의 정의이다. Web 1.0에서는 사업자가 일방적으로 사용자에게 데이터Data를 제공한다. 데이터의 생산자와 사용자가 명확히 구분되어 있다. 사용자는 일방적으로 생산자가 만들어낸 데이터를 소비만 한다. 2005년 이전까지 있었던 대부분의 웹사이트Web Site가 이에 해당한다. Web 2.0은 사용자가 직접 데이터를 생성하고 또 다른 사용자에게 제공할 수 있는 환경을 의미한다. 사업자가 정보를 모아서 제공하기만 하였던 Web 1.0에 비해 Web 2.0에서는 사용자가 직접 정보를 생산하기 때문에 정보 생산이 더욱 활발해졌다. 데이터의 사용자가 때로는 데이터의 생산자가 되기도 한다. 현재 우리가 주로 사용하고 있는 구글, 페이스북, 블로그, 트위터, 유튜브, 네이버, 카카오 등은 모두 Web 2.0의 대표적인 산물이다. 다만, Web 2.0의 플랫폼 회사는 생산자가 생산한 정보의 소유권을 가지고 있다는 특징이 있다. 예를 들어, 유튜브의 경우, 크리에이터가 만든 콘텐츠는 유튜브의 중앙화된 서버에 저장되며, 유튜브에게 소유권이 있다. 또한, 유튜브의 콘텐츠를 검색하거나 시청할 때, 소비자의 연령대나 성별 등 개인정보가 유튜브에게 제공되며, 이를 활용하여 유튜브는 광고 수익을 창출한다. 그러나 이러한 광고 수익이 개인정보를 제공한 소비자에게 돌아가지는 않는다. 즉, Web 2.0의 이러한 특징은 정보의 생산 홍수로 인한 중앙화된 저장 장치의 부족, 개인정보의 중앙화에 따른 해킹 위험, 정보 생산자에 대한 보상 결여 등의 문제를 가져왔다.

Web 3.0은 바로 Web 2.0의 이러한 문제점을 해결하기 위한 기술로 보인다. 다만, Web 3.0에 대한 정의는 앞서 언급한 바와 같이, 여러 측면에서 정의가 내려질 수 있으며 아직은 명확하게 공통적으로 통용되는 정의는 없다. 가장 포괄적인 정의로는 「탈중앙화 기반의 가상공간」 정도일 것 같다. Web 2.0과 가장 큰 차이는 데이터가 탈중앙화되어 저장된다는 점이다. 즉, Web 2.0에서 데이터는 플랫폼 회사의 중앙화 서버에 저장되었고, 데이터의 소유권이 플랫폼 회사에 있었던 반면, Web 3.0에서는 생산자가 창출한 데이터는 탈중앙화된 블록체인 상에서 저장되기 때문에, 데이터의 소유권은 생산자 본인에게 있다. 따라서 Web 3.0에서는 데이터의 생산자가 수익을 창출하게 되고, 대량 개인정보의 해킹 위험이 낮아지며, 추가적인 대량 데이터 저장 장소를 찾을 필요가 줄어든다. Web 2.0과 Web 3.0의 가장 큰 차이는 「데이터 저장이 중앙화되어 있는지, 아니면 탈중앙화되어 있는지?」에 기인하며, 이는 결국 「데이터의 헤게모니Hegemony가 개인에게 있는지, 아니면 기업에 있는지?」로 귀착된다. Web 3.0에서는 이러한 질문에 맞는 답을 할 수 있는 회사들이 살아남을 수 있지 않을까 조심스레 예측해 본다. 아직은 실제로 이러한 Web 3.0의 개념에 부합하는 기술이나 회사가 우리의 삶에 침투하지는 않았기 때문에, 아직은 개념이 모호한 측면도 있기에, 개념에 대한 소개는 이 정도로 마치도록 하겠다.

그렇다면, 이처럼 혁신적인 Web 3.0 개념을 실제 적용할 수 있는 기술을 가진 Web 3.0 기반의 코인은 어떠한 것이 있을까? 기본적으로 Web 3.0은 블록체인을 기반하고 있기 때문에, 주식시장보다는 크립토 시장이 보다 직접 관련이 있어 보인다. 설령 기

자료 4-24 Web 1.0, Web 2.0, Web 3.0 비교

구분	Web 1.0	Web 2.0	Web 3.0
소통 방식	읽기	읽기, 쓰기	읽기, 쓰기, 소유
운영	회사, 개인	플랫폼	네트워크
인프라	개인 컴퓨터	클라우드, 모바일	블록체인, 메타버스
소유권	탈중앙화	중앙화	탈중앙화

*출처: 개인 조사

술이 있다고 하더라도 아직은 대부분 대중화가 되어 있지 않기 때문에, 섣부르게 투자를 하기보다는 앞으로도 계속 관심을 두고 지켜보아야겠다. 여기에서는 실제로 이러한 기술을 적용한 몇 가지 사례를 살펴보도록 하자.

먼저, 블록체인 기술을 적용한 웹브라우저^{Web Browser}인 브레이브 브라우저^{Brave Browser}를 살펴보면, 사용자의 광고 보상을 위해 이더리움 기반의 가상자산 베이직어텐션토큰^{Basic Attention Token; BAT}을 지급한다. 토큰^{BAT} 보상 계산은 광고 조회 수, 클릭 수, 광고주 페이지로의 전환 등을 분석하여 이루어진다. 그리고 광고 노출을 위해 수집되는 대량의 데이터도 사용자가 선택하여 제공할 수 있다. 어떤 정보가 기업에 제공되는지 사용자가 명확히 인지할 수 있도록 한다. 기업이 무분별하게 개인정보, 방문 웹사이트, 검색어 등의 데이터를 지나치게 많이 수집하지 못하게 도와준다. 광고주도 보다 효율적인 광고 집행이 가능해 기존보다 비용을 줄이고 더욱 고도화된 타겟팅^{Targeting}이 가능하다는 장점이 있다. 광고주는 광고 게재에 따른 비용을 토큰^{BAT}으로 지급하며, 이 토큰은 사용자에게 돌아간다.

사용자에게 보상으로 제공되고 있는 토큰인 BAT는 2022년 6월 말 현재 시가총액은 약 6억 달러로 전체 크립토 시장에서 79위에 위치해 있다. 코인마켓캡의 분류에 따르면, Web 3.0 토큰 중 9위에 해당한다. 2022년 현재 토큰 가격은 0.39달러이지만, 2021년 11월 Web 3.0에 대한 기대감이 절정에 달했을 시점에는 가격이 1.92달러까지 치솟아서 시가총액이 한때 29.5억 달러

자료 4-25 브레이브 브라우저 홈페이지

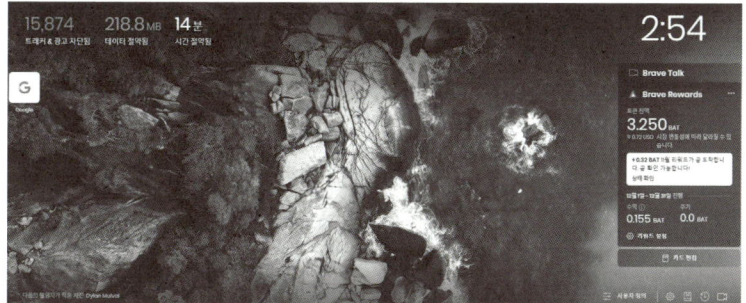

*출처: 브레이브 브라우저

에 달하기도 하였다. 그만큼의 가치가 적절한지는 실제 브라우저가 벌어들이는 수익에 대해서 계산을 하고 보수적인 가치평가를 해보아야 알 수 있겠다. 다만, 아직은 초기 시장인 만큼, 기대감과 공포감이 반복적으로 발생하여 시장가격의 폭등과 폭락을 유발하고 있기 때문에, 주의를 요구한다.

다른 예로는 그래픽 기반의 탈중앙화 소셜 플랫폼인 하이브Hive가 있다. 지난 2020년 5월 트론 재단이 기존 탈중앙화 소셜 플랫폼Social Platform인 스팀잇Steemit을 합병하는 과정에서 합병에 반발한 개발자 그룹이 이를 하드포크Hard Fork[80]해서 새로 만든 블록체인 네트워크인데, 소셜 플랫폼 하이브에 콘텐츠를 올려 커뮤니티 참여자들에게 호응을 얻게 되면 하이브 달러Hive Dollar; HBD를 받는다. 정보의 생산자가 직접 보상받게 되는 구조를 실현하였다.

---

80 기존 문제 해결을 위해 이전 블록체인과 전혀 다른 프로토콜을 가지는 블록체인으로 업그레이드하는 과정

다만, 이 하이브 달러HBD를 지급하는 주체가 브레이브 브라우저처럼 명확하게 정의되어 있어야 지속 가능성이 담보된다. 하이브 달러 지급주체가 외부에 있는지 아니면 단순히 토큰 총 발행량에서 지급되는지 확인은 중요하다.

이외에 Web 3.0 토큰은 어떠한 종류가 있을까? 향후 지속적으로 그 수가 늘어나고 새로운 종류가 탄생할 수 있지만, 현재 시점의 Web 3.0 토큰을 카테고리화하여 살펴보면 다음과 같다. 여기에 정리한 토큰은 하나의 예시에 불과하며, 시장 경쟁력이나 시가총액을 보고 판단하지는 않았다. 그리고 분류는 보는 시각에 따라 달라질 수도 있다. 하지만 분류를 해보는 의의는 기존 Web 2.0의 회사들을 Web 3.0에서 크립토 회사와 토큰이 그 비즈니스를 대체하려고 한다는 사실을 알 수 있다는 점이다. 예를 들어, 넷플릭스, 유튜브, 트위치 등 영상 재생 플랫폼은 FLIXX, STRM, DATA 토큰 등이 대체하려고 한다. 아직은 실질적인 기술이 우리

자료 4-26   Web 3.0 세부 분류별 토큰 ①

저장 장치	영상 재생	소셜 플랫폼	메신저
STORJ	FLIXX	ONG	ECHO
FIL	DATA	GUP	TOX
SC	STRM	IFT	ODN
SAFE	THETA	APX	GMT Mercury Protocol
STOKIT	ATM	CVNX	SER
MAID	BCDN	QUN	ZIK

*출처: 개인 조사

자료 4-27 Web 3.0 세부 분류별 토큰 ②

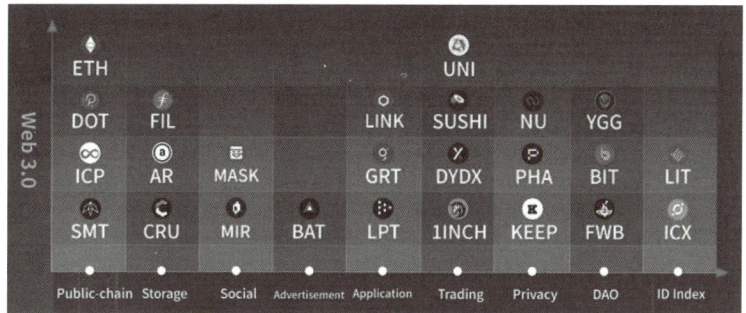

*출처: 게이트아이오

의 삶에 침투할 정도로 발달하지는 않았다는 평가가 대다수이지만, 만약 대체에 성공한다면 기존의 Web 2.0의 플랫폼 회사가 누렸던 높은 시가총액은 고스란히 Web 3.0의 토큰이 이를 가져갈 수도 있지 않을까?

2022년 6월 현재 유튜브를 포함한 구글의 시가총액은 하락장임에도 1.48조 달러이다. PER Price Earning Ratio는 20.62배이며, 미국 주식시장에서 시가총액 순위는 애플, 마이크로소프트에 이어 3위이다. 물론, 유튜브 하나를 단독으로 떼어내서 가치평가를 하기는 어렵지만, 시장에서 일반적으로 1,400억 달러에서 3,000억 달러 사이로 평가하고 있다. STRM 코인의 시가총액은 2022년 6월 말 현재 9,300만 달러 수준에서 형성되어 있다. 시가총액 차이가 너무나도 커서 비교를 한다는 것 자체가 현재로서는 우스운 일로 보인다. 또한, 유튜브를 완전히 대체하는 것 또한 현재로서는 상상하기 힘들다. 그러나 미래 어느 시점에 사람들의 인식이 변하고 기술 발전이 보다 사용자 친화적으로 이루어진다면 불가능한 일도 아닐 것이다. 유튜브도 자체적인 엄청난 기술이 있어서라기보다는 5G와 같은 인프라 구축으로 인하여 인터넷 속도가 빨라져서 사용자가 쉽게 사용할 수 있는 환경이 조성되었기 때문에 성공하였던 요인도 있다. 즉, Web 3.0으로의 진화는 단순히 자체 기술의 개발에만 달린 것이 아니라, 제반 환경의 도움이 수반되어야 가능하다.

위의 분류에는 없는 크립토 토큰도 Web 3.0의 대표 주자가 될 수도 있다. 예를 들어, 메타버스와 가상부동산의 대표 사례로 다루었던 디센트럴랜드와 더 샌드박스도 유튜브를 대체할 수 있는 플랫폼으로서의 가능성이 있다. 어떻게 생각하면, 평면 구조에서 영상을 선택하는 것보다, 입체 공간에 들어가서 영상을 시청하는 경험이 더욱 재미있을 수 있다. 이를 위해서는 보다 높은 컴퓨터 사양이 필요하고 아직은 익숙하지 않아서 힘들 수 있지만 말이다. 현재 사람들이 개인 소유의 NFT 미술작품을 디센트럴랜드나 더 샌드박스의 전시관에서 관람할 수 있는 것처럼, 개인 소유의 영상 역시 가상부동산에서 시청할 수 있지 않을까? 아직은 여러 제약으로 인하여 대부분 실현이 안 되어 있지만, 모든 가능성 역시 열려 있다. 하지만 그 가능성이 현실화된다면 가치 상승 측면에서 파급력은 매우 클 것으로 판단된다. 그렇기에 우리는 지속해서 Web 3.0의 Web 2.0 대체 가능성에 관심을 가지고 있어야 한다.

많은 다른 회사들처럼 크립토 리서치 회사인 메사리 Messari 역시 Web 2.0 회사와 이를 대체 가능한 Web 3.0 프로토콜에 대해 종류별로 분석을 했다. 이러한 비교는 물론 하나의 예시에 불과하다. 시점에 따라 분류에 들어가는 프로토콜이 달라질 수 있으며, 그 종류 자체가 달라질 수도 있기 때문이다. 새로운 프로토콜이 탄생할 수 있으며, 새로운 분류가 나타날 수도 있다. 따라서 우리가 현재 시점에 해야 할 일을 정리해보면, 아직 실현되지 않은 기술에 대한 기대감만으로 가격이 오르는 현상에 대해 경계를 하되, Web 2.0 회사를 대체할 만한 Web 3.0 프로토콜을 발견해낸다면, 지속해서 관심을 가지고 정말 대체가 실현 가능한지에 대해 분석해보아야 한다. 대체가 가능하다면 그만큼 높은 가치평가를 받을 수 있을 것이기 때문이다.

자료 4-28 Web 3.0 세부 분류별 토큰 ③

Web 2.0				Web 3.0		
amazon	S3	Dropbox	Data Storage and Web Hosting	sia	Filecoin	arweave
snowflake	Google		Data Processing and Information Markets	ocean	ERASURE	Streamr
VERISIGN	GoDaddy	ICANN	Domain Name System	handshake	ENS	UNSTOPPABLE DOMAINS
Spotify	Medium	Upwork	Applications (Music, Content, Talent)	AUDIUS	Mirror	Braintrust

*출처: 메사리

06

스테이블코인

스테이블코인 Stablecooin 이란 스테이블 Stable 한 코인 Coin 을 의미한다. 즉, 이름 그대로 가격 변화가 최소화되어 안정적인 코인이라는 의미로 해석된다. 일반적으로 미국 달러나 유로화 등 법정화폐와 1:1로 교환이 가능하도록 설계되어 있다. 예를 들어, 대표적인 스테이블코인인 테더 USDT 의 경우, 1 USDT는 1달러와 교환이 가능하도록 설계되어 있다. 즉, 1 USDT를 내면 1달러로 교환해 주어야 한다. USDT 이외에도 USDC, BUSD, TUSD, DAI 등 다양한 스테이블코인이 있다.

    스테이블코인은 크립토 시장에서 적극적으로 투자를 하지 않는 동안에도 보유 자산의 가격이 계속 변하는 문제를 해결하기 위해 등장하였다. 예를 들어, 크립토 거래소에 자금을 이체할 때, 트론 TRX 이나 리플 XRP 을 사용하여도 전송하는 찰나의 순간에도 코인의 가격이 변할 수 있다. 물론, 전체 금액이 크지 않다면 영향이 미미할 수 있지만, 크다면 트론 가격의 작은 변화에도 자산의 가치 변동은 생각보다 클 수 있다. 또한, 거래소나 지갑에 자산을 잠시 보유하고 있을 때에도, 토큰으로 보유한다면 지속적으로 가격이 변동하기 때문에 문제가 생길 수 있다. 이러한 문제들을 해결하기 위해 스테이블코인이 등장하여 활용되고 있다.

　스테이블코인은 직접적인 투자 대상이라기보다는 도구에 가깝다. 아무도 투자를 위해서 스테이블코인을 매수하지는 않는다. 다만, 스테이블코인에 1:1 교환비율을 페깅 Pegging 이라고 하는데, 여러 가지 이유로 이 페깅이 깨질 때는 테라-루나 사태에서처럼 문제가 생각보다 빠르고 크게 발생할 수 있다. 대표적인 스테이블코인이라고 여겨졌던 테라 UST 의 가치가 1달러에서 완전히 소멸되어 버릴 때까지의 기간은 채 며칠이 걸리지 않았다. 따라서 자산의 안전한 가치 보존을 위해서는 테더를 포함한 대표적인 스테이블코인에 대해서는 운영 원리 혹은 담보자산 등에 대한 기본적인 지식을 가지고 있을 필요가 있겠다. 또는, 페깅이 깨졌을 때를 위한 대비책에 대해 생각해 볼 필요도 있다. 크립토 시장은 기본적으로 변동성이 매우 큰 시장이기 때문에 문제가 발생하고 나서 적절한 대응책을 알아보기에는 이미 골든 타임 Golden Time 을 놓치고 말았을 확률이 높다.

　먼저, 크립토 시장에 있는 주요 스테이블코인에 대해 알아보도록 하자. 시장에는 2022년 6월 말 현재 30개가 넘는 스테이블코인이 있지만, 전체 순위 100위권 이내에 있는 8개 코인의 가격과 시가총액은 다음과 같다. USTC 舊 UST 는 가격이 현재 0.07달러로 이미 스테이블코인으로서 가치를 상실하였기 때문에 시가총액이 53위이기는 하지만 논의에서 제외하기로 한다. 압도적인 규모로 USDT, USDC, BUSD, DAI가 시장을 장악하고 있으며 트론 계열의 TUSD와 USDD가 시가총액 합계 19억 달러로 이 뒤를 잇

자료 4-29 주요 스테이블코인 가격과 시가총액 (2022년 6월)

순위	코인	가격	시가총액
3	USDT	$0.9989	$66.3B
4	USDC	$1	$55.8B
6	BUSD	$1	$16.5B
12	DAI	$1	$6.8B
40	TUSD	$1	$1.2B
47	USDP	$0.9975	$0.9B
54	USDN	$0.9909	$0.7B
59	USDD	$0.991	$0.7B

*출처: 코인마켓캡

고 있다. 하지만 시가총액이 높다고 해서 무조건 안전하다는 생각은 버리는 것이 좋다. 지금은 가치가 붕괴된 테라UST의 붕괴 2개월전 시가총액은 175억 달러로 스테이블코인 중 3위에 해당했고, 디파이 시장을 석권하고 있었다. 하지만 테라-루나 사태로 이 가치는 한순간에 물거품이 되어 버렸다. 따라서 시가총액은 스테이블코인의 안전성을 절대적인 근거로는 부족하며, 하나의 판단 요소로서 생각하는 것이 좋을 것 같다. 크립토 시장에서 경험적으로 보아 대마불사大馬不死라는 말은 통하지 않는다.

우리는 위의 표에서 스테이블코인의 가격이 1달러가 아닐 수 있다는 사실을 확인하였다. 사실, 엄밀히 말하자면 스테이블코인이라고 하는 말은 이를 만든 단체의 주장이다. 언제든지 여러 가지 이유로 가격은 1달러보다 낮아질 수 있다. 현재 USDN과 USDD는 거의 1% 이상이 하락한 상태에서 거래되고 있다. 다만, 이러한 스테이블코인은 1달러 이상으로 가격이 오를 확률은 낮다. 물론, 이 역시 불가능하지는 않고 역사적으로도 알고리즘 기반의 스테이블코인에는 있었던 일이다. 크립토 시장은 아직 초기이고 통상 규제기관의 감독을 받고 있지 않기 때문에 모든 가능성을 열어두어야 한다. 그리고 이에 대해 얼마나 잘 대응하느냐가 중요하다.

스테이블코인의 종류에는 법정화폐 담보 코인, 크립토 자산 담보 코인, 알고리즘 코인 등이 있다. 법정화폐 담보 스테이블코인에는 USDT, USDC, BUSD, TUSD가 있으며, 크립토 자산 담보 코인에는 DAI, 그리고 알고리즘 코인에는 USDD, USDN이 있다. 이외에도 금, 은, 석유, 원자재와 같은 상품 Commodity을 담보로 하는 코인도 있다.

가장 대표적인 스테이블코인인 테더 USDT에 대해 먼저 살펴보도록 하자. 테더는 홍콩에 근거하고 있는 비트파이넥스 Bitfinex에서 운영 및 관리되고 있다고 알려져 있다. 투자자들이 크립토 거래소에서 달러라고 하면 테더를 의미하는 경우가 대부분이다. 거래소에서 제공하는 거래 페어 Pair에 테더가 사용되지 않는 경우는 거의 없다. 다른 스테이블코인과 페어는 없을 수 있다. 즉, BUSD와의 페어는 바이낸스에서는 있을 수는 있지만, 다른 거래소에서는 없을 수 있다. 하지만 테더와 페어는 대부분 있다. 페어가 없을 경우, 거래 가능한 페어의 토큰으로 먼저 교환하여 거래를 해야 한다. 그만큼 테더의 파워는 현재 막강하다.

테더는 테더 유한회사 Tether Limited에서 2015년부터 발행하고 있는 달러화 스테이블코인으로 발행회사에서는 해당 테더 토큰을 페깅되어 있는 미국 달러와 1:1 비율로 교환해준다고 주장한다. 초기에는 미국 달러와 1:1로 대응하는 토큰인 USDT만 존재했으나, 현재는 유로에 페깅되어 있는 EURT, 역외 중국 인민화에 페깅되어 있는 CNHT 등 종류가 늘어나고 있다. 다만, 사용량에서 USDT가 압도적인 관계로, 테더라고 하면 보통 USDT를 의미한다. 테더를 얻기 위해서는 테더 유한회사에 직접 달러를 입금하여 받거나, 다른 코인을 테더 페어로 교환하여 얻을 수 있다.

하지만 테더 유한회사는 지속적으로 「1 USDT = 1 USD」가 될 수 있는지에 대해 논란이 있었다. 앞서 언급한 바와 같이 테더 유한회사는 국가가 아니라 민간회사일 뿐이다. 위의 페깅은 테더 유한회사가 주장하는 바에 불과하며, 「1 USDT = 0.1 USD」로 디페깅이 될 수도 있다. 테라-루나 사태에서처럼 충분히 일어날 수 있는 일이다. 투자자들은 테더 유한회사의 담보 능력의 신뢰성에 대해 의문을 제기하고 있다. 테더 유한회사가 예치 받은 달러보다 테더를 더 많이 발행한 것이 아니냐며 제3의 회계법인으로부터 법적으로 유효한 회계 감사를 받으라는 요구를 하였다. 하지만 테더 유한회사는 2022년 현재 이를 거부하고 있다.

이러한 이유로 테더 유한회사의 담보자산에 대한 이슈는 끊임없이 제기되고 있으며, 헤지펀드의 공매도 대상으로도 언급되고 있다. 2017년 9월까지는 그때 진행된 회계법인 감사로 인하여 테더 시가총액과 예치자산의 규모가 비슷하다는 게 밝혀졌지만, 이후 예치자산의 규모는 정확히 알 수 없어 보인다. 단지, 예치자산이 달러, 기업어음, 미국 국채 등의 자산으로 구성되어 있다고 테더 유한회사가 말하고 있다. 테라-루나 사태 이후 스테이블코인에 대한 불안감 증폭으로 인하여 한 때 테더는 제2의 테라로 지목받으며 페깅이 크게 깨졌었다. 사태 일주일 만에 70억 달러의 자금이 인출되었다. 테더 유한회사는 자신들이 밝히는 것 이외에 외부 회계감사를 받지 않아 불안감을 부추겨왔다. 또한, 테더 준비금 구성 자료를 일반인이 열람할 수 없도록 조치를 취해달라며 뉴욕 법원에 「특정 자료 비공개」를 신청하였지만 2022년 5월 기각당한 바 있다. 2022년 6월 말 회사는 외부 회계감사를 받겠다고 말했다. 향후 감사를 통해 준비금이 테더 발행금액보다 클 경우 안정성 논란을 어느 정도 잠재울 수도 있을 것 같다. 다만, 지금까지 보여 온 행보에 비추어보면, 낙관적으로만 생각할 수는 없어 보인다. 만약, 준비금이 테더 발행금액보다 작다면, 다시 뱅크런 이슈에서 자유롭지 못할 것으로 생각된다. 국가가 아닌 민간회사에서 아무런 근거 없이 달러라고 주장하며 발행한 코인이라는 비판을 받을 수 있기 때문이다.

과거 FTX에서는 테더에 숏(Short)을 칠 수 있게 선물시장을 열어두기도 하였다. 언뜻 보기에, 스테이블코인에 대한 파생상품 시장이 있다는 것 자체가 말이 안 되어 보이기는 하지만 역으로 설명하면 이에 대한 수요가 있다는 의미로 받아들여진다. 그만큼, 스테이블코인의 지급 능력에 대한 투명성에 대해 시장이 불안해하고 있다는 의미가 아닐까? 또한, 지속해서 헤지펀드에서 테더에 대한 공매도를 준비하고 있다는 뉴스가 들리고 있는 상황에서 투자자들이 할 수 있는 준비는 무엇이 있을까? 스테이블코인으로서 가장 활발하게 거래되고 있는 테더에 대해서 디페깅 가능성에 대한 안전장치를 마련하고 싶을 수 있다. 또는, 앞으로 있을 기술적 허점을 활용한 헤지펀드의 테더 공매도 등의 이벤트를 통해 수익을 창출하고 싶은 마음의 표출이기도 하다. 스테이블코인의 선물시장은 결국 숏Short 배팅을 위한 시장이기 때문이다. 롱Long 배팅은 결국 상방이 1달러로 제한되어 있어 현재 가격 대비 큰 차이가 없기 때문이다. 과거, 테라가 디페깅 되었을 때 여러 거래소에서 테라에 대한 선물시장을 갑자기 런칭하였다. 즉, 거래소의 경우 투자자의 수요가 있다면, 페어를 열어서 거래가 가능하게 해준다. 이를 통해 거래소는 수수료 수익을 취할 수 있다. 기존에는 「1 USDT = 1 USD」이거나 이와 근접하였기에 굳이 선

자료 4-30 FTX의 USDT 선물시장 화면 (2022년 5월)

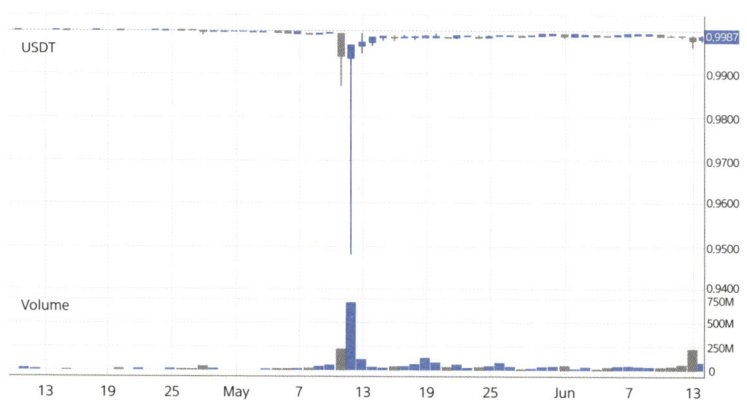

*출처: FTX

물시장에서 거래를 할 이유가 없었기 때문에 시장 자체가 형성이 안 되었었다. 테더에 대한 선물시장이 있다는 사실을 이러한 관점에서 해석할 수도 있겠다.

다음으로, 스테이블코인 시가총액 기준으로는 2위이지만 현재 시장에서 가장 안전하다는 평가를 받고 있는 USD Coin^{USDC}가 있다. 골드만삭스가 투자한 자회사 써클^{Circle}과 코인베이스^{Coinbase}가 협력하여 발행한 스테이블코인이며, 이 두 회사는 미국의 규제기관인 금융범죄단속네트워크^{FinCen}에 등록되어 있고 회계장부를 공개하고 있어서 투명성 측면에서 평판이 좋다. 또한, 외부 회계감사를 받지 않고 있어서 투명성과 신뢰성에 문제가 끊이지 않고 있는 테더 유한회사와는 달리, 써클은 업계 상위의 회계법인인 그랜트쏘튼^{Grant Thornton}에서 매달 감사를 받는다고 알려져 있다. 과거 USDC도 예치금 내역을 두고 잡음이 있었지만, 디지털 준비은행^{Full-reserve Bank}을 표방하는 전략을 구사하여 이러한 잡음을 어느 정도 해결하였다. 예치금 전액을 현금 및 현금성 자산으로 변경을 추진하는 등 규제 친화적인 행보를 연출하며 투자자들의 호응을 얻어서 사세를 확산했다. 알려진 바에 따르면, 발행되는 모든 1 USDC에 대해 써클과 코인베이스는 은행 계좌에 1달러를 보관하므로, 1 USDC는 이론적으로 1달러로 상환될 수 있다.

USDC의 경우, USDT와는 다르게 USDC 페어를 제공하는 선물시장을 찾아볼 수 없었다. 오히려 테라-루나 사태가 터졌을 때, 투자자들이 USDT를 팔고 USDC를 사는 경향을 보였다. 아래 자료에서처럼 2022년 5월 12일에는 USDC가 USDT보다 11% 비싸게 거래되기도 하였다. 그만큼 시장에서는 USDC를 스테이블코인으로서 보다 더 신뢰하고 있다고 해석된다. 6월 말 현재와 같이 일반적으로는 두 코인의 가격이 0.1% 차이도 안 나는 경우가 대부분이지만, 위기 시에는 투자자들의 행보가 극단적으로 갈린다. 스테이블코인의 가치는 가격 상승 가능성에 있지 않고 안정성에 있기 때문이다. 물론 혹자는 USDT에 대한 다양한 디파이 시장의 존재를 거론할 수도 있겠지만, 스테이블코인 붕괴도 가능한 대형 위기 시에는 디파이의 다양성이 무슨 의미가 있겠는가? 더군다나 이제 투자자들은 테라UST의 붕괴를 눈으로 목격하였기 때문에 당분간 이렇게 위기 시 극단적인 안전 선호 현상은 사라지지 않을 것으로 보인다.

자료 4-31　USDC와 USDT의 교환비율 (2022년 5월)

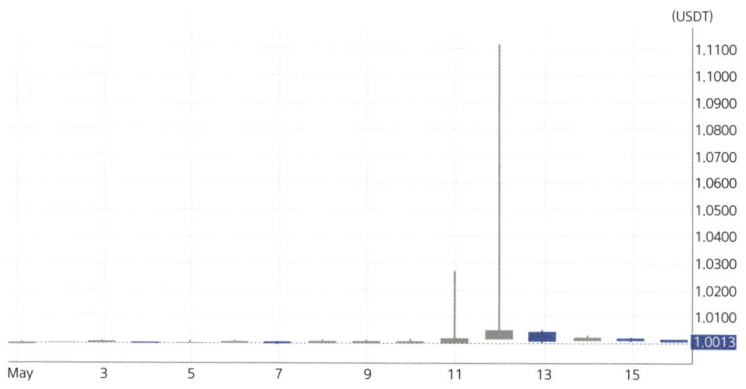

*출처: 비트겟

USDC와 함께 안전하다고 평가받는 스테이블코인이 또 있다. 바이낸스가 2019년부터 발행하고 있는 바이낸스 스테이블코인 Binance Stablecoin; BUSD이다. 바이낸스와 디지털 자산 신탁회사인 팍소스Paxos가 협력하여 미국 뉴욕 주의 금융서비스국NYDFS의 승인을 받아 발행한 스테이블코인이다. 팍소스는 자체적으로 스테이블코인PAXG을 발행하고 있는 회사이다. USDC와 유사하게, 발행 회사인 팍소스가 뉴욕 금융당국의 규제하에 있다는 사실이 투명성과 안정성을 어느 정도 담보한다고 볼 수 있다. 또한, 팍소스는 매월 BUSD 발행량과 미국 은행의 준비금 계좌의 USD 금액이 일치하는지에 대한 회계법인Withum의 감사 보고서를 공시하고 있다.[81] 확인해본 결과, 지금까지 불일치한 경우는 없었다. 이로 인

자료 4-32 BUSD의 시가총액

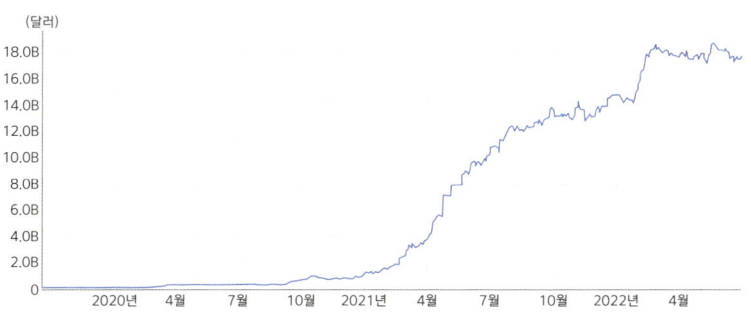

*출처: 코인마켓캡

---

81 https://paxos.com/attestations

하여 투자자들이 루나-테라 사태 때 USDT 대신 선호하였던 또 다른 스테이블코인이었다. 즉, 스테이블코인은 신뢰성과 투명성이 생명인 것이었다. 팍소스의 매월 감사 보고서 발행으로 인한 투명성, 그리고 거래소 업계 최강자로서의 바이낸스의 신뢰성이 결합되어 시장을 빠르게 잠식해나가고 있다.

BUSD의 시가총액은 2019년 9월 출시 이후 엄청나게 성장하였는데, 대부분이 2021년에 기하급수적으로 성장했다. 시가총액은 2021년 초 10억 달러에서 2021년 말 146억 달러로 14배 이상 성장하였다. 이러한 성장은 기본적으로 BUSD의 신뢰성과 투명성에 기반을 두고 있지만, 바이낸스 스마트 체인 BSC을 사용하는 BUSD의 생태계 확장성에 일정 부분 기인하고 있다. 지갑, 디파이, 디앱, 중앙화 거래소, 탈중앙화 거래소 등이 BUSD를 지원함에 따라 더 많은 시장 참여자들이 BUSD를 사용하기 시작하였다. 특히, 세계 최대 거래소인 바이낸스가 자체적으로 BUSD에 대한 여러 가지 프로모션을 진행할 수 있다는 점이 차별점으로 작용한다. 예를 들어, 바이낸스 런치패드를 통해 배분받은 신규 코인을 받기 위해서는 BUSD로 금액을 지급해야 한다.

다음으로 살펴볼 스테이블코인은 트러스트 토큰 Trust Token 회사에서 2018년 발행한 트루USD True USD; TUSD이다. 발행된 모든 TUSD에 대해 신탁회사와의 에스크로 Escrow 계정 계약을 통하여 달러와의 1:1 교환비율을 담보한다. 그리고 최근에는 이더리움 ERC-20, 바이낸스 BSC뿐만 아니라 트론 체인 TRC-20을 포함한 여러 체인과 파트너십을 맺고 시장 확장을 위해 노력하고 있다. 다만, 아직은 후발주자로서의 시장 입지가 약하다는 단점이 있다. 즉, 거래를 위한 페어나 디파이 등 관련 서비스가 부족하다. 위기 상황이 발생하면 USDC나 BUSD와 같이 입지가 오히려 강화될 수 있겠지만, 일반적인 상황이라면 여러 가지 불편함을 감수하고 TUSD를 굳이 사용할까라는 의문을 갖게 된다. 그래서 이미 붕괴한 테라 UST와 같이 후발 주자는 무리한 이자율을 내세워 불리한 시장 입지를 극복하려고 하는 것이 아닐까?

2022년 상반기에 등장한 트론 재단에서 발행한 USD 디지털 USD Digital; USDD 역시 이러한 예이다. USDD가 출시된 시점은 2022년 5월 5일로 절묘하게 테라가 붕괴하기 직전이었다. 또한, USDD 역시 테라와 동일하게 트론 재단에서 발행하고 있는 트론 코인으로 지원되는 탈중앙화 알고리즘을 표방한다. 이 시기에 폴로닉스 Poloniex 거래소에서는 스테이블코인인 USDD 예치에 대해 30% 이자율을 약속했다. 테라에서 지급하였던 20% 수준을 훨씬 뛰어넘는 이자였다. 테라가 붕괴되지 않았다고 하더라도 USDD가 고이자율을 통해 시장을 어느 정도 잠식할 수도 있었겠다. 왜냐하면, 당시 테라는 20% 수준에서 18.5%, 17% 등 단계적 이자율 감소에 대한 로드맵을 제시했기 때문이다. 당시에는 테라가 붕괴하였기 때문에, 같은 알고리즘으로 운영되는 USDD 역시 크게 흔들렸다. 동일한 알고리즘을 사용한다면, 테라와 루나가 동시에 붕괴했던 방법으로 트론과 USDD가 붕괴할 수도 있기 때문이다. 그리고 그 당시 시장 상황은 약세장으로 진입하는 시점이었기 때문에 가능한 시나리오였다고 보인다. 이

자료 4-33 USDD의 준비금 구성 (2022년 7월 1일)

TRX	BTC	USDT	USDC	Total($)	USDD	담보율
10,874,566,168	14,040.6	140,013,886	1,030,000,000	2,292,682,670	723,321,764	317%

*출처: USDD

에 대해 트론 재단과 CEO인 저스틴 선은 준비금을 강화하고 알리는 대응을 하여 위기를 넘어갔다. USDC, TUSD 등의 담보 비율이 100% 이지만, 자신들은 2022년 7월 초 기준 317%라고 공시하고 있다.[82] 가격 변동이 높은 TRX와 BTC를 제외하더라도 USDT와 USDC만으로도 USDD 발행량을 커버할 수 있는 수치이다. 하지만 이는 트론 재단에서 공시하고 있는 자료이기 때문에, 외부 감사를 받는지와 감사 결과 등에 대해서 이 자료에 대해 자체적으로 검토를 해보아야 할 것이다. 특히, TUSD에서와 같이 에스크로 계좌를 사용하여 구분 계리가 되어있다면 더욱 좋을 것 같아 보인다.

향후 USDD의 준비금에 대해 검증이 충분히 이루어진다고 할지라도, 스테이킹 이자율 30%는 추가적인 위험요소가 될 수 있다. 앞서 언급한 바와 같이, 후발 주자로서 시장 입지 확보를 위한 한시적인 마케팅 목적이라면 이해가 가능하지만 테라와 같이 주구장창 고이자율을 제공한다면 이자 지급 재원에 대한 문제가 끊

---

82 https://usdd.io/#

이지 않을 수 있다. 테라 역시 이자 지급 재원은 쉽게 말하자면 이후에 진입하는 투자자들의 지갑이었다. 현재는 위의 자료가 맞는다면, 트론 재단의 재원이 충분해서 이자 지급에 문제가 없을 수 있겠지만, 지속해서 고이자율을 제공한다면, 이는 트론TRX에게도 악재로 작용하지 않을까? 테라-루나 사태 때 적용되었던 논리와 같은 논리로 말이다. 즉, 문제 발생 시 트론을 더 많이 발행해야 하는 문제가 발생할 수도 있다는 말이다.

USDD는 2022년 6월 20일 약 7% 정도 하락하여 거래되었지만, 이를 극복하고 7월 초 현재 약 1% 수준이 하락하여 거래되고 있다. 다만, 현재 가격이나 가격 추이를 보면 아직까지 시장에서는 상위 스테이블코인 중 USDT와 함께 USDD를 불안하게 인식하고 있는 것처럼 보인다. 투자자들이 30% 고이자율을 보고 스테이킹을 하는 경우가 있는데, 락업Lock-up 기간에 주의를 요구한다. 테라-루나 사태를 반면교사 삼아, 혹시라도 진입할 경우 락업 기간이 길어진다면, 문제 발생 시 생각했던 것과는 다르게 빠져나오지 못할 수도 있다. 24시간 전 세계에서 거래되는 크립토 시장의 특성상 사태가 순식간에 빠르게 전개될 수 있기 때문이다.

현재까지 스테이블코인에 대한 규제는 사실상 거의 없다시피 했다. 다만, 테라의 붕괴는 전 세계적으로 스테이블코인의 위험성에 대해 경종을 울릴 만큼 역사적인 사건이었다. 이후 각국에서는 스테이블코인에 대한 규제를 마련하는데 팔을 걷어붙이고 있다. 6월 말에는 유럽연합EU에서 테라 붕괴사태와 같은 일이 발생했을 때 투자자들의 보호를 위하여, 스테이블코인의 일 거래량을 2억 유로로 제한하는 등 여러 조치를 마련하였다.[83] 미국은 지난 3월 바이든 대통령의 디지털화폐(CBDC) 개발 검토 긴급 행정명령도 같은 맥락이다.[84] 기본적으로 스테이블코인은 화폐의 발행 권한이 있는 국가에 직접적으로 맞서는 부분이 다소 있기 때문에 국가에서는 이에 대한 대응책을 CBDC를 통해 마련하고 있는 중이다. 예를 들어, 메타버스 세상에서 더 이상 사람들이 미국 달러나 한국 원화로 거래를 하지 않고 USDT로 거래를 하기 시작한다면, 어떻게 될까? 각국의 금융당국 입장에서는 앞으로 통화 발행량을 통한 경제 위기 해결을 단독으로 할 수 있을까? 홍콩 민간 회사인 테더 유한회사의 도움이 필요 없을까? 일본에서는 6월 법정화폐와 연동된 스테이블코인만 법적 지위를 인정하는 법안이 통과되었다. 사전에 인허가를 받은 회사만 스테이블코인을 발행할 수 있고, 스테이블코인 가격 급락으로 손해를 봤을 경우 액면가로 원금을 돌려받을 수 있는 권리를 보장하는 투자자 보호 조치도 법안에 포함되었다. 1년 후 시행이 될 예정이지만, 일본은 이로써 스테이블코인의 규제 틀을 마련한 최초의 국가가 되었다. 하지만 지금 당장은 각국에서 강력한 규제가 마련되어 있지 않은 상태이다.

이를 틈타, 여러 회사에서 스테이블코인 발행을 시도하고 있다. 법정화폐와 크립토 자산의 매개체로서 크립토 시장이 발전하

---

[83] 유럽연합(EU) 회원국들이 모여 만든 크립토 자산 규제안 MiCA(Markets in Crypto-Assets)
[84] 각 기관과 부처는 사안별로 최장 180일 또는 210일 이내에 가상자산 규제 관련 보고서를 제출하도록 했다.

면 할수록 그 쓰임새는 더욱 많아질 것이기 때문에 미리 선점하고자 하는 취지도 크다. 또한, 디파이에서도 일반 크립토 자산을 기초자산으로 할 경우 가격 변동이 있기 때문에 안전하다고 여겨지는 스테이블코인의 활용도가 높아져 가고 있다. 메타버스 시대가 열릴 경우, 역시 스테이블코인이 보다 많이 사용될 수도 있다. 콘서트 관람비용, 물건 구매비용, 게임 이용비용 등이 현실 세계와 동일한 금액 단위로 측정될 경우 더욱 편리하기 때문이다. 위믹스WEMIX를 발행하고 있는 위메이드WEMADE에서도 스테이블코인인 위믹스 달러 발행을 공식 발표하였다. 즉, 2022년 6월 현재는 이 책을 읽고 있는 여러분이 스테이블코인을 발행하겠다고 하여도 가능하다. 물론, 투자자들이 발행사를 얼마나 신뢰할 수 있는지, 얼마나 시장에 많이 쓰임새가 있는지 등에 따라 성패가 갈리긴 하겠지만 말이다. 즉, 스테이블코인이 사용되는 생태계가 커지지 않는다면 편의성이 줄어들어 사용량이 늘어나지 않을 수 있다. 이는 신뢰성에 영향을 줄 수도 있다. 현실 세계에서처럼 말이다. 현재 달러는 전 세계에서 통용된다고 말할 수 있지만, 싱가포르 달러나 사우디아라비아 리얄화는 그렇지 않다. 그 지역에서만 대부분 사용된다. 마찬가지로, 주로 USDT나 USDC를 사용하고, 특정 생태계에서 특정 스테이블코인만 통용될 경우, 그 스테이블코인으로 교환하여 특정 생태계에서 한정적으로 사용하게 될 수도 있다. 그렇지만, 현재 규제가 없이 발행되고 있는 스테이블코인의 종류가 30개가 넘으니, 개개인이 직접 조사하여 판단하는 수밖에 없다. 다만, 신규 스테이블코인의 경우, 변동성이 높거나, 안전성이 덜 검증되어 있을 수 있으니 주의할 필요가 있다.

최근 가장 드라마틱한 사건이었던 테라-루나 사태는 아직도 법적으로 해결이 진행 중이다. 앞서 수차례 언급한 바와 같이 스테이블코인의 강력한 제도가 마련되어 있지 않아 투자자들이 생각하는 수준의 법 집행에 난항이 있을 수 있다. 또한, 블록체인이나 크립토 시장에 대한 전문성을 단시간 내에 확보하기도 쉽지 않다. 현재 한국의 검찰, 경찰, 미국의 증권거래위원회SEC 등이 조사하고 있다고 알려져 있다. 투자자들은 테라를 발행하였던 테라폼랩스의 대표가 주장하였던 스테이블코인의 사기성 여부를 주목하고 있다. 즉, 처음부터 20% 이자율 및 1:1 교환비율이 지속 가능하지 않다는 사실을 인지하고도 언제든지 1 UST를 1 USD로 교환을 보장해줄 것처럼 투자자들을 기만한 것인지 아니면 단지 운영에 있어서 발생한 문제일 뿐인지 등에 대해서 누

자료 4-34 테라UST 가격 추이

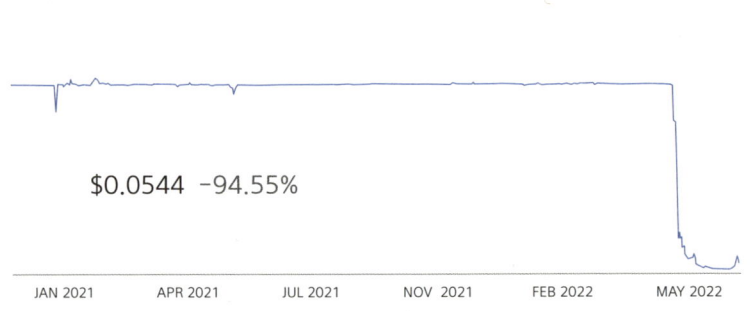

*출처: 코인베이스

구의 주장이 맞는지 등에 대해 조사가 진행될 것으로 보이는데, 같이 지켜보도록 하자.

여기에서 우리는 각자 여러 교훈에 대해 살펴볼 필요가 있다. 테라-루나 사태와 같은 사태가 다시 안 일어날 것이라고 말할 수 없기 때문이다. 가장 먼저, 스테이블코인은 발행회사의 주장일 뿐이라는 것이다. 크립토 시장에서 누구도 이를 보장해주지 않는다. 예금보험공사와 같은 국가 기관이 손실 금액을 환불해 주지 않는다. 따라서 이러한 주장에 대해 각자가 판단을 해야 한다. 그들이 제공하는 이자율이 지속 가능한지 등에 대해서 말이다. 그리고 세계 각국에서 준비하고 있는 규제안에 대해 지속적인 관심을 가지고 살펴볼 필요가 있다. 이번 장에서 소개한 주요 스테이블코인의 발행회사의 근거 국가에 대해서도 언급을 하였는데, 국가 입장에서는 이 부분 역시 고려를 할 수도 있다. 미국 입장에서는 가급적 미국 규제 당국에 근거하고 있는 USDC를 USDT보다 선호할 수도 있다는 주장도 있다.

다음으로는 스테이블코인에 대한 헤지Hedge 방법에 대해서도 알아둘 필요가 있다. 사태가 이미 벌어지고 나서는 사태 전개 속도가 빠르기 때문에 대처하기 쉽지 않을 수 있다. 따라서 미리 문제가 발생하였을 경우 어떻게 이를 헤지하여 손실을 최소화할 수 있는지에 대해 알아 둘 필요가 있다. 누군가는 무너지는 테라를 보고 숏 거래를 통해 헤지를 넘어서 투기를 하여 막대한 이득을 취하기도 하였을 것이다. 이를 장려하는 것이 아니라, 여러 가지 수단에 대해 미리 학습해두면 대응에 있어 한결 낫다는 이야기를 하는 것이다.

마지막으로 세계 각국의 CBDC의 발행과 관련된 준비 상황을 추적해보고, CBDC의 발행이 스테이블코인에 미치는 영향에 대해 생각해볼 필요가 있다. 다른 코인과 다르게 CBDC와 스테이블코인의 영역이 겹칠 수도 있기 때문이다. 과연 두 개가 양립이 가능한지, 아니면 현재 운영되고 있는 스테이블코인 중 어떠한 코인이 유리하게 되는지 등에 대해 현재 정해진 바가 없기 때문에 각자가 조사해보고 판단이 필요한 부분이다.

자, 그럼 이번 장을 마치기 전에 원점으로 돌아가는 시간을 가져보도록 하자. 우리는 왜 스테이블코인을 보유하고 있는가? 크립토 자산 거래를 위해서이지, 스테이블코인에 투자를 하는 것은 아니다. 즉, 스테이블코인을 보유했을 경우에 기대이익은 없다. 기대손실만 있을 뿐이다. 이러한 자산을 장기 보유하지는 않는다. 따라서 가만히 아무것도 하지 않고, 본인 계좌에 스테이블코인을 대거 쌓아두고 있는 것은 잘못된 투자방법이다. 따라서 계좌에 스테이블코인이 있다면 이 코인은 무엇인가를 해야 한다. 테라-루나 사태 이전까지는 스테이블코인에도 상당히 높은 이자율을 제공하는 디파이 프로토콜이 많이 있었기에 스테이블코인은 디파이 시장으로 흘러들어 가곤 했다. 지금은 그렇지 않지만 말이다. 따라서 3~4% 이자를 제공하는 디파이가 되었든 아니면 다른 무엇인가가 되었던 스테이블코인을 활용하여 수익을 창출할 수 있어야 한다. 왜냐하면, 보유하기만 하면 기대손실만 있기 때문이다. 만약, 대출 디파이와 같은 프로토콜을 통해 수익이 창출되지 않는다면, 바로 자신의 법정화폐로 빼내는 것이 경제적으로는 옳다. 숏 배팅 등 복잡한 과정을 거치지 않고 발생 가능한 리스크에 대해 헤지 정도가 아니라 아예 제거하는 것이다. 자신이 스테이블코인을 보유하고 있지 않은 기간 동안에도 그 코인의 가격이 오르지는 않는다. 한국의 경우, 한국 거래소에서 거래되는 크립토 자산의 시세가 해외 거래소에서의 시세보다 높게 거래되는 김치 프리미엄 혹은 역-김치 프리미엄을 활용하여 매매를 하는 경우가 있는데, 현재 외환 관련 법 위반으로 판단될 수도 있기 때문에, 추가적인 확인이 필요하다.

07

NFT

NFT는 Non Fungible Token의 줄임말로, 대체 불가능한 토큰을 의미한다. NFT는 다른 코인들과는 다르게 최대 공급량이 1이기 때문에 고유하고 대체 불가능하다고 말한다. 각각이 하나의 원본의 역할을 하는 것이다. 다만, 여러 가지 유사한 묶음의 에디션Edition이 가능하다. 스리스투지스The Three Stooges의 NFT 시리즈인 「올 스투지 팀All Stooge Team NFT」는 30개의 유사한 NFT로 구성되어 있는데, 각각 최대 공급량은 1이지만 유사한 테마로 묶여 있다. 각각은 개별적으로 거래될 수 있으며, 각각의 가치는 모두 다르다.

일반적으로 NFT는 블록체인을 통하여 거래되기 때문에, 원작자, 소유권 등 콘텐츠에 대한 정보가 투명하게 공개된다는 장점이 있다. 따라서 사실 여부 검증을 위한 추가적인 노력이 필요 없다. 특히, 복제가 쉬운 디지털 자산에 대한 원본을 증명하는데 많은 공헌을 하였다. 이전과는 다르게 디지털 미술품 등에 대한 사람들의 시각은 크게 달라졌다. 왜냐하면, 디지털 미술품과 같이 파일로 존재하는 자산이 이제는 가치의 한 요소가 되는 희소성을 갖게 되었기 때문이다. 예를 들어, JPG 파일로 존재하는 디지털

| 자료 4-35 | 비플 Beeple의 에브리데이즈 Everydays

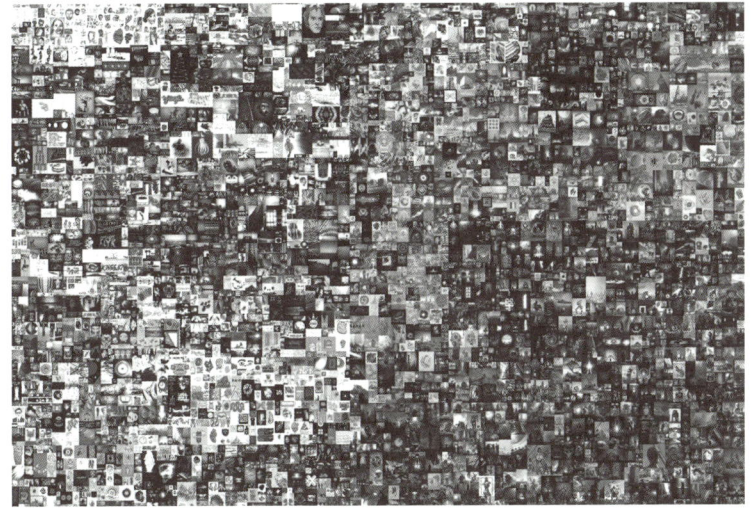

*출처: 비플

그림을 아무리 무한 복사를 하여도, 이제는 어떤 파일이 원본 파일인지, 원작자가 누구인지, 그리고 지금 그 원본 파일의 소유권은 누구에게 있는지 등이 검증 가능해졌다. 이 때문에 NFT로 제작이 가능한, 디지털 미술품이나 음악, 게임 아이템, 가상부동산 등의 분야가 크게 발전하게 되었다.

NFT가 처음 시도되기 시작한 시점은 그리 오래되지 않았다. 2017년 크립토펑크 Crypto Punk 시리즈가 컬렉터블 Collectible 로서 인기를 누리기 시작하고, 이더리움 NFT 표준 규약 ERC-721을 따르는 크립토키티 Crypto Kitties의 가격이 상승했는데, 이때부터 NFT에 대한 대중의 관심이 싹트기 시작한 것으로 보인다. 물론 시도는 이보다 조금 더 이른 시점부터 이겠지만 말이다. ERC-721이

최종 받아들여진 2018년부터 NFT는 급격한 성장을 하였다. 특히, 디지털 미술품 시장은 블록체인에서 소유권을 주장할 수 있는 NFT 기술 덕분에 크게 발전하였고, 이를 거래할 수 있게 해주는 거래 플랫폼이 생겨나기 시작하였다. 2021년에는 그 유명한 비플Beeple의 작품인 에브리데이즈Everydays가 크리스티 경매에서 6,930만 달러에 낙찰되었던 사건이 있었다. 이 거래로 NFT 시장이 미디어에 재조명되면서 대중에게 큰 관심을 불러일으켰다.

NFT 데이터 분석업체인 논펀져블닷컴[85]에 따르면, 시장은 2021년에 거래횟수와 거래금액 모두 급등하여 정점을 찍었다. 2021년 9월 거래횟수는 5백만을 넘었고 거래금액은 45억 달러에 다다랐다. 그렇지만, 다음 그래프에서 볼 수 있듯이, 시장은 하락장이 시작된 2022년 상반기에 급속하게 가라앉았고, 2021년 상반기 수준으로 되돌아갔다. 2022년 7월 현재 활성화된 지갑 수도 줄어들어 29만 개 정도에 머무르고 있다. 시장은 안정을 찾아가고 있다고 평가되고 있으며, 2021년을 물들였던 '묻지 마 투자'식의 대중적 광기는 이제 많이 사라진 것처럼 보인다.

그렇다면 과연 NFT는 투자대상으로서 가치가 있을까? 만약 가치가 있다면 우리는 적정 가치를 어떻게 평가할 수 있을까? NFT는 블록체인 상에서 발행되어 그동안 빛을 보지 못하던 디지털 미술, 음악 등 여러 분야에 새로운 가능성을 제시했다는 사실은 부인할 수 없다. 즉, 기술적인 측면에서는 기존에는 없었던

---

85 https://nonfungible.com

자료 4-36 NFT 거래규모 추이

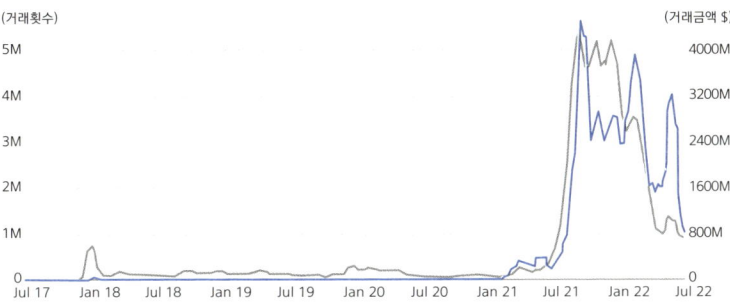

*출처: 논펀져블닷컴

기술로 획기적이라고 말할 수 있다. 다만, 투자 관점으로 본다면 아직도 여러 가지 의문이 든다.

최근 전 세계에서 가장 유명한 NFT 프로젝트로 알려진 BAYC[86] 역시 가격이 폭락했다. 한 달여 만에 약 44만 달러에서 8만 달러 밑으로 80% 이상 폭락하기도 하였다. 다른 대부분 NFT 프로젝트는 가격이 이보다는 더 많이 떨어졌을 것이다. 갑자기 프로젝트를 중단하고 투자자금을 가지고 사라지는 투자비 회수 사기 행위인 러그풀이 발생한 사례도 많을 것이다. 예를 들어, 유명하지는 않지만, 한국의 정치 NFT를 표방한 「4류 정치」, 고양이 캐릭터를 구입 시 배당을 준다고 속인 「캣슬 프로젝트」, 조선 시대를 배경으로 NFT 거래 플랫폼을 개발하는 「조선 다이너스티 프로젝트」 등 모두 투자자금을 받아 놓고 잠적해버렸다. 법망

---

86 지루한 원숭이들의 요트 클럽 Bored Ape Yacht Club; BAYC

자료 4-37 BAYC 가격 추이 (2021~2022년)

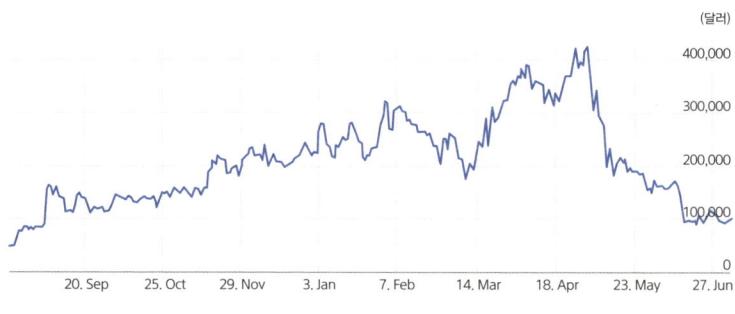

*출처: 코인게코

이 정비되지 않은 틈을 타서, 그리고 투자자들의 포모[FOMO][87] 심리를 이용한 신종 사기 수법이다. 가격이 너무나도 떨어져 투자자들과 발행회사 사이에 분쟁이 발생한 경우도 부지기수다.

자, 그러면 BAYC는 가격이 80% 이상 폭락하기는 했었지만, 그래도 이렇게 극단적인 사례에 포함되지는 않았다. 총 10,000개가 발행된 BAYC의 가격은 2022년 하반기에 9만 달러 수준에서 거래되고 있는데, 디지털 그림 하나만으로 이 가격이 설명될까? 미술품 전문가가 아니므로, 다음 자료에서처럼 지루해하는 표정을 짓고 있는 원숭이 그림이 9만 달러라고 하면 선뜻 이해하기는 어렵지만, 이와 같은 NFT 미술품을 구매하는 분들의 입장에서는 그럴 수도 있다. 가치는 주관적이기 때문이다. 그렇지만, 하락장에서는 다른 NFT 미술품의 가격은 더욱 더 폭락을 하였다.

---

87 Fear Of Missing Out

다만, BAYC의 가격이 하락장에서도 이렇게 높은 가격을 유지할 수 있었던 데는 보유자에 대한 혜택이 큰 부분을 차지한 것으로 보인다. 앞서 언급한 바와 같이, NFT의 가치 중 희소성은 불안한 요소가 많다. 현재는 10,000개이지만, 향후 급격하게 늘어날지 어떻게 장담할 수 있겠는가? 발행한 주체인 미국의 블록체인 스타트업인 유가랩스 Yuga Labs 가 계속 운영하고 있기 때문에, 유사한 작품을 계속 만들어낼 수 있다. 물론, BAYC의 경우, 10,000개를 유지하고 있고, 보유자는 6천 명에 불과하므로, 보유자들에게 소속감이나 유대감을 부여할 수 있고, 일종의 과시욕도 충족시킬 수도 있다. 하지만 하락장에서도 가능할까? 하락장을 겪으면서 사람들이 이러한 눈에 보이지 않는 요소보다는 실질적인 혜택에 더욱 반응하는 것이 아닐까? 마치 하락장의 증권시장에서 배당주에 대한 높은 수요와 같이 말이다.

자료 4-38 오픈씨에서의 BAYC 가격 (2022년 12월)

*출처: 오픈씨

BAYC 보유자에 대한 혜택에 대해서 알아보면, BAYC 전용 온라인 커뮤니티, NFT 에어드롭^{Bored Ape Kennel Club; BAKC, Mutant Ape Yacht Club; MAYC}, 보물찾기 이벤트 개최, 갤러리 파티, 요트 파티, 뉴욕 자선 만찬 등 행사 초대가 있다. BAYC 보유자에는 유명 래퍼 에미넴, NBA 슈퍼스타 스테픈 커리, 가수 저스틴 비버, 셀럽 패리스 힐튼 등이 포함되어 있고, 최근 뉴욕, LA, 베니스 등에서 오프라인 행사를 지속해서 열고 있어, BAYC 보유에 대한 로열티를 고무시키고 있다.

하지만 이러한 이벤트는 골프장이나 리조트의 회원권^{Membership}의 입장권이나 숙박권같이 동일 반복적으로 발생하지는 않으며, 입장료에 대한 가격이 책정되어 있지는 않다. 따라서 현재 이를 정량화하여 골프 회원권과 같이 가치평가를 하기는 쉽지는 않은 수준이다. 이보다는 NFT 시장 1위로서의 확고한 지위나 많은 유명인의 보유로 인해 형성된 높은 브랜드 가치 유지를 위한 이벤트로 보는 편이 합리적으로 보인다. 명품 패션 브랜드나 고급 승용차 분야에서 브랜드 유지 및 홍보를 위하여 간헐적으로 이벤트를 개최하기도 하는 것처럼 말이다. 다만, 후발주자의 경우에는 이보다는 조금은 더 투자자금과 직접 관련이 있는 금전적 혜택이 뒤따르는 이벤트를 개최하게 되지 않을까?

현재까지 NFT 거래액 상위 1~5위 중 2, 3, 4위는 모두 유가랩스^{Yuga Labs}에서 발행하고 있는 NFT 미술품이다. 게임 아이템인 1위인 액시인피니티를 제외하고는 모두 미술품이다. 그렇다면, 현재 거래되고 있는 NFT에는 미술품만 있을까?

자료 4-39 NFT 거래액 순위 (2022년 7월)

NFT	거래규모	거래자 수
1. Axie Infinity	$4.23B	2,113,795
2. Crypto Punks	$2.85B	6,773
3. Bored Ape Yacht Club	$2.07B	13,483
4. Mutant Ape Yacht Club	$1.46B	25,633
5. Art Blocks	$1.26B	44,313

*출처: 댑레이더

현재 거래되고 있는 NFT의 주요 종류로는 미술품뿐만 아니라, 음악, 게임 아이템, 가상부동산 등이 있다. 이중 게임 아이템은 다른 독립된 주제로 살펴볼 예정이며, 가상부동산에 대해서는 이미 살펴보았다. 그리고 음악 NFT의 경우, 미술품보다는 블록체인 상에서 NFT로서 다양한 시도는 있지만 아직은 거래가 활발하지는 못한 것 같다.

이러한 이유로 이번 챕터에서는 미술품 NFT에 대해 주로 살펴보고 있다. 그리고 우리는 다른 여러 책에서 다루고 있는 NFT의 가치라던가 미래와 같은 약간은 뜬구름 잡는 주제보다는 실질적으로 투자자산으로서 가치가 있는 것인가에 대해 생각해 볼 필요가 있다. NFT는 사실 콘텐츠라기보다는 콘텐츠를 둘러싸고 있는 기술이다. 따라서 혹자는 기술과 콘텐츠는 따로 분리하여 보아야 한다고 한다. 즉, NFT 안에 들어 있는 그림만 따로 떼어서 오프라인 미술품처럼 평가를 해보면 가치가 없다고 비판하기도 한다. 하지만 나는 이 기술은 기존에는 없던 기술이면서 새로운 시장 자체를 생성시킨 혁신적인 기술이기 때문에, 콘텐츠와 분리해서 보기보다는 이를 통합하여 지금 보이고 있는 현상 그대로를 평가해보는 것이 조금 더 타당해 보인다. 즉, 브랜드 가치와 같은 무형자산을 포함해서, NFT를 가지고 있을 때 받을 수 있는 혜택에 대해서 평가를 하는 편이 투자 관점에서는 더욱 적절하지 않을까?

미술품 NFT에는 희소성, 예술성, 유틸리티 등을 가격 형성의 요인으로 생각해볼 수 있다. NFT가 처음 대중에게 알려졌던 시기에는 희소성과 예술성 등이 더 부각되었지만, 현재는 유틸리티 요소가 가격에 더 영향을 미치는 것으로 보인다.

먼저, 투자의 입장에서는 NFT 시장이 생긴 역사가 몇 년이 채 되지 않기 때문에 희소성을 논하기는 쉽지 않아 보인다. 경매시장에서 거래되고 있는 미술품은 수백 년 전 작품도 많다. 루브르 박물관 소유로 엄청난 가격으로 평가되고 있는 모나리자 Monna Lisa 는 하나밖에 없으며, 레오나르도 다 빈치 Leonardo da Vinci 는 1,500년대 사람이다. 반대로, 현재 미술품 NFT는 유사한 작품이 매우 많으며 어떠한 작품이 향후 모나리자와 같은 지위를 갖게 될지는 미술 시장에서와 같이 몇백 년이 흘러야 가능한 일일 수도 있다. 또한, 미술품 NFT의 창작자는 지속적으로 작품 활동을 하고 있기도 하다. 따라서 어떠한 작가의 어떠한 작품이 향후에 높은 가치를 가지게 될지를 판단하기는 투자자의 입장에서는 불가능에 가깝다. 지금까지는 없던 예술가가 내년에 엄청난 작품을 창작할지도 모르지 않는가? 즉, 하나밖에 없다는 희소성이 가치가 되기에는 평가의 대상기간이 너무 짧아 보인다. 이번 연도에는 희소했지만, 내년에는 희소하지 않을 수도 있지 않은가? 물론, 원본은 하나밖에 없다는 사실은 동의한다. 다만, 유사 작품은 얼마든지 만들어 낼 수 있다는 말에도 동의한다. 현재 BAYC와 유사한 원숭이 그림이 얼마나 많던가? 한국에서 유명한 메타콩즈 NFT와 클레이 에이프 클럽 NFT는 다른 유인원인 고릴라를 그렸다. 사람들이 가끔 착각하는 바가 있는데, 원래부터 모든 작품은 원본이 하나다. 따라서 하나라는 사실이 희소성을 만들지는 않는다. 미술품의 경우, 예를 들어, 유명 아티스트의 작품이어야 하며, 시대적인 의미가 있어야 하며, 유사한 작품이 없어야 하는 등의 요건이 희소성을 구성하지 않을까?

예술성은 어떠한가? 방금 나온 작품에 대한 예술성이 바로 평가되는가? 아니면, 오랜 시간에 걸쳐 서서히 평가되는가? 예술성을 평가하기에는 시점이 너무나도 짧아 보인다. 따라서 이를 NFT 미술품의 가치평가 요소로 고려하기는 어려워 보인다. 예술성의 경우 주관적인 판단이 주로 작용하기 때문에, 개인이 예술성이 높다고 판단할 경우, 구매하면 된다. 문제는 다른 사람들도 그렇게 생각했을 경우, 재판매에 대한 수요가 생겨서 투자 수익이 발생할 수 있지만, 그렇지 못할 경우에는 투자자금은 고스란히 묶이게 된다. 예를 들어, 2021년 3월 브릿지 오라클 Bridge Oracle 의 CEO인 시나 에스타비 Sina Estavi 가 트위터 창업자 잭 도시 Jack Dorsey 의 첫 트위터 게시글 NFT를 291만 달러에 구매 후, 올해 이 NFT를 경매시장에 내놓았지만, 최고 입찰가는 3만 달러에 불과

하다. 수백 년이 지난 시점에 어떻게 될지는 아무도 모른다. 실제 시나 에스타비가 주장하는 바처럼 이 NFT가 「디지털 세계의 모나리자」가 될 수도 있지 않은가? 다만, 동시에 아무도 그 수백 년이 지난 시점까지는 관심이 없을 수도 있다.

따라서 투자자로서는 희소성이나 예술성, 또는 또 다른 무형적인 성격의 가치에 관해서는 판단하기 어렵다. 특히나 이러한 NFT 시장이 지금 막 열린 시점에는 더군다나 그렇다. 한때는 디스코드, 트위터 등을 활용하여 일정 부분 조장한 광기와 같은 대중적 관심의 폭발로 가격이 급등한 시점도 있었지만, 하락장을 겪고 있는 지금 시점에는 차차 안정을 찾아가고 있는 것 같다. 더는 아무런 유틸리티가 없는 새로운 NFT 미술품에 투자자들이 과거와 같이 맹목적으로 투자하지는 않는 것처럼 보인다. 지금은 BAYC가 미술품 NFT 브랜드 중 가장 앞서고 있지만, 이러한 기간은 불과 2~3년밖에 안 되었다. 이제 시작인 것이다. 극단적으로 향후 10~20년간 새로운 셀럽 Celebrity이 아무도 BAYC를 구매하지 않는다면 어떻게 될 것인가? 그 브랜드 가치가 유지될 수 있는가? BAYC는 '고인물' 셀럽의 표상으로 전락할 수도 있는 것이다. 극단적인 예를 들었지만, 현재 시점의 무형적인 가치를 100% 신뢰할 수 없는 이유 중 하나는 짧은 평가기간에 있다. NFT라는 혁신적인 기술 앞에 이제 시장이 생겨났고 반응하기 시작하였다.

따라서 이 위에 유·무형의 가치를 덧붙이면서 가격이 상승할 텐데, 지금은 유틸리티와 같은 보다 확실한 가치를 투자자들이 찾게 되지 않을까? 물론, 금리 인하기나 양적완화 등으로 촉발되는 상승장에서는 화폐가치가 낮아지므로 자산 구입에 더 많은 화폐가 필요하다. 이로 인해 자산 가치가 오르는 것과 같은 착시현상이 벌어질 수 있다. 이로 인해 미술품 NFT 시장에도 2021년과 같이 극단적인 낙관론이 팽배해질 수 있기 때문에 주의를 할 필요가 있다. 앞서 살펴본 바와 같이, 하락장에는 그러한 자산이 보다 더 큰 하락을 맞을 수 있기 때문이다.

이제 남은 것은 유틸리티이다. 자신만 알 수 있는 주관적이고 심리적인 유틸리티가 아니라 모두가 인정하는 객관적인 유틸리티 말이다. 즉, NFT를 보유하면, 연 5% 배당을 지급한다든지, 아니면 신라호텔 숙박권을 연 1회 제공한다든지, 또는 고급 요트에서 진행하는 파티 입장권을 제공한다든지 등에 관해서 이야기하는 것이다. 우리가 포르셰 자동차를 사면 포르셰 엠블럼만 나오지 않는다. 자동차가 딸려 나오는 것과 마찬가지다. 엠블럼이 아무리 멋있다고 하여도 엠블럼만 사는 사람은 없다. 그렇지만, 사람들은 포르셰 엠블럼이 멋지다고 생각한다. 정확한 비교는 아닐 수 있어도 같은 이치이다. 이러한 유틸리티가 정기적일수록 더욱 좋다. NFT 가격이 떨어질 때마다, 발행회사에 투자자 달래기를 위한 일회성의 이벤트는 소모적이다. 새로운 투자자가 생겨야 가격이 유지되거나 오를 텐데 일회성의 이벤트에 혹해서 고가의 NFT에 투자하는 사람이 많을까? 금액이 적다고 해도 정기적인 배당금 성격의 이벤트는 미래가치로 추정이 가능하며 현재가치로 할인할 때 가치평가Valuation에 포함될 수 있다.

예를 들어, 2022년 3월 한국에서 유명한 한 NFT는 랜덤 선물

박스 이벤트를 실시하였는데, 이 NFT를 포함한 4개 프로젝트의 4만 개 NFT를 대상으로 4만 개 선물을 제공한다고 하였다. 선물은 총 14가지로 구성되었는데, NFT 1개당 받는 1개의 선물 박스의 기대치를 평가해보았다. 편의를 위해 거래가 작고 가격 평가가 쉽지 않은 NFT는 계산에서 제외하였고, 실제 물건의 경우, 여러 버전 중 비교적 높은 금액으로 책정하였다. 이 NFT는 최근 이더리움 체인으로 이전을 했었는데, 바닥가격이 1.7이더^{ETH} 수준으로 2022년 7월 현재 한화 약 255만 원 정도이다. 나머지 NFT는 발행사 입장에서는 추가적인 비용으로 잡히지 않거나, 또는 100~200만 원 미만의 금액으로 추정되거나, 모자와 같은 소모품은 계산에서 제외하였다. 물론, 이는 정확하지 않으며, 계산을 위한 예시로서 의미가 있겠다.

자료 4-40 NFT 랜덤 선물 박스 계산 예시

번호	품목	계산
1	벤츠 C클래스 1대	6,150만 원
2	현대 그랜저 1대	3,500만 원
3	바디프랜드 안마의자 5개	1,000만 원
4	맥북에어 3개	400만 원
5	아이패드 5개	500만 원
6	블루캔버스 디지털 액자 5개 (약 110만 원 상당)	550만 원
7	초레어등급 NFT 1개	300만 원
8	제주 신화월드 숙박권 20매	300만 원
	합계	12,400만 원

*출처: 개인 조사

전체 4만 개를 대상으로 하고 있으므로, 기댓값은 12,400 ÷ 40,000 = 0.31로 개당 약 3천 원 정도이다. 투자자 입장에서는 벤츠나 그랜저가 나와야 의미가 있다. 확률은 4만분의 2로, 0.005%이다. 로또의 당첨확률이 1등이 0.000012%, 2등이 0.000073%, 3등이 0.0027%, 4등이 0.1364% 정도라고 하니, 로또 3등에 당첨될 확률이다. 로또로 비교해보면 꽤 높은 확률이기는 하지만 로또는 1천 원이며, 이 NFT는 2022년 2~3월 가격이 2,000~3,000만 원이었지만, 2022년 7월 현재 200~300만 원이다. 이러한 이벤트가 아무 의미 없다는 이야기를 하는 것은 아니다. 아무것도 안 하는 NFT 프로젝트가 대부분인 상황에서 이렇게 무엇인가를 노력하고 있다는 것 자체가 한 발 나아간 프로젝트로 보인다. 다만, 300만 원 투자 대비 기대치가 3천 원이라면 수익률은 0.1%가 되는데, 주식시장에서 3% 배당주와 같이 되기 위해서는 이러한 이벤트를 연간 30회, 즉 월간 2~3회를 꾸준히 해야 한다. 사실상 현재로서는 어려워 보인다. 왜냐하면, 그만큼 외부에서 수익이 발생해야 하기 때문이다. 새로운 NFT를 발행해서 수익을 창출하는 것 이외의 외부 수익 말이다.

방금 예를 들어서 설명한 바와 같이, 투자자들은 이러한 이벤트들에 대한 데이터가 쌓인다면 이를 분석하여 배당률과 같은 의미 있는 지표들을 만들어 볼 수 있다. 앞서 우리가 분석하였던 중앙화된 거래소를 통한 유틸리티와도 일맥상통하는 바이다. 중앙화된 거래소의 거버넌스 토큰을 가지고 있다면, 여러 가지 혜택이 주어지는데, 월간, 연간 자료로 만들어 투자 의사결정에 참고

할 수도 있다. 주식시장에서도 그렇듯이, 물론 과거와 미래가 항상 같을 수는 없겠지만, 과거에도 유틸리티가 없었던 프로젝트에 미래 유틸리티를 기대한다는 것은 너무 희망회로가 아닐까?

다만, 지금은 미술품 NFT 시장 자체가 이러한 유틸리티를 목적으로 형성된 것이 아니기 때문에, 향후 일정 기간은 어떻게 발전하는지를 지켜볼 필요가 있다고 생각한다. 비트코인이나 다른 알트코인은 이미 10년 이상의 시장 형성기간을 거쳤다. 오래전 비트코인 존재 자체를 부정하던 시각이 비트코인 거품 논란으로 바뀌었었고, 최근에는 비트코인보다는 알트코인의 거품 이야기 또는 헤지펀드, 거래소 파산 등 시장에 관련한 이야기가 더 많아 보인다. 미술품 NFT 시장도 혁신적인 NFT 기술을 바탕으로 이제 막 시작한 단계이기 때문에, 시간을 두고 발전을 지켜보며 우리가 살펴본 희소성, 예술성, 유틸리티 또는 자신만의 기준 등으로 투자 기회를 살펴보면 어떠할까?

08

게임

2021년 게임 엑시인피니티 Axie Infinity는 게임 시장에 NFT를 활용한 플레이투언 Play to Earn; P2E 열풍을 가져왔다. 베트남의 게임 스타트업이었던 회사인 스카이 마비스 Sky Mavis는 2018년 엑시인피니티를 출시하면서 게임을 통해 돈을 벌 수 있다는 개념을 도입하였다. 엑시인피니티 자체 토큰인 AXS는 2021년 한 해 동안 300배 이상 상승을 하였다. 하락장이 펼쳐지고 있는 2022년 7월 현재도 댑레이더에 따르면 전체 NFT 프로젝트 순위에서 거래규모와 거래자 수 등 여러 지표에서 1위를 차지하고 있다. 또한, 스카이 마비스는 최근 바이낸스로부터 1.5억 달러를 펀딩 받았는데, 이때 부여받은 회사의 가치는 30억 달러였다. 게임이라는 콘텐츠는 달라진 바가 없었지만, 작은 게임회사에 불과하였던 스카이 마비스는 어떻게 전체 게임 시장을 선도하게 되었을까?

엑시인피니티 게임에서 사용자가 전투에서 이기거나 일정 임무를 완료하면 AXS 토큰을 보상해준다. 기본적으로 게임을 하려면 지갑을 만들고 게임에 필요한 초기 아이템 Axie을 구매해야 하지만 이는 차후 수수료로 수익의 일부를 가져가는 대출 Scholarship이 가능하게 설계되어 있다. 게임은 매우 단순한 구조로 되어 있

자료 4-41 AXS 가격 추이

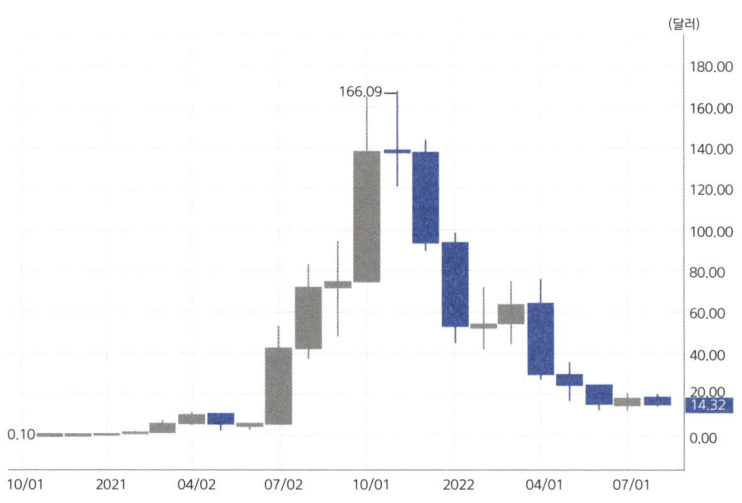

*출처: 바이낸스

으나, 게임을 하면서 돈을 벌 수 있다는 사실은 사용자들에게 획기적이었다. 특히, 필리핀과 같은 개발도상국의 국민이 크게 반응하였는데, AXS 가격은 전 세계 동일하며, 따라서 필리핀 물가 수준에 비하면, 높은 축에 속하기 때문이었다. 한 때는 필리핀에서 게임만 해서도 한 달 생활비를 충당할 수 있다는 소식도 들려오곤 했다. 물론, 물가수준이 높은 선진국에서는 불가능한 일일테지만 말이다.

게임 참여자가 돈을 버는 구조는 간단하다. 게임에서 획득한 AXS를 거래소에서 매도하면 된다. 게임에서 지급하는 토큰은 엑시인피니티 회사가 만들어낸 총 발행량에서 나온다. 즉, 엑시인피니티 회사가 직접 돈을 주지는 않는다. AXS를 줄 뿐이다. 그렇다면 누가 AXS를 실제 화폐로 교환해주는가? 즉, 거래소에서 AXS를 판매하려고 하면 누군가는 이 토큰을 돈을 주고 사야 하는데, 누굴까? 두 부류가 있는 것으로 보인다. 첫 번째 부류는 엑시인피니티 게임을 하기 위해서는 많은 AXS가 필요한데, 이를 위해서이다. 두 번째 부류는 AXS의 가격이 앞으로 올라갈 것으로 판단해 투기적인 목적으로 구매한다. 첫 번째 부류는 이 게임을 하기 위해서라고 했는데, 이 부류 역시 AXS의 가격 상승을 기본적으로 생각하고 있었을 것이다. 반대로 말하면, AXS 가격이 하락할 것으로 생각하면 게임의 인기는 역시 떨어질 것이다. 이는 추후 다시 설명하겠다. 즉, AXS를 돈으로 바꿔주는 역할을 하는 주체는 또 다른 투자자인 것이다. 본질적으로 투자자의 돈으로 다른 투자자가 돈을 버는 구조이다. 엑시인피니티는 자신들의 돈을 나눠준 적이 없다. 토크노믹스 설계에 따라 추가적인 돈의 투입 없이도 많은 사람의 참여를 이끌어 게임의 흥행을 유도하고 토큰 가격의 상승을 이끌기도 한다. 다만, 지속 가능하냐가 문제이긴 하다. 초반 참여자나 발행자는 이득을 보지만 후발 참여자의 끝은 항상 좋지 못했다.

조금 더 살펴보자. 게임 회사는 원래부터 있었다. 블록체인 기술이 있기 전에도, 게임 아이템을 토큰화할 수 있기 훨씬 전부터도 우리는 스타크래프트Starcraft나 포트리스Fortress라든지 컴퓨터 게임을 즐겁게 했던 기억이 있다. 그때는 게임 회사에 대해 폰지 스킴에 대한 의구심을 말하는 사람은 없었다. 게임의 중독이 일으키는 사회적 문제에 대해서 이야기했었다. 그리고 재미있다고 느껴지는 게임의 매출은 폭발적이었고 이는 기업 가치 상승으로 이어졌었다. 예를 들어, 크래프톤Krafton은 작년 여름 한국 주식시장에서 상장을 하였는데, 유명한 게임이라고는 배틀그라운드Battlegrounds밖에 없었지만, 공모 당시 시가총액이 25조 원에 육박하였다. 고평가 논란이 있었고, 실제로 이후 주가는 하락을 면치 못하였지만, 아무도 폰지 스킴 이야기를 꺼내는 사람은 없었다. 하지만 지금 우리가 AXS 코인이나 한국의 위믹스 코인 등 게임 아이템 코인에 대해서는 폰지 스킴 비판이 많다. 앞서 설명한 바와 같은 이유에서 말이다. 과연 왜일까? 원래 있었던 게임회사가 게임을 출시하고 여기에 단순히 게임 아이템에 토큰화만을 입혔을 뿐인데 말이다. 게임회사는 원래 게임 아이템 매출이나 관련 수수료로 수익이 가장 많다. P2E를 접목한 이후에도 마찬가지다. 게임 아이템 매출, 거래 수수료, 그리고 또 하나, 발행한 토큰을 위메이드가 했던 것처럼 시장에 직접 내다 팔 수 있으니, 이 또한 가능한 수익일 수 있다. 엑시인피니티의 경우, 처음 게임을 하기 위해서는 일정 수량의 아이템을 구매해야 한다. 엑시인피니티의 수익이다. 시장에 풀린 모든 토큰이나 아이템이 모두 게임을 통해 획득한 것은 아니다. 즉, 이 차액은 게임회사의 수익으로 볼 수 있다. 그리고 최근 런칭을 준비 중인 빅타임Big Time의 경우, 자체 아이템 거래 플랫폼을 만들어, 거래를 할 경우 수수료를 5%를 받고 있다. 회사의 수익이다. 언뜻 보기에 P2E 시기의 게임회사의 수익성이 이전보다 좋아 보이는데, 맞는가? 그렇다고 생각한다. 추가적인 수익원이 생긴 것이기 때문이다. 원래 게임 아이템을 파는 구조는 토큰화만을 거쳤을 뿐이지 본질은 같다. 여기에 유동화라고 일컬어지는 직접 토큰 판매 매출도 한번 일어나면 엄청난 수익일 수도 있고, 아이템 거래 플랫폼을 직접 만들 경우 여기에서도 수익이 날 수도 있다. 그렇지만 이를 가지고 폰지 스킴이라고 비판하지는 않지 않나?

이제 답을 해야 할 것 같다. P2E 시대 전과 후의 가장 중요한 차이는 바로 게임을 하는 목적이 달라졌다는 사실이다. 선후관계는 잘 모르겠다. 과연 게임에 돈이 접목돼서 게임 자체가 주는 재미가 없어졌는지, 아니면 게임이 원래 재미가 없었는데 돈을 접목했었는지 모르겠다. 돈을 주지 않아도 사람들은 아직도 그 오래된 스타크래프트나 배틀그라운드는 시간을 내서 친구들과 삼삼오오 같이 즐기기도 한다. 한국의 경우, 더욱 큰 즐거움을 위하여 성능이 좋은 PC방에 가기도 하고, 컴퓨터 사양을 업그레이드하기까지 한다. 오죽하면 고급 PC 사양의 대명사가 게이밍 Gaming PC라고 되어 있을까? 하지만 엑시인피니티 게임이나 더 샌드박스 게임 등 내놓으라는 P2E 시대의 대표적 게임에 대해 게임 자체가 재미있다고 하는 경우를 본 적이 있는가? 물론, 게임을 하면서 즐거움을 느낄 수 있다. 여러 유저들은 2022년 상반기에 더 샌드박스 게임 알파시즌 2에 참여하고, 마지막에 리워드로 1,011 SAND를 받았다. 당시 기준 약 3,000달러 수준이었으니, 한 달 참여한 것치고는 쏠쏠한 수익이었겠다. 그렇지만 솔직하게 3,000달러가 아니라 300달러였다면 즐거웠을까? 아니 그들이 그렇게 많이 참여했을까? 반대로 돈을 받는 것이 아니라 게임 참여를 위해 이전과 같이 이른바 현금 지출을 해야만 한다고 하면 게임을 했었을까? 이 질문에 대한 모든 내 생각은 「아니오」이다. 모든 사람이 그렇지는 않겠지만, 대다수는 나와 같은 대답을 할 것 같다. 알파 시즌이 끝난 이후 활성화된 유저 수는 현저히 줄어들었다. 물론, 향후 AR, VR 등 보다 많은 기술 발전이 이루어져, P2E 게임 역시 본질적으로 보다 재밌어질 수도 있겠지만 말이다.

그렇다. P2E 개념의 도입 전에는 게임이 주는 자체적인 즐거움을 위하여, 후에는 게임이 주는 돈을 버는 즐거움을 위하여 참여한다. 이는 무엇을 의미하는가? 바로 게임의 소비자가 투자자로 바뀌었다는 이야기로 들린다. 과거에는 사람들은 게임을 소비했다. 자동차를 사는 것과 같이 게임이라는 무형의 서비스에 대해 어떤 방식이든 비용을 치렀다. 그리고 그러한 행위는 사회적인 문제가 있어서 그렇지, 경제적으로는 아무 큰 문제는 없었던 것 같다. 하지만 P2E 시대에는 소비자가 사라져버린 것 같다. 온통 게임을 통해 돈을 벌고 싶어 하는 사람들이 넘쳐난다. 이에 대해 오히려 사람들이 헷갈려 하는 경우도 많다. 돈을 벌기 때문에 즐거운 것을 게임 자체가 즐겁다고 말이다.

다만, 이처럼 소비자가 투자자가 되는 마법과 같은 과정에서 폰지 스킴 논란이 탄생해버린다. 이게 핵심이다. P2E 시대에는 더는 게임회사나 게임 토큰의 진짜 소비자가 없어지고 있다. 아무도 소비를 안 한다. 투자를 한다고 생각한다. 게임회사가 벌어들이는 돈이나 게임 토큰의 가격 상승은 대부분 투자자의 투자자금으로 일어난다. 발행자와 투자자만 있는 폰지 스킴과 유사한 구조가 탄생해버리는 것이다. 이전 장에서 설명한 바와 같이 외부 현금흐름이 발생해야 폰지 사기 구조를 끊을 수가 있는데, 일단 게임 참여자에게서 나오는 돈은 외부 현금흐름이 아니다. 그들의 투자자금이기 때문이다. 이를테면 게임에 끼어드는 광고가 있고 이로 인해 광고 수익이 발생한다든지, 그래서 이를 토큰 투자자들에게 지급한다든지 하는 외부 현금흐름이 투자자들의 투자자금 대비 작거나 없다.

계속해서 말하는 바이지만, P2E 시대의 게임 참여자가 돈을 지불하는 것은 게임의 빠른 진행을 통한 더 많은 즐거움이라기보다, 더 많은 토큰 획득을 위해서인 경우가 대부분일 것이다. 2010년대 모바일 게임의 전 세계 매출 1위였던 클래시 오브 클랜 Clash of Clans의 경우, 현금 지출을 하면 보다 빠르게 게임을 위한 본인의 능력치가 상승한다. 빠른 재미를 위해서 또는 친구들과의 능력치를 유사한 레벨로 올리기 위해서 등 많은 이들이 게임 자체만을 위하여 현금을 지출하였다. 지금은 모두가 돈을 어떻게 하면 많이 벌 수 있는지에 대해 연구한다. 게임 출시 시점 부근이 토큰 가격이 떨어지지 않고 있을 때이므로 가장 돈을 벌기 좋고, 출시 이후 시간이 흐르면, 다른 게임으로 갈아타야 한다는 전략도 있다. P2E 시대의 게임을 접하는 참여자에게 게임의 재미를 운운하는 것은 어불성설이다. 이는 게임 개발자에게도 동일하게 적용될 것 같다. P2E를 접목했을 경우, 코인 발행을 통해 경영자나 개발자들은 빠른 부를 축적할 수 있는 기회를 잡기 때문에, 개발자가 게임의 진정한 즐거움을 위한 설계를 하겠다고 하면 분위기가 좋지 않아진다는 유머 아닌 유머가 떠돈다. 그만큼 P2E 시대에는 P2E라는 단어 자체에서 풍기는 뉘앙스에서 볼 수 있듯이 돈이 매우 중요해졌다.

하락장이 시작되면 상황은 달라진다. 토큰 가격이 떨어지기 때문에 누구나 게임으로 인하여 토큰을 획득하게 되면 누가 먼저 빠르게 파느냐가 관건이 된다. 즉, 늦게 팔면 팔수록 손해라는 인식이 많은 매물을 만들어내고 가격은 더욱 가파르게 내려간다. 또한, 게임이 돈이 될 것이라는 인식이 약해져서 신규 게임 유저가 줄어들고 게임을 하는 데 필요한 지출을 하지 않을 수 있다. 이는 다시 토큰의 가격을 지지해 줄 수 있는 매수세의 실종을 의미한다. 엑시인피니티 사례에서 설명하였던 매수세를 형성하는 두 부류의 유일한 투자자들이 사라지는 것이다. 애당초 게임을 소비하기 위한 참여자들이 아니었기에, 하락장에서와같이 게임이 돈이 되지 않는다면 굳이 게임 참여자로 남아 있는 사람은 결국 없게 된다. 물론 투자자금 대비 손실이 너무 많은 투자자들은 울며 겨자 먹기로 그 게임을 계속하여 어떻게든 추가로 토큰을 획득하여 손실을 회복하고 싶어 할 수 있다. 하지만 하락장에서는 이마저도 의미가 없을 확률이 있다. 게임을 하여 획득한 토큰은 실질적으로 주식시장에서 추가 상장된 물량과 같은 것이므로, 가격 희석효과가 있기 때문이다.

예를 들어, 전체 상장 토큰 개수가 100개였는데 이를 모두 A와 B가 50씩 가지고 있고, 둘 다 취득가격이 10이었으며, 현재 가격이 5라고 하자. A의 경우 손실이 250이다. 따라서 A는 코인을 50

개만 더 획득하면 원금을 회복하여 이 시장을 탈출하고 싶어 할 수 있다. 과연 가능할까? 시장에 아무런 충격이 없다고 가정할 때, 논리적으로는 불가능하다. 왜냐하면, 토큰을 50개 획득했을 때, 총 발행량은 150개가 되어, 물량이 늘어남에 따라, 가격은 자연스럽게 5에서 3.3으로 자동 하락할 수 있기 때문이다. 또는, 같은 기간 B도 최선을 다해 노력해서 토큰을 100개 추가 획득했다면, 총 토큰 개수는 250개가 되어 가격은 자연스럽게 5에서 2로 폭락할 수 있다. 그렇다면, A는 총 100개의 토큰을 가지고 있는데, 가치는 200이 되고, 그의 손실은 300이 된다. 그는 죽도록 노력해서 최소한 B가 추가로 획득하는 토큰 개수보다는 많이 받아야 손실이 커지지 않는다. 즉, B가 100개 받았다면, 그도 100개 이상은 받아야 그의 손실 폭이 커지지 않을 수 있다. 원금보다 손실인 투자자 참여자들이 더욱 그 게임을 열심히 하지 않을 수 없는 마치 '개미지옥'과 같은 구조가 연출되기 십상이다. 이는 외부 현금흐름 창출 능력이 없는 P2E 게임의 하락장에서의 한계로 보인다.

이를 탈피하기 위한 방법도 있다. 예를 들어, 게임회사가 다시 배당의 개념으로 풀렸던 물량을 적극 사들이면 가능할 수도 있어 보인다. 그렇지 않으면 게임의 진성 이용자도 없고 신규 투자자도 없기 때문에 아무도 안 남는 결과가 될 수도 있다. 소위 '물린' 투자자만이 있다. 신규 투자자가 수익을 보기 위해서는 토큰 가격이 이미 매우 하락한 상태이기 때문에, 기존보다는 훨씬 많은 토큰을 획득해야 한다. 시간, 노력 대비 받는 수익이 최저 임금보다도 현저히 떨어지게 된다면 누가 할까? 그렇게 하기 위해서는 회사가 돈이 있어야 하는데, 아쉽게도 아직은 투자자들에게 받은 돈이 대부분으로 보인다.

 한 때 한국에서 P2E 게임회사의 선두주자로 불리었던 위메이드의 경우, 플랫폼 회사로 변모를 시도한다고 하는데, 성공한다면 여기에서 외부 수익이 나올 수도 있다. 지금은 이를 통한 매출액이 미미하므로, 위메이드 역시 외부 수익은 미미해 보인다. 이를 다시 투자자들에게 지급한다는 생각보다는 이를 활용하여 위메이드의 플랫폼 화, 위믹스 달러 발행 등 여러 가지 사업을 시도하고 있어 보인다. 성공하면 좋겠지만, 그동안 투자자들의 투자자금은 어떻게 될지 모르겠다. 더군다나, 한때 위메이드의 토큰인 위믹스가 P2E 시장의 장밋빛 기대감으로 엄청난 가격 상승을 이룩했을 때가 있었는데, 이때 위메이드는 유동화라는 이름으로 토큰을 대량 매도하기도 했다. 하락장에 매수를 해줘야 하는 주체가 상승장에 매도를 했다. 물론, 대표가 발표한 바로는, 이는 백서를 통해 생태계 구축에 토큰을 사용할 수 있다고 미리 다 공시를 하였다고 한다. 총 10억 개 발행량 중 1억 8백만 개를 매도하여 2,271억 원을 현금화하였다. 매도 평균단가는 약 2만 원 이상으로 아래 차트에서 동그라미 안이다. 이후 가격은 급락하였고, 한국에서 P2E에 대한 환상은 사그라졌다.[88] 어쩌면, 이러한 대주주 물량의 시장 출회로 투자심리가 급격히 냉각되었을 수도 있겠다. 재미있는 사실은 여기에 들어온 모든 돈이 다 개인의 투자자금

---

88 위믹스는 유통량 문제로 인하여 2022년 12월 업비트 등 국내 4대 거래소에서 상장 폐지되었다.

자료 4-42 위믹스 가격 추이

*출처: 빗썸

이라는 사실이다. 안타깝지만 이를 통해 외부에서 벌어들이는 수익은 들어간 투자자금에 비해 매우 미미한 수준으로 보인다.

더욱 본질적인 방법도 있다고 생각한다. 게임회사로 되돌아가는 방법이다. 원래 게임은 돈을 벌어서 재미있다기보다 플레이 그 자체만으로 재미있었다. 게임을 게임답게 만들고 나서 그 위에 지금 P2E에서처럼 NFT 기술을 입히는 것은 어떨까 하고 생각한다. 지금은 P2E의 Earn이 우선이 되고 있어서 문제가 나오는 것으로 보이기 때문이다.

P2E의 근간이 되는 블록체인 기술은 훌륭하다고 한다. 게임 아이템을 블록체인 상에서 NFT로 거래할 수 있게 되었다는 것도 기존 게임 산업에서 혁신적인 발전이다. P2E 이전에 게임에서 획득하거나 구매한 아이템의 소유권은 게임회사에 있었지만, 이제는 사용자에게 있다. 사용자는 게임 아이템을 NFT 형태로 구매해 개인 지갑에 보관할 수도 있다. 이를 통해 과거에는 금지되

었던 개인 간 게임 아이템 거래도 오픈씨와 같은 마켓플레이스라고 불리는 거래플랫폼에서 활발하다. 또한, NFT 아이템이 다양한 게임에서 호환될 수도 있는데, 이 경우 NFT의 가치는 더욱 많은 쓰임새로 인해 올라갈 것으로 보인다.

따라서 이러한 기술이 더욱 빛을 보기 위해서는 자체적으로 예전과 같이 게임 자체만으로도 재미를 가져다주면 좋을 것 같다. 지금은 주와 객이 전도된 느낌이다. 게임을 하는 소비자가 없고 투자자만 있을 뿐이다. 게임에 재미를 부여하는 것은 결국 다시 게임을 하는 소비자를 만들어내는 일이다. 그러고 나서 게임회사에서 기술력이 되면, NFT를 활용하여 투자자도 끌어들이는 그림을 그려보면 어떨까? 그럼 현재 폰지 스킴 비판으로부터도 어느 정도 자유로워질 수 있지 않을까? 문제가 현재와 같이 게임이 돈을 버는 방법 중의 하나가 되어 버리면, 게임을 하는 행위는 일을 하는 것과 무엇이 다를까?

최근 P2E의 열풍이 사그라지자 크립토 시장에서 유행처럼 번진 단어는 무브투언Move to Earn; M2E이었다. 달리거나 걸으면 코인을 지급하고 이를 통해 돈을 벌 수 있다는 개념이었다. 이전 장에서 여러 번 언급했던 스테픈의 인기는 식을 줄 모르고 코인 가격은 치솟았다. P2E와 마찬가지로 역시 폰지 스킴 구조를 가지고 있다. 외부 수익이 없기 때문이다. 새로운 것처럼 보이지만 별반 다를 바가 없어 보인다. 이후 하락장에서 가격은 더욱 폭락하였고, 참여자들은 많은 돈을 잃게 되었다.

다만, 내가 더 안타깝게 보는 것은 참여자들에게 P2E는 게임을 하는 즐거움을, M2E는 달리기의 즐거움을 앗아가 버렸다는 사실이다. 퇴근 후 가볍게 게임을 하면서 스트레스를 풀거나, 바깥 공기를 맞으며 조깅하면서 하루를 마무리하는 습관에 대해 P2E, M2E 참여자들은 추가적인 돈을 버는 과정으로 만들어 버렸다. 하락장에서 코인 가격이 폭락하자, 커뮤니티에서는 자신들의 투자자금을 회복하기 위해서는 앞으로 수년을 참고 더 뛰어야 한다는 이야기까지 나왔다. 퇴근 후 피곤해 지쳐도 누군가는 투자자금 회복을 위해 또는 빌린 돈을 위해 계속 달려야 하는 상황을 생각해봐라. 얼마나 끔찍한 일인가? 과거 투자를 잘 못해서 손실을 봐도 사람들의 소위 일상적이라 너무나도 신성한 영역인 달리기에까지 침투하지는 않았었던 것 같다.

P2E와 M2E가 더 이상 투자자들의 투자자금을 가져가지 못하자, 제3, 제4의 ◇2E 등장은 멈춘 상태이다. P2E나 M2E 내에서

자료 4-43   스테픈 코인 GST 가격 추이 (자료 4-6과 동일)

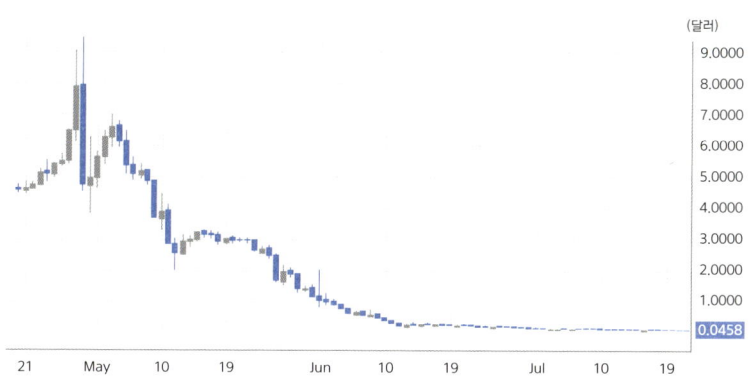

*출처: 비트겟

도 제2, 제3, 제4의 엑시인피니티, 제2, 제3, 제4의 스테픈이 매우 빠르게 시장에 나왔었는데, 여기에 투자했다면 현재 결과는 모두 참담한 수준이다. 제2, 제3의 스테픈은 등장속도가 상상을 초월할 정도로 빠르게 나와야 하는데, 안 그러면 이미 투자자들이 학습을 통해서 투자를 하지 않을 확률이 높기 때문이다. 실제로도 제5, 제6의 스테픈이 등장할 때는, 시장은 이미 M2E의 흐름이 사라졌을 수도 있다. 그렇다면 초기 투자자들의 투자자금을 생각보다 훨씬 덜 받을 수도 있다. 따라서 한 번 유행이 번지기 시작하면 무섭게 제2, 제3, 제4가 나온다. 생각해보라. 그들이 얼마나 급할지. 진짜 외부 수익원이 튼튼하게 있고 안정적이라면 그렇게 유행에 민감하게 반응하지 않아도 되지 않을까?

자, 그렇다면 투자자 입장으로 다시 되돌아가 보자. 다시 상승장이 시작되면, 또 언제 그랬느냐는 듯이 위와 같은 P2E, M2E 토큰들마저 너나 할 것 없이 더 빠르게 상승할 수도 있다. 하지만 아무런 외부 수익이 없는 코인들은 하락 시에는 특히 안전장치가 없다는 것을 우리는 이미 봐왔다. 따라서 우리가 지켜봐야 하는 것은 결국은 외부 수익원이 있느냐이다. 외부 수익원이 반드시 주식의 배당과 같은 역할을 한다는 이야기는 아니다. 그럴 수도 있고 또 아닐 수도 있다. 기업도 이익을 아무리 많이 내도 배당을 많이 줄 수도 있지만, 사정상 아닐 수도 있다. 그렇지만 외부 수익원이 아무것도 없다면 주식이나 코인이 결국 의지할 수 있는 것은 주식 발행이나 토큰 발행뿐이다. 처음에는 차입부터 시작하겠지만, 막힌다면 결국은 그다음 투자자의 돈이다. P2E 게임은 이

자료 4-44 M2E 생태계 예시 (2022년 5월)

*출처: 니어프로토콜

제 막 시작하였기 때문에 투자에 적합한 토큰을 찾기 위한 여러 가지 조건을 지금 모두 왈가왈부하는 것은 큰 의미가 없을 수도 있다. 다만, 마지노선은 그 토큰이 외부 수익원을 위한 길을 모색해서 성공하느냐이다. 여기서 조심해야 하는 것은 유사한 NFT나 토큰을 발행하여 투자자들에게 이를 배당과 같이 배분할 수 있는데, 이를 외부 수익원으로 착각하지 말아야 한다는 점이다. 토큰을 만드는데 돈이 들지 않는다. 토큰 발행은 주식시장의 유상증자보다 비용적인 측면이나 제도적인 측면 등 모든 면에서 훨씬 수월해 보인다. 따라서 항상 최종 외부 수익원이 있는지 그리고 거기에서 얼마나 많은 현금흐름이 발생하는지, 그리고 그 발생한 현금흐름이 투자자에게까지 도달하는지 등을 체크해보는 습관을 지니도록 하는 게 좋겠다.

09

비트코인

비트코인은 앞서 설명한 바와 같이 2009년 탄생 이후 스캠이라는 숱한 비판을 이겨내며 시장에서 가치저장 수단으로서의 위치를 확고히 하였다. 이번 장에서는 비트코인에 대한 원리, 역사와 같은 기본 사항보다는 투자 관점에서 접근해 보겠다. 사실, 어떻게 보면 비트코인 투자 분석은 이전 장에서 분석한 다양한 알트코인보다 단순 명료하다. 크립토 시장의 전체 가치 중 비트코인이 차지하는 비중은 2022년 8월 현재 41%로 매우 높다. 사람들에게 최초의 크립토 자산으로서 인정받고 있는 특별한 위치에 있다. 또한, 총 발행량이 불변하며 한 번도 설계도가 변한 적이 없는 크립토 자산이기도 하다. 주식시장에서는 어떠한 주식도 비트코인과 같은 지위를 가지는 종목은 없어 보인다. 시장 환경에 따라 1위 기업이 10위권 밖으로 밀려나는 경우도 다반사이다. 이미 가치저장 수단으로서 오랫 동안 시장에서 인정을 받았기 때문에, 투자 관점에서 접근하기가 스캠 논란이 끊이지 않았던 과거에 비해 한결 수월해졌다. 그 부분에 대해서는 이제 굳이 논의를 시작하지 않아도 되기 때문이다.

최근에는 스캠이라는 논란 대신 고평가, 저평가 이야기가 주

자료 4-45 비트코인 도미넌스 (2022년 8월) (자료 1-6과 동일)

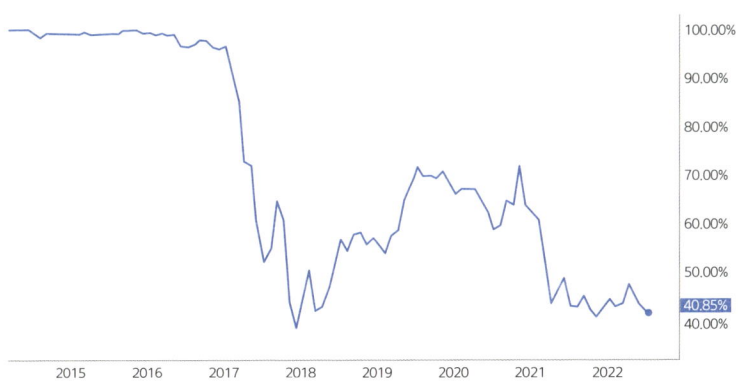

*출처: tradingview.com

를 이룬다. 언론에서는 지금은 악화되는 경제 상황에 비해 고평가이기 때문에, 소위 크립토 겨울이 찾아와서 투자자들에게 주의를 준다. 또는 미리 매도를 해두고 가격이 하락하면 그때 다시 사라고 분석가들이 이야기하기도 한다. 비트코인 자체가 사기라고 말하는 사람들은 현저히 수가 줄어든 것 같다. 과거 비트코인 열풍이 네덜란드의 튤립 투기 파동에 비교되었었는데, 이제는 비트코인에 대해서가 아니라 종종 새로 생기는 P2E와 같은 알트코인 테마가 주된 비교 대상이 되었다. 아직은 인플레이션 헤지를 위한 디지털 금의 역할을 하지는 못하고 있지만, 크립토 시장의 주요 세대인 20~30대가 40~50대가 되는 시기에는 실제 금보다 디지털 금이 더욱 친숙하게 되어 이론상의 그 위치를 되찾아올 수도 있다. 하지만 이는 아직도 10~20년이 걸리는 시점이기 때문

자료 4-46 미국 통화M2 공급량 추이

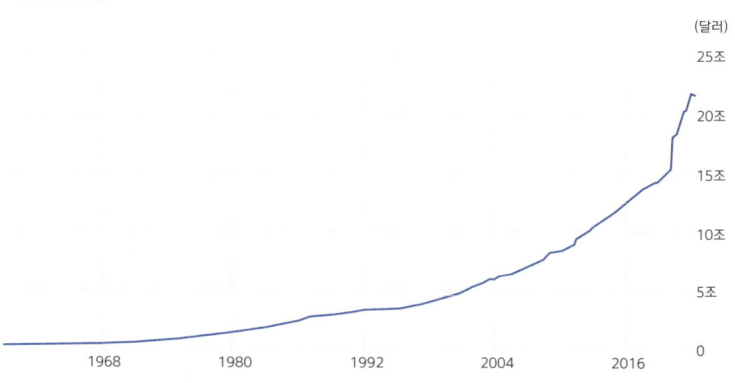

*출처: tradingeconomics.com, Federal Reserve 등

에, 우리는 일단 현재 스캠 논란에서 벗어난, 그러나 아직은 디지털 금으로서는 자리 잡지 못한 하나의 가치저장 수단으로서 비트코인에 대한 투자방법에 집중하도록 하자.

많은 경제 문제는 통화량 증가를 통해서 해결한 경우가 많다. 2008년 서브프라임 경제 위기 때 양적완화를 하였고, 최근 2년 동안 코로나라는 전염병의 확산으로 인한 경제 위기를 해결하기 위해 무제한 양적완화를 실시했다. 지금은 이로 인한 인플레이션이 높아서 금리를 높이고 통화량을 줄이는 노력을 하지만 다시 경제가 안 좋아진다면 반대 정책을 펼칠 수도 있다. 경제 문제 해결을 위해서가 아니더라도 2~3% 내외의 인플레이션은 보통 발생할 수 있다. 우리의 월급이 동일 직급 기준 2~3% 정도는 오르지 않던가? 오히려 물건 가격이 오르지 않거나 오히려 떨어지는 일본의 사례를 더욱 문제시한다. 즉, 물건값이 오른다는 이야기는 사실 화폐의 가치가 떨어진다는 의미로 해석할 수도 있다. 그렇다면 지금 글을 쓰고 있는 시점에는 리세션과 같은 경제 문제보다는 인플레이션 문제가 시급하기 때문에 금리 인상과 통화량 감소 정책을 펼치고 있지만, 언제든지 통화량은 다시 이전보다도 늘어날 수 있다. 위의 미국 통화량 발행 추이를 보면, 너무나도 명확하다. 지속해서 증가해왔고, 최근에는 기울기, 즉 증가속도가 조금 가팔라졌을 뿐이다. 1971년에 미국의 닉슨 대통령이 금 태환 정지를 선언하면서 실질적으로 금본위제가 폐지되었고, 적정 화폐 발행을 통제할 장치도 같이 사라졌다. 1972년에서 2000년까지 연방준비제도 Federal Reserve의 대차대조표는 5,000억 달러가량 증가하였는데, 이는 연간 180억 달러 증가 추세이다. 2000년부터 21년간 7.6조 달러 증가하였는데, 이는 연간 3,620억 달러 증가에 해당하는 수치이다. 통화 발행량은 약 20배 이상 증가하였다.

비트코인은 어떠한가? 비트코인은 애당초 이러한 무한 화폐 발행 등의 문제를 해결하기 위해 탄생하였기 때문에 전체 총 발행량은 2,100만 개로 고정되어 있다. 2009년 채굴이 시작된 이래로 4년간 10분당 50개가 발행되어, 총 1,050만 개가 발행되었다. 2013년부터는 10분당 25개가 발행되었으며, 2017년부터는 12.5개가 발행되었다. 4년마다 발행수량은 이전 시기 대비 반절로 줄어든다. 현재까지 1,900만 개의 비트코인이 발행되었으며, 2140년에는 비트코인의 발행이 완전히 중단된다. 이 원칙은 한 번도 깨진 적이 없다. 어떠한가? 그래프가 통화 발행량과 너무나도 상반되지 않는가?

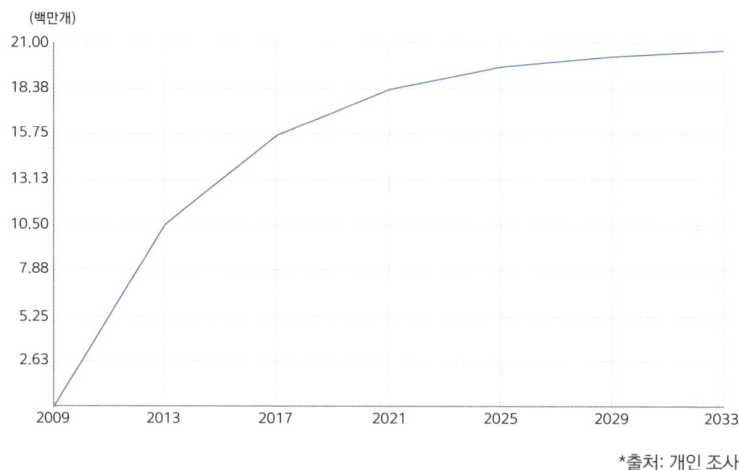

자료 4-47 비트코인 발행량 추이

*출처: 개인 조사

    2022년 7월 현재 엔화의 가치는 하락하고 있으며, 달러의 가치는 상승하고 있다. 즉, 달러의 엔화 교환비율이 높아지고 있는데, 여러 요인이 있겠지만, 미국은 금리 인상 및 통화량 축소가 진행되고 있으며 일본은 그렇지 않고 있다는 사실이 주요 이유이다. 아무도 「달러의 본질적인 가치가 얼마냐?」라고는 물어보지 않는다. GDP 등 경제 전체를 통한 분석이 쉽지도 않을뿐더러 효용성이 크지도 않아 보인다. 사람들이 모두 달러에 대해서 화폐로서 인정하고 있다면, 이제는 다른 화폐와의 교환비율에 관해 관심이 있을 뿐이다. 이러한 교환비율을 통해 달러의 가치를 가늠해 보곤 한다. 유로화, 엔화, 파운드화 등 6개 주요국의 통화와 달러의 교환가치를 지수화한 지표를 달러 인덱스Dollar Index라고 하는데, 2022년도에는 지속해서 상승하고 있다. 미국이 빠르

자료 4-48 달러 인덱스 추이 (2022년 7월)

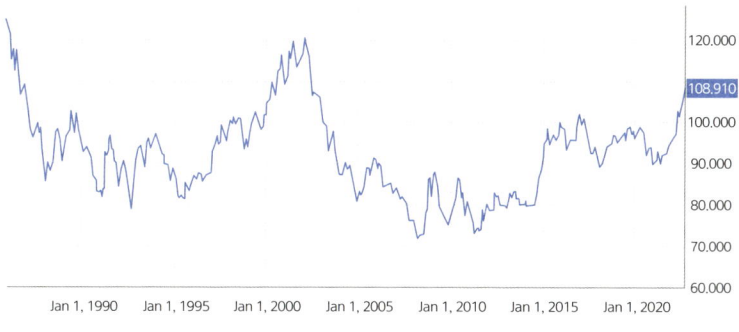

*출처: 인베스팅닷컴

게 금리를 인상하고 그동안 엄청난 속도로 풀었던 돈을 조금 다시 거두어들인다고 하기 때문이다. 달러 인덱스는 위아래로 계속 변동이 되는데, 여기에는 옳고 그름이 없다. 다만, 우리가 확인할 수 있는 사항은 달러 인덱스가 한 방향으로만 흐르지는 않는다는 사실이다. 다시 말해, 달러 발행량이 늘어난 만큼, 다른 통화 역시 발행되었다는 사실을 확인해준다.

그렇다면 비트코인과의 교환비율은 어떻게 될까? 비트코인도 전체 총 발행량은 정해져 있지만, 그동안 시간당 발행량은 지속해서 감소하였다. 그 기간 미국 달러는 폭발적으로 늘어났음을 우리는 확인했다. 그러면 교환비율은 어떻게 되어야 할까? 역으로 비트코인 가격이 올라가는 것일까? 아니면, 달러의 가격이 공급량 증가에 따라 낮아지는 것일까? 결국, 같은 말이기는 하지만 달러의 발행량의 속도에 따라 비트코인 가격이 상승과 하락을 지금까지 이어왔다는 사실은 객관적으로 확인해 볼 수 있다.

아래 차트에서 연준의 대차대조표가 증가하는 시점, 즉 양적완화 Quantitative Easing; QE가 이루어지는 3번의 시점에 비트코인 가격은 폭등한다. 반대로, 양적축소 Quantitative Tightening; QT가 이루어질 때 가격이 하락 또는 횡보하였다. 이론과 실제가 정확히 일치한다. 이전에 여러 가지 이유로 국가 권위에 대한 도전이라던가 또는 스캠 논란에 휩싸이던 때에도 이러한 관계는 적용되었다. 지금은 양적축소가 일어나고 있기 때문에 크립토 겨울이 펼쳐지고 있다. 정확히 가격이 어느 정도 하락할지는 사실 아무도 모른다. 이는 곧 정확히 언제부터 양적축소를 종료할지를 아는 것과 같은 문제이다. 또는 언제부터 다시 경제 리세션 등의 문제가 불거져서 양적완화를 다시 시행해야 하는지를 정확히 예측할 수 있느냐와도 같은 문제이다. 우리는 시점을 정확히 알 수는 없지만, 과거 데이터와 설명한 논리를 통해 양적완화는 반복되며 화폐 총 발행량은

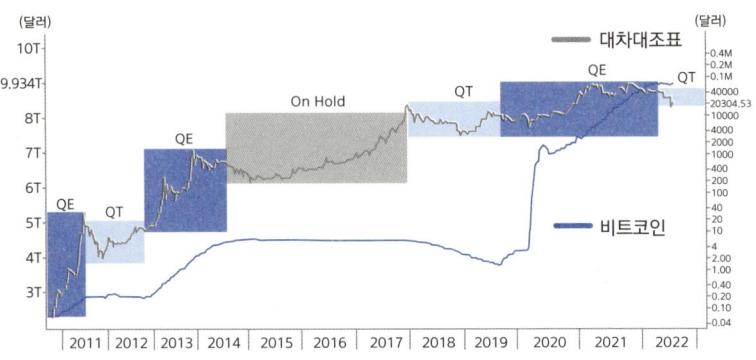

자료 4-49 비트코인 가격(로그 Log)과 연방준비제도의 대차대조표

*출처: 블룸버그

줄어들지 않는다는 사실을 확인했다. 따라서 결국은 비트코인 가격은 지속해서 오를 것이라고 합리적으로 예측해볼 수 있다. 비트코인 발행량은 제한적이기 때문이다. 대체로 가격이 상승할 것이라는 데에는 이제 다들 동의할 것으로 판단된다.

그렇다면 단순히 비트코인을 사서 보유만 하면 되는가? 이렇게 단순한가? 사실 장기 투자자라면 일정 부분 맞는 말이다. 다만, 투자 성패의 많은 부분은 심리에 달려있기 때문에, 최대한 낮은 가격에 샀을 때 장기 투자가 가능해지기도 한다. 즉, 최근 고점인 6만 달러에 투자하였을 경우, 2022년 7월 현재 가격인 2만 달러가 3배가 되어야 원금이 된다. 그동안 느끼게 될 심리적 고통으로 인해 많은 투자자가 원금으로 회복하면 팔고 떠나가게 된다. 따라서 여기에 분석이 필요하다. 어떻게 하면 장기 가격 상승이 예측되는 비트코인을 싼 가격에 살 수 있을까? 다들 이런 생각을 해보았을 것이다. 다만, 그 가격이 오려면 그만한 이유가 발생하여야 하는데, 막상 그 가격이 오게 되면 그만한 이유가 두렵게 느껴져서 사지 못하게 되는 것이 일반적인 현실이다. 그리고 비트코인 가격이 결국 오른다는 말에는 동의하지만 언제가 될지는 아무도 모른다. 나의 예측과는 다르게 우리의 살아생전에 오르지 못할 수도 있다. 아무도 모른다. 따라서 그 부분이 투자에 있어 리스크가 된다. 그러므로 우리는 최대한 전략적으로 다가설 필요가 있다. 기업과 같이 비계량적인 부분이 많지도 않다. 오히려 채권 분석과 같이 많은 변수가 고정되어 있다. 왜냐하면, 주식, 채권, 비트코인 모두 거시 경제 환경에는 동일하게 영향을 받기 때문에, 거시 경제 환경은 논외로 할 수 있기 때문이다. 장기 투자자가 할 수 있는 전략은 결국 쌀 때 사서 비쌀 때까지 보유 후 파는 것이다. 알트코인에서 우리가 분석하였던 외부 수익원 등은 비트코인에서는 분석할 필요가 없다. 다만, 이러한 자산을 보다 싸게 사고 싶어 하는데 그게 잘 안 된다. 막상 가격이 싸지는 시기가 오면, 동시에 엄청난 공포도 동시에 오기 때문에, 우리는 이를 이겨내기 위해 분석을 한다. 개인적으로는 언론에서 계속해서 안 좋은 뉴스가 나오고, 주위의 많은 사람이 크립토 시장을 떠날 때가 투자에 제격이라고 생각하지만 실제로 그 시점에 투자하기에는 많은 용기가 뒤따른다. 운에 맡기지 말고 100% 신뢰할 수는 없지만, 분석이라는 틀의 도움을 받아보는 것이 좋을 것 같다.

분석에는 이번 장 서두에 설명한 바와 같이 통화 발행량 등을 통한 분석을 포함하는 거시 경제 환경 분석, 비트코인 자체의 네트워크 안정성 분석 등을 포함하는 본질적 분석, 그리고 차트를 통한 기술적 분석, 이렇게 3가지로 나누어 볼 수 있겠다. 이번 장에서 소개하는 방법은 이러한 분석 툴 중에 조금은 간단하고 쉽게 적용 가능한 방법 위주로 추렸다. 직관적으로 이해가 되지 않거나 적용이 너무 까다로운 방법을 개인적으로 좋아하지 않는다. 이해가 되지 않거나 적용이 쉽지 않다면, 신뢰가 쌓이지 않기 때문이다. 지금부터 간단하게 3가지 방법에 대해 살펴보도록 하자.

먼저, 거시 경제 환경 분석에 대해서는 우리는 통화량에 대해 살펴보았다. 시장에 돈이 많이 풀릴수록 돈의 가치는 떨어지기 때문에, 발행량이 일정한 비트코인을 사기 위해서는 더 많은 돈을 지급해야 하는 논리가 바탕에 깔렸다. 어떤 물건이 한정된 수량으로 인하여 위와 같은 논리로 법정화폐로 표시되는 가격이 올라가는 현상이 벌어진다면, 이와 유사한 상품이 시장에 등장하여 경쟁이 시작되고 자연스럽게 가격은 떨어지는 효과가 발생한다. 다만, 크립토 시장에서는 이미 비트코인의 위치를 넘볼 수 있는 코인은 없고 앞으로도 나오기 힘들 것으로 예측된다. 따라서 이미 설명한 위의 논리는 더욱 강력해진다. 우리는 언제 통화량을 증가시킬 것인지를 뉴스를 통해 지속해서 확인할 필요가 있다. 그러나 이를 위해서 값비싼 단말기가 필요하다거나 비밀 커뮤니티 활동을 통해 이 정보를 알아낼 필요는 없다. 너무나도 일반적인 정보이기 때문이다. 통화량이 증가하면 비트코인 가격은 상승할 확률이 높고, 줄어들면 하락할 확률이 높다. 상승과 하락 사이클을 그리겠지만, 전체적으로는 상승한다. 통화량이 전체적으로는 상승하기 때문이다.

이외에 미국 국채 수익률과 비교하는 방법도 사용되고 있지만, 일반 투자자들에게 이제는 더욱 익숙한 기준금리를 활용할 수도 있다. 지금 우리가 금리가 1% 오르면 비트코인 가격은 몇 %가 떨어지는지를 정확히 계량화하기 위해 금리에 대해 알아보는 것은 아니다. 대략적인 방향성을 파악해보는 것이기 때문이다. 시장금리에는 기준금리가 반영되지만 다른 위험 요소라던가 시장 수급 등에 따라 채권 금리 등이 결정이 된다. 기준금리와 채권 금리가 동일한 스프레드를 가지고 일정하게 움직이지 않을 수도 있다. 여기서는 금리 인상 혹은 인하와 같은 방향성과 비트코인

자료 4-50 비트코인 가격(로그)과 미국 국채 10년물 수익률(로그)

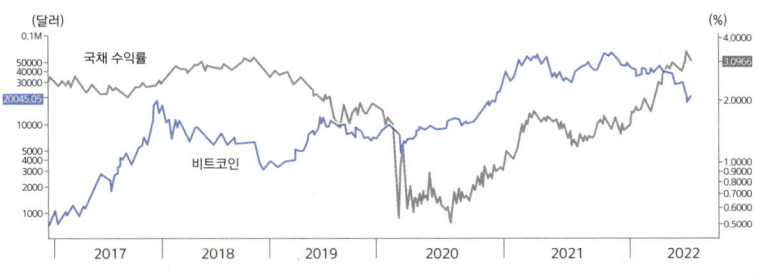

*출처: 블룸버그

가격의 움직임에 대해서 살펴보자. 위 자료는 미국 국채 10년 물 수익률과 비트코인 가격 추이를 비교한 자료인데, 언뜻 보면 크게 상관관계가 없는 것처럼도 보인다. 금리가 상승할 때 비트코인 가격이 오르기도 하고 하락할 때 떨어지기도 했기 때문이다. 다만, 이를 금리가 오르자마자 하락하는 것이 아니라, 금리 상승 이후 일정 시점 이후 하락하고, 금리 하락 이후 일정 시점 이후 상승한다고 해석할 수도 있다. 다시 말해, 결국 금리를 상승시킨다는 말은 시장에 돈을 줄이겠다는 의미로 앞서 설명한 바와 궤를 같이한다.

금리의 상승과 하락 시기에도 수많은 다양한 변수가 비트코인 가격에 영향을 미칠 수 있기 때문에, 이 자료만 가지고 단기 투자를 진행하기에는 위험이 크다. 금리 상승기와 하락기에 대략 비트코인 가격이 상승이나 하락에 제한이 있을 수 있다는 정도로 큰 그림을 파악하는 데는 유익할 수 있다. 예를 들어, 금리 인상이 진행 중인 2022년 7월의 경우 비트코인 가격이 상승해도 이전 고점을 갱신하기는 어려울 수 있겠다는 정도의 생각은 꽤 합리적으로 보인다.

다음으로 기본적 분석이다. 기본적 분석은 내재가치를 분석하는 방법이다. 보통 과거에 비트코인의 내재가치가 없기 때문에 스캠이라는 비판이 많았었는데, 이는 주식과 같이 생각했기 때문에 벌어진 오해라고 생각한다. 수익을 창출하지 못한다고 생각했기 때문이다. 알트코인에게는 이런 시각을 가지고 분석할 수도 있다. 기본적 분석이라는 말 자체가 주식시장에서부터 왔지만, 미래 현금흐름을 추정하여 현재가치로 할인한 금액을 계산하는 방법을 비트코인에게 직접 적용하기는 어렵다. 사실, 비트코인에 내재가치를 어디에서 찾을 수 있느냐는 질문에 의견이 다를 수 있다. 왜냐하면, 이 분야를 모두 처음 접하기 때문이라고 생각한다. 따라서 일반인들에게는 약간은 생소하고 접근을 회피하고 싶은 생각이 들 수도 있다. 그렇지만 조금은 살펴보고 지나가자.

처음으로 돌아가 보자. 비트코인의 가치는 신뢰에서 나온다. 본질적 가치 중의 하나가 신뢰라고 생각할 수 있다. 신뢰를 어떻게 측정할 수 있을까? 더 많은 거래 수, 거래 금액, 활성 주소, 지불 수수료 등이 발생하면, 네트워크가 튼튼하다고 평가를 할 수 있다. 역으로 어떠한 네트워크에 참여자도 없고, 거래도 없다면 과연 그 네트워크를 신뢰할 수 있을까? 정확하게 위의 지표가 비트코인 가격과 정확히 얼마나 상관관계가 있는지를 파악하여 미래를 예측하기는 어려울 수 있다. 다만, 과거 대비 현재 활성 주소

자료 4-51 비트코인 활성 주소 수와 비트코인 가격(로그) 추이

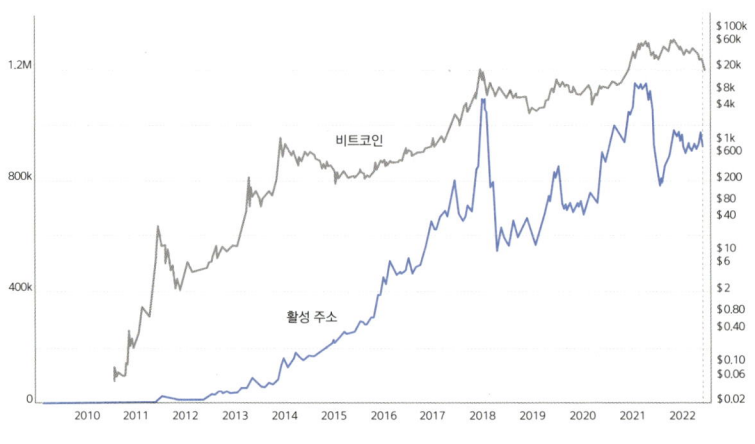

*출처: 글래스노드

수의 증가 여부를 통해 비트코인의 내재가치의 증가 여부를 판단해보는 지표로 활용할 수는 있다. 다른 지표들도 마찬가지다. 물론, 전문 투자회사에서처럼 이를 계량화하여 여러 가지 주요 지표를 분석해볼 수는 있겠다.

그리고, 여러분이 비트코인 투자 시 많이 접하게 되는 용어가 해시레이트Hashrate이다. 비트코인의 채굴 작업이 이루어지는 속도를 의미한다. 채굴을 위해 네트워크에 동원된 연산 처리 능력을 의미하기도 하다. 해시레이트가 높다는 의미는 즉, 채굴 난이도가 높아진다는 의미로 해석할 수 있으며, 이는 곧 채굴원가의 상승을 의미한다. 비트코인은 채굴 참여자가 많아질수록 난이도도 올라가는 구조로 설계되어 있다. 갑자기 많은 물량이 시장에 풀려 가치가 훼손되는 현상을 막기 위해 마련된 장치이다.

자료 4-52　비트코인 해시레이트와 비트코인 가격(로그) 추이

*출처: 글래스노드

　마지막으로 기술적 분석이다. 주식시장에서와 마찬가지로 가격 차트를 통해 여러 가지 지표를 만들어 분석하는 방법이다. 가격은 일정한 추세를 이루며 움직이며, 과거 사이클은 반복된다는 가정을 한다. 즉, 과거에 이런 지표가 발생했을 때에는 가격이 어떻게 움직였는지를 보고 투자를 하는 방법이다. 기술적 분석에 대해서는 이미 주식시장에서 많이 알려져 있으며, 이에 관해서만 연구하였던 책들도 상당히 많다. 최근에는 이러한 기술적 지표들이 널리 알려져서, 많은 사람이 동시에 이에 따른 행동을 하므로, 지표가 더욱 잘 맞는 게 아니냐는 생각을 해본다. 그러나 이를 역이용하는 주체들도 많으므로 모든 경우에 다 맞지는 않는다. 따라서 기술적 분석을 이용할 때에는 이를 맹신하지는 않는 게 좋을 것 같다. 확률적으로 자신에게 맞는 방법을 커스터마이

자료 4-53 기술적 분석 지표

종목	1시간		15분		1주	
	수치	거래	수치	거래	수치	거래
RSI(14)	57.482	매수	53.904	중립	30.806	매도
STOCH(9,6)	97.180	과량매입	98.556	과량매입	42.784	매도
STOCHRSI(14)	70.457	매수	39.514	매도	24.784	과량매도
MACD(12,26)	171.900	매수	57.800	매수	-6416.800	매도
ADX(14)	19.944	중립	31.148	매수	36.738	매도
Williams %R	-2.414	과량매입	-1.500	과량매입	-68.564	매도
CCI(14)	97.4338	매수	91.5684	매수	-110.0305	매도
ATR(14)	313.0357	변동성 높음	124.6429	변동성 높음	4333.1907	변동성 낮음
Highs/Lows(14)	16.4286	매수	0.0000	중립	-7460.0000	매도
Ultimate Oscillator	51.591	매수	55.379	매수	29.676	과량매도
ROC	-0.011	매도	0.241	매수	-53.120	매도
Bull/Bear Power(13)	315.9640	매수	62.9740	매수	-14440.8700	매도
분석 결과	매수: 7 / 매도: 1 / 중립: 1		매수: 6 / 매도: 1 / 중립: 2		매수: 0 / 매도: 9 / 중립: 0	
	요약: 적극 매수		요약: 적극 매수		요약: 적극 매도	

*출처: 인베스팅닷컴

즈 Customize하여서 지속해서 사용하는 편이 확률적으로 좋을 수 있다. 즉, 이번에는 RSI 지표, 다음에는 MACD 지표, 그리고 이후에는 Stochastic 지표를 사용한다면 오히려 혼란에 빠질 수도 있다. 각각 지표가 암시하는 바가 상반될 수도 있다.

다양한 지표에 대한 설명은 이미 주식시장에서 대중적으로 알려져 있기 때문에 생략하기로 한다. 다만, 인베스팅닷컴에서 보이는 여러 가지 지표를 보고 넘어가도록 하자. 비트코인 선물

CME 기술적 분석[89] 항목을 보면 12개 기술 지표에 대해 각각 분석을 해두었다. 매수와 매도 시그널의 개수를 종합하여 전체적으로 결론을 내주기도 한다. 이를 보고 판단하여도 된다. 지금 조사한 자료는 맨 왼쪽은 1시간 봉차트를 기준으로 분석한 자료인데, 15분이나 1주 봉차트에서는 다른 결과 값이 나올 수 있으므로, 자신의 목표 투자 기간에 따라 시간을 다르게 설정할 수 있도록 유의하자.

    위와 같이 위의 지표들을 모두 사용할 수도 있지만, 개별 지표를 연습해보고 자신이 활용할 수 있도록 적절하게 응용하여 사용할 수도 있을 것이다. 이 중 RSI 지표에 대해 설명해보면, RSI는 Relative Strength Index로, 상대 강도 지수를 뜻하며, 과매수나 과매도를 나타내는 지표로 사용된다. 일정 기간 주가가 전일 가격에 비해 상승한 변화량과 하락한 변화량의 평균값을 구하여, 상승한 변화량이 많으면 과매수로, 하락한 변화량이 많으면 과매도로 판단하는 방식이다. 70% 이상을 과매수 국면으로, 30% 이하를 과매도로 보아 지표를 사용한다. 다만, 과매수, 과매도 국면에서 오래 머물며 추세가 연장되는 경우가 많아 이러한 전략만으로는 수익을 내기 힘들다는 맹점이 있다. 또한, RSI는 상승추세나 하락추세 시 과매수와 과매도 신호를 모두 사용하는 것보다는 한 가지 신호만 고려하는 것이 좋다. 즉, 상승추세에서는 과매수권 진입이 자주 나타나므로 과매도권 진입 시에만 매수 시점으로

---

89 https://kr.investing.com/crypto/bitcoin/bitcoin-futures-technical

자료 4-54 비트코인 일봉 차트 및 RSI 지표

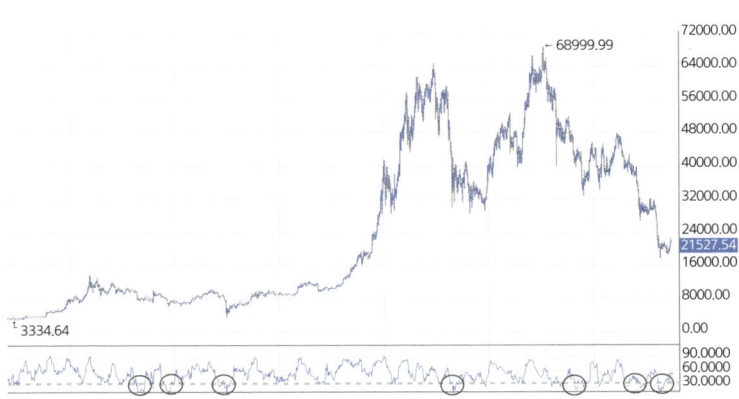

*출처: 개인 조사

활용하고, 하락추세에서는 과매도권 진입이 자주 나타나므로 과매수권 진입 시에만 매도 시점으로 활용할 수 있다.

비트코인 일봉 차트를 기준으로 2019년 이래로 과매도권은 아래 동그라미와 같이 7번 발생하였다. 2022년 하락장에는 2번 발생하였다. 일반적으로 발생 시 수개월 내에 반등이 일어났지만, 반드시 그렇지는 않았다. 대표적인 예가 최근 발생한 3만 달러 부근에서 잡힌 과매도 시그널이었다. 물론 잠깐 32,000달러 부근까지 반등하기는 했지만 이후 2만 달러까지 하락하였고, 이때 다시 RSI가 30 미만으로 떨어졌다. 따라서 이를 맹신하고 무조건 RSI 30 미만인 경우를 저점이라고 생각하기는 어렵다. 개인적인 의견을 붙이자면 기술적 지표는 단기적으로도 쉽게 변할 수 있기 때문에, 장기보다는 중기, 중기보다는 단기에 더욱 유용하게 사용

할 수 있다고 생각한다. 또한, 당시의 경제 상황이라던가, 온체인 데이터 등을 추가로 활용하여 자신만의 기준을 세우는 게 무엇보다도 중요하겠다.

　단기적으로 지표를 이용할 때는 단기에는 가격 변동이 크지 않기 때문에 사람들은 주로 레버리지 투자를 많이 한다. 가격이 1,000달러가 변동하였다고 할지라도 크게 느껴지지만, 5만 달러 기준에서는 2% 변동 폭이다. 주식에서도 이러한 움직임은 일상적으로 발생한다. 따라서 단기 투자자들 사이에서는 선물 투자가 유용할 수도 있다. 10배 레버리지의 경우 0.1% 변동에도 1% 변동을 누릴 수 있기 때문이다. 다만, 손실의 경우에도 동일한 배율이 적용되니 주의하여야 한다. 또한, 청산의 위험이 추가로 있기 때문에, 심리적인 영향을 받아 수익은 작고 손실이 크게 실현될 위험이 있다.

　지금까지 비트코인의 분석 방법에 대해 거시 경제 분석, 기본적 분석, 기술적 분석으로 나누어 살펴보았다. 거시 경제 분석과 기본적 분석은 상대적으로 중장기적 투자에 적합하고 기술적 분석은 단기적 투자에 적합하다는 말이 있지만, 이는 개인이 어떻게 활용하느냐에 따라 달라질 수 있다. 무엇보다 중요한 것은 여러 가지 분석 기법을 통해 자신만의 원칙을 세울 필요가 있다는 점이다. 그렇지 않으면, 상황에 따라 지표를 취사선택하게 될 수 있기 때문이다. 여러 분석 방법을 살펴보고 보다 나은 투자를 위해 이번 장을 참고 자료로써 활용해보도록 하자.

5장

주요국 규제 분석

01

미국

미국에는 현재 크립토 자산에 관한 포괄적인 법률은 없다. 최근 민주당 의원 Cynthia Lummis과 공화당 의원 Kirsten Gillibrand이 발의한 「책임 있는 금융 혁신법」은 미국 내 최초의 초당적 시도다. 발의안이므로 실제 법안으로 채택될지는 모르지만, 크립토 자산의 과세 방안과 증권, 상품, 보조적 자산으로의 분류 및 해당 감독기관 등에 대해서 다루고 있다.

현재 포괄적인 법률이 없기 때문에, 각각의 규제 당국이 기존의 법률에 따라 크립토 시장을 관리·감독하고 있다. 먼저, 은행 감독기관인 연방준비제도이사회 FRB, 연방예금보험공사 FDIC, 통화감독청 OCC은 2021년 11월 「가상자산 관련 사업 규제 로드맵[90]」을 제시하였다. 이 로드맵은 은행의 가상자산과 관련한 활동 중 법적으로 허용되는 분야에 대한 명확한 지침 제공 등을 목표로 하고 있다. 로드맵에는 은행이 크립토 자산 보관, 스테이블코인의 담보로서 달러 예치금 보유, 크립토 자산 거래 등을 처리하기 위해서는 사전 승인을 받도록 명시하고 있다. 금융당국의 공동 로

---

90 Joint Statement on Crypto-Asset Policy Sprint Initiative and Next Steps

자료 5-1   미국의 크립토 자산의 은행 업무 제도 관련 주요 사건

일자		주요 내용
2022	5.12	· JP모건, 주요 은행 최초로 가상자산 거래소에 계좌 개설 허용
	7.22	· OCC, 금융기관의 가상자산 수탁사업 진출 허용
	9.16	· 가상자산 거래소 크라켄, 미국 와이오밍주에서 은행 라이선스 확보
	11.9	· 앵커리지 신탁, OCC에 전국 단위 은행영업 허가 신청서 제출
2021	1.4	· OCC, 블록체인 기반 스테이블코인 사용 전격 허용
	1.13	· OCC, 앵커리지 신탁의 전국 단위 은행영업 허가 ('앵커리지 디지털 은행 전환' 승인)
	9.2	· 배스트뱅크 Vast Bank, 은행 중 최초로 가상자산 매매 서비스 출시
	11.23	· 미국 연방준비제도이사회 FRB, 연방예금보험공사 FDIC, 통화감독청 OCC 등 금융당국은 2022년 가상자산 관련 사업 규제 로드맵 제시

*출처: 뉴스 자료

드맵 마련으로 앞으로 은행의 크립토 시장의 진출이 본격화될 것으로 보인다.

한편, 증권 감독기관인 증권거래위원회 SEC는 많은 크립토 자산을 사실상 증권으로 보고 관리·감독하고 있다. 대법원이 제시한 하위테스트 Howey Test에 따라 증권 여부를 판단하는데, SEC는 돈을 기업에 투자해서 수익을 기대하고 제3자의 노력으로 수익이 발생하면 증권형 토큰으로 보고 있다. 크립토 자산 역시 연방의 「증권법」에 따라 관리·감독이 되어야 한다는 입장이다. 이에 따라, 코인공개 ICO도 주식시장의 기업공개 IPO와 마찬가지로 각종 신고와 등록 절차를 따를 것을 요구하고 있다. 2017년 7월 SEC는 「1934년 증권거래법 21조에 따른 조사 보고서[91]」를 발표하였는데, 이에 따르면 ICO로 판매된 대부분의 토큰은 증권에 해당

한다고 명시하고 있다. 이와 관련하여, SEC와 리플Ripple; XRP의 발행사인 리플랩스Ripple Labs는 리플의 증권 여부를 두고 소송을 진행 중인데, 결과가 나오면 향후 방향성에 중요한 잣대가 될 것으로 보인다. SEC는 리플의 운영이 중앙화되어 있어 증권에 해당하기 때문에 현행법을 위반했다고 주장하는 반면, 리플랩스는 리플이 충분히 탈중앙화되어 있으므로 상품이라고 반박하고 있다.

크립토 자산을 증권이 아니라 상품으로 보아야 한다는 주장도 제기되고 있다. 최근 상원의원인 신시아 루미스Cynthia Lummis와 크리스틴 길브랜드Kirsten Gillibrand의 제안은 크립토 산업이 SEC에서 상품선물거래위원회Commodity Futures Trading Commission; CFTC로 감독기관이 변경되어야 한다는 주장이다. CFTC는 곡물 선물부터 더 복잡한 제품에 이르기까지 다양한 금융 시장을 규제하는 임무를 맡은 비교적 작은 기관이다. CFTC는 이미 가장 인기 있는 두 가지 크립토 자산인 비트코인과 이더리움에 대한 선물 계약을 규제하고 있는데, 이번 제안이 현실화되면 현물시장에 대한 감독권을 부여받게 된다.

크립토 자산의 거래소에 대한 규제는 아직 초기 논의 단계에 있는 것으로 보인다. 최근 SEC의 게리 겐슬러Gary Gensler 위원장은 「크립토 자산 거래소는 전통적인 규제 대상 거래소와 유사한 기능을 하고 있으므로 투자자들은 똑같이 보호받아야 한다[92]」고 말

---

91 Report of Investigation Pursuant to Section 21(a) of the Securities Exchange Act of 1934 : The DAO
92 2022.4.5. 펜실베이니아대 로스쿨 주최로 열린 행사

했다. 그는 크립토 자산 거래소를 일반적인 거래소로 등록시키기 위해 고객 자산의 보관과 시장조성자 역할을 거래소의 다른 사업과 분리하게 하는 방안을 요구할 수 있다고 말하기도 했다. 다만, 거래소 업계는 SEC보다는 CFTC를 선호하는 것으로 보인다. 이는 SEC가 상장사를 대상으로 마련한 공시 요구를 거래소가 충족하기가 쉽지 않다는 이유에서다.

스테이블코인에 대한 규제는 CBDC 준비와 함께 지속해서 논의됐는데, 2022년 5월 테라-루나 사태 때문에 보다 가속화되고 있다. 2021년 11월 대통령 금융시장 실무그룹 PWG[93]은 연방예금보험공사 FDIC, 통화감독국 OCC과 함께 스테이블코인이 금융시장에 미칠 위험성과 이를 감독할 규제의 필요성에 관한 내용을 담은 보고서를 발표하였다. 담보가치가 제대로 유지되지 않아 지급불능 위험에 취약할 수 있고 자금세탁에 이용되거나 테러 자금 조달, 사이버보안 등의 위험 문제가 있어 이를 감독하기 위한 규제 마련이 필요하다는 입장이다.[94] 테라-루나 사태가 발생한 이후 진행된 2022년 5월 금융안정감독위원회 FSOC[95] 연례보고에서 미국 재무장관 Janet Yellen은 「스테이블코인을 올해 안에 규제해야 한다」고 밝혔다. 테라-루나 사태로 인해 스테이블코인에 대한 피해가 가시화됨에 따라 규제 마련을 위한 강한 모멘텀이 생겼다.

---

93 President's Working Group on Financial Market

94 Financial Times. (2021, Dec 6). Stablecoin risks spur case for central bank digital currency.
PWG, FDIC, OCC. (2021, Nov). Report on Stablecoins.
한국자본시장연구원, 홍지연. (2022, Jan). 최근 미국의 스테이블코인 규제 방안 발표와 각국의 규제 방향.

95 Financial Stability Oversight Council

02

유럽

유럽연합EU은 2020년 8월 27개 회원국이 참여하는 크립토 자산 규제안 Markets in Crypto Assets; MiCA을 마련하였고, 2022년 7월 2년간의 여정 끝에 합의에 성공하였다. 크립토 자산의 정의부터 발행사·거래소 규제를 총망라한 법률이다. 이 법안은 2024년 시행을 앞두고 있다. 시행될 경우, EU 내의 토큰 발행사는 투자자 보호를 위해 규제 당국에 등록해야 하며, 기술 관련 내용을 담은 백서도 발행해야 한다. 스테이블코인 발행사는 은행과 유사한 방식으로 지급준비금을 준비해야 하고 일일 거래량에 대한 상한선도 설정해야 할 수 있다. 유럽증권시장감독청 ESMA[96]은 크립토 자산 플랫폼이 투자자를 제대로 보호하지 않거나 시장 건전성이나 금융 안정성을 위협할 경우 이를 금지하거나 제한할 수 있는 권한을 부여받는다.

또한, 유럽연합은 2022년 6월 크립토 자산을 활용한 자금세탁을 막기 위해 거래소 등 관련 기업을 규제하는 방안에 잠정 합의했다. 크립토 기업이 당국에 모든 디지털 자산 거래에 대한 신

---

96 European Securities and Markets Authority

원 확인 정보를 제공하는 「자금이전규정 TFR[97]」 개정안에 합의하였다. 개정안에 따르면, 가상화폐 거래소는 거래금액에 관계없이 송금자의 이름, 주소, 생년월일, 계좌번호 등을 수집해야 하며, 거래소들은 당국 요청 시 관련 정보를 제공해야 한다.

2017년 11월 유럽증권시장감독청은 ICO의 위험성을 경고하였다. 독일, 프랑스, 스위스, 영국 등의 국가는 ICO를 다루는 구체적인 법률은 없지만, 사안별 검토를 거쳐 토큰의 기능 및 구조에 따라 「자금세탁 방지법」, 「은행법」, 「증권법」 등의 기존 법률의 적용을 받을 수 있다고 밝히고 있다.

한편, 유럽중앙은행 ECB은 2021년 7월부터 「디지털 유로 프로젝트」를 통해 CBDC인 디지털 유로의 정의와 개발에 대한 사전 조사에 착수하였고, 빠르면 2026년 발행을 할 수 있다고 하였다.[98] 개별 국가에서도 노력이 진행 중인데, 스웨덴은 지난해부터 가상환경에서 디지털 화폐인 e-크로나의 테스트 작업을 하고 있다. 러시아는 채굴을 금지하면서 동시에 CBDC 실험에 들어갔다.

---

97 Transfer of Funds Regulation
98 파비오 파네타 Fabio Panetta ECB 집행위원이 2022년 5월 16일 아일랜드 국립대에서 진행한 연설

03

한국

한국의 경우, 2018년 국제자금세탁방지기구[FATF][99]가 가상자산을 이용한 자금세탁 및 테러 자금조달의 위험성에 대한 대응 방향 권고안을 내놓자 이에 따라 자금세탁을 규제하기 위한 측면에서 2021년 9월 「특정금융정보법[특금법]」이 제정·시행되었다. 「특금법」은 이를 위해 거래소 등 가상자산사업자의 금융정보분석원[FIU]에 대한 신고 의무, 기본적인 자금세탁방지 의무 등을 부과한다. 「특금법」이 시행되면서 한국에서 운영되던 66개 크립토 거래소 중 2022년 7월 현재 금융정보분석원[FIU]에 사업자 신고를 마친 거래소는 35개다. 이들 중에서 업비트, 빗썸, 코인원, 코빗, 고팍스만 은행 실명계좌를 확보하여, 원화 거래를 할 수 있다. 이에 따라, 한국에서 거래소 순위가 지각 변동이 일어나기도 하였다. 위 5개 이외의 거래소는 시행 이후 원화 거래를 종료하고 코인 마켓만 운영하거나 문을 닫아야 했다.

    이후, 2021년 11월 금융위원회가 「가상자산업권법」 제정을 위한 기본 안을 국회에 제출했다. 크립토 자산을 규율하는 유일

---

[99] The Financial Action Task Force

자료 5-2   한국의 실명 계좌 발급 거래소

거래소	발급일	발급은행
업비트	2021년 8월 20일	케이뱅크
빗썸	2021년 9월 8일	NH농협은행
코인원	2021년 9월 8일	NH농협은행
코빗	2021년 9월 8일	신한은행
고팍스	2022년 2월 15일	전북은행

*출처: 개인 조사

한 법령인 「특정금융정보법」은 기본적으로 자금세탁을 방지하기 위해 제정되었기 때문에, 투자자 보호가 불가능했다는 평가가 많았다. 따라서 국회는 기존 「특정금융정보법」을 개정하기보다는 자체 업권법을 제정하기로 의견을 모았다. 이 법이 마련될 경우 크립토 자산의 권한과 책임이 한층 명확해질 것으로 보인다. 2022년 7월 정부는 크립토 자산 소득에 대한 과세 시행 시기를 기존 2023년에서 2025년으로 2년간 유예를 발표하였다.

「가상자산업권법」의 주요 내용은 크립토 자산 발행자의 의무, 유통업자의 의무, 불공정거래에 대한 규제 등이 포함되어 있다. 발행인은 백서사업계획서, 코인평가서, 법률의견서, 업무보고서 등을 법령 기준과 절차에 따라 공시해야 하고 위반 시 형사 처분을 받게 된다. 그동안 크립토 시장에 허술한 백서와 사업계획, 불투명한 공시 등으로 투자자가 피해를 보아도 보호받지 못하였다. 불공정거래에 관한 규정은 「자본시장법」 수준[100]으로 마련될 예정이다. 금융위는 크립토 사업자에 대한 등록제 혹은 인가제 여부

자료 5-3 「가상자산업권법」의 주요 내용

가상화폐 정의	경제적 가치를 지니고 전자적 거래 또는 이전될 수 있는 전자적 증표
법 적용대상	가상화폐 일반, 증권형 토큰, 스테이블코인, 탈중앙화금융 Defi, NFT 등
발행인 규제	백서 제출·공시 의무화, 코인 평가서·법률의견서·업무보고서 등 공시
상장·유통업자 규제	기준과 절차는 법령에서 규정, 협회가 공시시스템 운영
불공정거래 규제	시세조종·미공개정보이용 등 관련 자본시장법 수준 제재
처벌 내용	부당이득 50억 원 이상이면 5년 이상 징역, 5억 원 이상 50억 원 미만이면 3년 이상 징역
기타	협회가 불공정거래 상시 감시를 수행, 중요 위반 행위 수사당국 통보

*출처: 개인 조사

는 입법과정에서 논의할 사항으로 남겨두었다. 등록제의 경우 이용자 보호를 위한 규제 당국 조치에 제한이 있어 인가제도 검토해야 한다는 입장이다. 현재, 「특금법」상 코인거래소는 등록제로 운영 중이다.

중앙은행인 한국은행은 2021년 하반기 CBDC 도입을 위한 기술적·제도적 기반을 마련하기 위해 1단계 모의실험을 마쳤다. 2022년 상반기에는 2단계 모의실험을 통해 통신이 단절된 상황에서의 오프라인 결제, 디지털 예술품·저작권 등 디지털자산의 거래, 국가 간 송금 등의 확장 기능을 실험하였다고 한다. 다만, 실제 발행 및 적용을 위해서는 기술적 기반 확보 및 사회적 합의 도출 등에 많은 시간이 필요할 것으로 보인다. CBDC와 더불어

---

100 미공개 중요정보 이용, 시세조종, 부정거래 등 불공정거래 행위에 따른 부당이익이 50억 원 이상이면 5년 이상 징역, 5억 원 이상 50억 원 미만이면 3년 이상 징역, 5억 원 미만이면 1년 이상 징역에 처한다. 벌금은 부당이익 규모와 관계없이 부당이익의 3~5배가 부과된다.

스테이블코인에 대해서도 논의를 이어가고 있다. 국제결제은행BIS 등 국제기구의 관련 논의에 참여하고 각종 세미나 및 공청회를 개최하는 단계이다.

04

중국

중국은 세계에서 크립토 자산에 대한 규제의 강도가 가장 높은 국가로 불린다. 크립토 자산 보유 이외에 거의 모든 행위가 금지되어 있다. 중국은 2017년부터 크립토 자산 투기 광풍 속에 코인 공개ICO를 금지하고 거래소를 폐쇄하는 등 규제의 고삐를 조였다. 2018년엔 중국 가상화폐 채굴업체에 전기 공급을 차단하고, 크립토 자산의 개인 간 거래P2P도 금지하였다. 2021년 5월에는 비트코인 거래와 채굴을 전면 금지한다고 발표했다. 당시 중국은 전 세계 비트코인 채굴량의 약 70%를 차지했다. 중국 정부는 채굴 금지령을 내린 이후 약 한 달 만에 네이멍구內蒙古 자치구와 쓰촨四川 성 등 각지에서 대대적인 크립토 자산 채굴장 단속을 통해 비트코인 채굴 업체 90% 이상을 폐쇄했다. 중국 인민은행은 크립토 자산은 법정화폐와 동등한 법률 지위를 갖지 않으며, 따라서 시장에 유통되어서는 안 된다는 입장이다.

2021년 9월에는 크립토 자산 거래를 모두 불법행위로 규정하며 관련된 모든 업무를 전면 금지했다. 크립토 자산 간 거래는 물론, 해외 거래소의 중국인 대상 거래 서비스 제공 등 모든 사업을 금지했다. 현재 중국 내에서 크립토 사업과 거래를 할 경우 처벌 대상이 된다. 2022년 1월에는 중국 국가발전개혁위원회는 채굴 활동을 도태 산업으로 지정하기도 하였다. 크립토 자산의 채굴·유통을 전면 금지한 데 이어 아예 산업 자체에 대한 뿌리 뽑기에 나선 셈이다.

중국이 이처럼 강력하게 크립토 자산을 규제하는 이유에 대해 중앙은행이 발행하는 CBDC를 다른 크립토 자산과 구분하기 위해서라는 의견이 있다. 중국은 2014년부터 디지털 위안화 연구·개발을 시작했고, 2019년부터는 시범 도시에서 일반 주민을 대상으로 시험 사용을 시작했다. 2022년 2월 베이징 올림픽 개최를 계기로 베이징, 상하이 등 선정된 11개 지역에서 디지털 위안화 e-CNY를 발행·유통하였다. 2022년 5월에는 코로나로 타격을 받은 경기를 부양하고 소비를 회복하기 위해 각지 주민에게 디지털 위안화로 소비지원금을 지급하기도 하였다. 이에 중국의 CBDC 개발이 막바지에 이르렀다는 평가가 다수이다.

05

일본

일본의 크립토 자산 산업 규제의 주요 특징은 자율규제 시스템에 있다. 일본 크립토 자산 거래업 협회 JVCEA는 현재 32개 회사가 가입되어 있으며, 2018년 금융청 FSA 으로부터 「자금결제에 관한 법률」상 자율규제기구로 인증받았다. 이후 거래소 운영에 대한 관리와 크립토 자산 상장심사를 맡아왔다. 거래소는 등록제로 운영되고 있으며, 금융청과 JVCEA의 자율규제를 받고 있다.

다만, 잇따른 거래소 해킹사건으로 인하여 자율규제 기조는 점차 정부의 적극적인 시장 개입으로 바뀌고 있는 것처럼 보인다. 먼저, 일본은 2014년 당시 마운트 곡스 Mt. Gox 거래소에서만 전 세계 비트코인 거래의 70%가 이루어지는 등 전 세계 크립토 거래의 중심이었다. 그러나 이 거래소는 비트코인 85만 개를 도난당해 결국 투자자금을 반환하지 못하고 파산하였다.

이를 계기로, 2016년 「자금결제에 관한 법률 자금결제법」을 개정해 크립토 자산의 화폐의 기능, 재산적 가치를 인정하면서 거래소에 금융당국 등록 의무, 이용자에 대한 설명 의무, 이용자 재산의 분리보관 의무를 부과하고, 자본금 1,000만 엔 기준과 화이트리스트 제도[101]를 도입해 투자자 보호를 위해 노력했다.

그러나 2018년에 일본 최대 거래소였던 코인체크^{Coincheck}에서 580억 엔 상당의 해킹사고가 다시 발생하였다. 이에 대응하기 위해 JVCEA가 만들어지기도 했다. 또한, 일본 정부는 보안상태 일제점검, 업무개선명령 등 조치를 했으나, 업무개선명령에 따라 점검을 완료한 자이프^{Zaif} 거래소가 67억 엔 상당의 해킹을 다시 당하게 되었다.

이에 따라 일본 정부는 크립토 시장에 대한 적극적인 개입을 시작하게 된 것이다. 「자금결제법」 내용 중 명칭을 크립토 통화에서 크립토 자산으로 변경하며 화폐기능을 제외하였고, 「금융상품거래법」에서 크립토 자산을 금융상품으로 규정해 금융상품 규제를 적용했다. 현재, 크립토 거래의 레버리지 한도는 기존 4배에서 2배로 줄어들었다.

일본은 2022년 6월 의회에서 스테이블코인에 대한 법률을 통과시켰다. 스테이블코인 중 엔화, 달러 등 법정화폐에 연동된 코인만 인정하며, 테라와 같은 명확한 담보가 없는 알고리즘 기반 스테이블코인은 금지한다는 내용이다. 지난 5월 테라-루나 사태로 투자자 피해를 넘어 크립토 시장 전반의 침체로 이어지자 스테이블코인을 규제할 법안 통과에 속도를 냈다.

ICO의 경우, 크립토 자산이 「자금결제법」에서 규정하고 있는 크립토 자산에 해당하면 크립토 자산 교환업자로 등록하도록 하고 있고, 증권 성격을 가지고 있으면 증권형 토큰을 규율하는 「금

---

101 금융청에서 인정하는 토큰만 거래 가능

융상품거래법」을 따르게 했다. 이를 위해 2019년 「금융상품거래법」을 개정하여 전자기록 이전 권리라는 개념을 신설해 증권형 토큰을 규제 대상으로 포함했다. 일본은 ICO에 대해서는 위험성을 경고하고는 있지만, 기본적으로는 허용하고 있다.

 CBDC에 대해서는 일본은 비교적 신중한 태도를 보이고 있는 것으로 보인다. 2022년 1월 의회에서 일본은행 구로다 총재가 디지털 엔화 발행 여부를 오는 2026년까지 결정할 것이라는 발언을 했다. 일본은행 총재가 CBDC 발행에 대해 언급한 것은 이때가 처음이었다. 2021년 7월 금융청 산하에 디지털 자산 감독 부서를 창설하고 CBDC 발행과 관련한 법적·기술적 문제를 조사하는 인력을 증원한 상태이다.

06

싱가포르

싱가포르는 규제·세제 청정지역으로 알려져서 단기간 내에 크립토 자산 허브로서 급부상했다. 다만, 최근 몇 년 동안 규제의 강도가 다른 주요국가와 같이 높아지고 있다. 2017년 「A Guide to Digital Token Offerings」에 따라, 디지털 토큰이 금융상품의 성격을 가지면 「증권선물법」에 따라 규제를 받으며, 유틸리티 토큰은 규제하지 않는다. 2020년에는 「Payment Services and Markets Act PSA」를 시행하여 디지털 결제 토큰 Digital Payment Token; DPT 서비스 사업자들에 대한 라이선스를 규정하였다. 2022년 1월에는 「Guidelines on Provision of Digital Payment Token Services to the Public」을 시행하여 크립토 자산 거래에 대한 광고를 금지하였다. 2022년 4월에는 가상자산 서비스 제공자 VASP 는 법인이 존재하는 국가에서 라이선스를 받거나 등록해야 하는 2019년 채택된 국제자금세탁방지기구 FATF 기준에 부합하기 위해 「Financial Services and Markets Bill FSM Bill」을 제정했다.

　FSM Bill이 통과되면서 싱가포르 법인이 해외에서만 가상자산 관련 서비스를 제공하더라도, 라이선스를 받아야 하게 되었다. 싱가포르 이외의 장소에서 서비스하는 싱가포르 사업자도 이

법안이 시행될 경우 새로운 금융기관 등급으로 분류되며, 라이선스를 신청하여야 하고, 자금세탁방지 및 테러 자금 조달 금지 의무가 부과되며, 통화청의 관리·감독을 받게 된다.

2018년 나온 ICO에 대한 통화청의 가이드라인은 증권형 토큰의 소규모이거나 사모 혹은 기관투자가와 적격투자자에 대한 모집인 경우, 투자 설명서 발부 및 승인 요건이 면제된다고 했다. 다만, 싱가포르는 이 PSA 등의 규제를 기본으로 한 상태에서 자산 교환 가치가 있는 크립토 자산으로는 비트코인과 이더리움만 인정하고 있다. 나머지 크립토 자산은 모두 ICO가 아닌, STO Security Token Offering 방식으로 취급되고 있다. STO는 증권형 토큰 공개로, 크립토 자산 발행사에 대한 지분 소유권으로 보는 개념이다.

세제의 경우, 국세청 IRAS 은 2020년부터 디지털 결제 토큰에 대해 세금을 면제했다. 싱가포르에는 양도소득세가 없으므로 크립토 자산의 양도소득도 과세 대상이 아니다.

07

기타

케이맨제도 Cayman Islands 는 미국 남쪽 카리브해에서 쿠바 남쪽에 있는 섬들을 말한다. 케이맨제도는 영국 영토에 속하며, 조세피난처 Tax Haven 로 알려져 있기도 하다. 영국과는 별개로 ICO 친화 정책을 펼치고 있다. 케이맨제도의 크립토 자산 관련 법은 「크립토 자산 법 2020 VASP」이며, 크립토 자산 사업에 필요한 입법 체

자료 5-4 케이맨제도 및 파나마 공화국

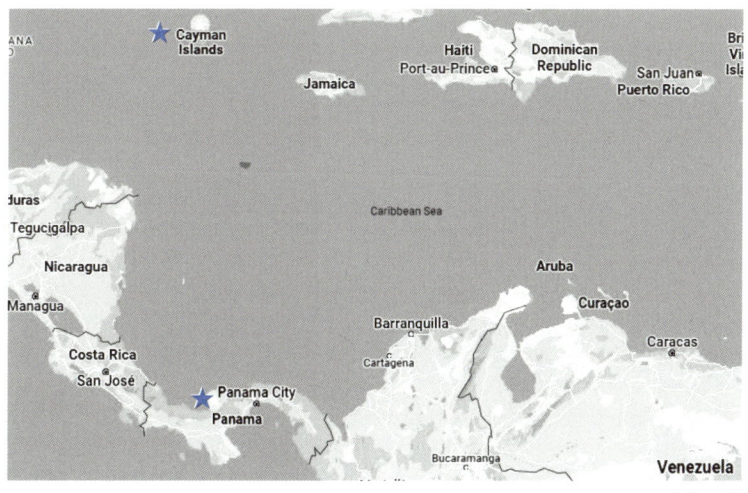

*출처: 구글

계와 크립토 자산 서비스를 제공하는 사업자의 등록과 허가에 관한 사항이 명시되어 있다. VASP 법에 따라, 먼저 크립토 자산이 증권인지 또는 유틸리티 토큰을 구분한다. 유틸리티 토큰으로 분류될 경우, 허가나 등록이 필요하지 않다. 크립토 거래소와 같은 크립토 자산 서비스 제공업체^{VASP}의 경우 허가를 받아야 한다. 다만, 서비스 제공업체이지만 크립토 자산 보관 서비스를 제공하지 않거나 크립토 자산 거래 플랫폼을 운용하지 않는 경우, 금융관리국^{CIMA}에 등록만 하면 된다.

파나마 공화국 역시 조세피난처이면서 크립토 자산에 우호적인 정책을 펼치는 국가이다. 2022년 4월 크립토 자산을 결제 수단으로 인정하는 법안을 승인했다. 크립토 자산의 상업적 사용, 발행, 지불 시스템 등에 대한 규제 사항을 담았다. 크립토 산업의 육성을 위하여 자국 내 크립토 자산 사업자에게 인센티브와 세제 혜택을 부여할 예정으로 알려져 있다.

6장

주요 투자전략

01

개요

크립토 시장에서 투자방법은 주식시장에서와 유사하게 가치투자, 트레이딩, 이벤트 드리븐 방법 등이 있고, 추가로 디파이 투자가 있다. 기간으로 구분한다면 장·단기로 나눌 수 있으며, 가치투자는 보다 장기에, 트레이딩은 보다 단기에 가깝다. 이벤트 드리븐 방법은 원래 헤지펀드에서 사용하는 전략 중의 하나였는데, 이벤트가 빈번하게 발생하고, 이에 따라 가격이 워낙 크게 변동하는 크립토 시장의 특징 때문에, 주요 투자방법으로 소개한다. 디파이 투자는 테라-루나 사태 및 후속 파산 이벤트로 인해 기세가 한풀 꺾였지만, 아직 투자자들에게 주요한 투자방법으로 인식되어 있다.

지금 소개하려는 투자방법들은 절대적인 지침이 아니며, 하나의 참고 자료로 활용할 수 있다. 주식투자에 입문한 투자자는 작은 투자자금의 초심자의 행운, 많은 투자자금을 고점에 물린 이후, '물 타기'를 하고 장기간 고통을 받다가, 탈출 또는 손절이라는 짧게는 1년 길게는 수년간 이러한 일반적인 패턴을 따른다. 이후 학습을 시작하여, 더욱 성숙한 투자자의 길로 나아갈 수도 있지만, 대부분 시장을 떠나고 만다. 운이 없다면, 이후 상승장이 도래했을 때, 다시 위와 같은 패턴을 한 번 더 반복하고 실패를 또

자료 6-1 비트코인 가격 하락률 80% 이상 시점

2010.9.14.-10.8.	2011.6.8.-11.17.	2013.11.30.-2015.1.14.	2017.12.17-2018.12.15
-94%	-94%	-85%	-84%

*출처: 금융위원회 및 개인 조사

다시 맛보고 시장을 다시 떠나기도 한다. 크립토 시장은 투자자들에게 이보다 더 혹독할 수 있다. 투자에 있어 심리는 매우 중요한데, 급등락이 주식시장보다 훨씬 빠르고 자주 벌어지기 때문이다. 아무리, 장기 투자와 가치투자자를 외칠지라도 며칠 만에 가격의 90%가 하락한다면, 정신적인 고통의 정도는 뭐라 설명할 수 있을까? 비트코인 가격이 직전 고점 대비 80% 이상 하락한 시기는 4번 있었다. 예를 들어, 2011년 6월 8일의 비트코인 가격은 23.92달러였으나, 11월에는 2달러 수준으로 불과 몇 달만에 가격의 대부분이 사라졌다. 트레이딩을 하는 투자자들은 레버리지를 사용하였을 경우, 그동안 벌었던 수익을 한순간에 모두 날리는 경우는 너무 허다해서 뉴스거리도 되지 않는 시장이다.

따라서 이 책을 읽고, 아니면 다른 이유에서, 크립토 시장에 투자를 하기로 마음먹었다면, 이 시장이 주식시장보다도 변동성이 훨씬 큰 위험한 시장이라는 사실은 알고 시작하였으면 좋겠다. 닷컴버블 때 대부분의 회사는 사실 사라졌다.

또한, 원칙을 지켜나가는 투자의 중요성은 거의 모든 투자 서적에서 강조하는 부분이다. 가치투자를 하다가도 유동성이 커지

면 트레이딩으로 갈아타기도 하고, 테라-루나 사태와 같은 이벤트가 발생하면, 다시 숏Short 배팅을 하고 싶기도 하다. 단기적으로는 몇 번 맞을 수도 있고, 수익을 볼 수도 있다. 다만, 투자에서는 심리가 가장 중요한 요소인데, 이처럼 몇 번 전략을 갈아타다가 박자가 엇나가는 경우가 발생하면, 손실을 보고 심리가 무너질 수 있는 위험이 크다. 주식시장에서도 마찬가지로 적용되는 사항이지만, 크립토 시장에서는 선물시장까지 쉽게 접근이 가능하다 보니, 위험성이 더 크다. 잘못된 박자로부터 나온 손실을 빠르게 만회해보려는 사람 심리 때문에 잘 알지 못하는 분야에 투기를 하게 될 가능성도 높기 때문이다.

따라서 무엇보다도 어떠한 전략이 있는지를 살펴보고, 여러 번 실제로 해본 다음에, 자신이 선호하는 방법을 정한 다음 흔들리지 않는 것이 중요하다. 결과가 어떻게 될지는 아무도 모른다. 사실, 투자의 고수들은 철새처럼 유연하게 전략을 바꿔가면서 수익을 더 많이 창출할 수도 있다. 그러나 확률적으로 보아 움직일 때마다 수익 여부와 관계없이 심리가 크게 흔들릴 수 있기 때문에 수지타산을 잘 생각해보아야 한다. 보통 사람들은 투자를 하면서 항상 괴로워한다. 가격이 오르면 덜 올랐다고 생각하고, 매도 후 가격이 오르면 또 괴롭다. 가격이 떨어지면 물론 괴롭다. 이것 역시 투자의 본질 중의 하나일 수 있는데, 그나마 자신의 원칙을 지키고 투자를 해나간다면, 행복한 투자자로의 첫 번째 관문을 통과한 게 아닐까 생각해본다. 이를 위해 이번 장에서는 어떠한 투자 방법이 있는지를 간단하게 살펴보고 넘어가도록 하자.

02

가치투자

가치투자는 일반적으로 기업의 가치에 믿음을 둔 주식의 현물 투자 전략을 말한다. 기업의 본질적인 가치 대비 저평가된 주식을 매수하여 주가가 기업 가치를 반영할 때까지 보유하는 전략이다. 회사 지분의 일부를 사서 회사를 소유한다는 마인드로 투자하는 사람들이 많고 비교적 장기 투자를 영위하는 투자자들이 많다. 대표적인 가치투자자로는 선구자인 벤저민 그레이엄 Benjamin Graham과 워런 버핏 Warren Buffet이 있다. 워런 버핏의 연평균 수익률은 20% 이상으로 알려져 있다.

크립토 투자시장에서 가치투자는 대부분 비트코인 위주로 이루어지고 있다. 과거 2010년 5월 22일 미국 플로리다에 거주하는 비트코인 초기 개발자 Laszlo Hanyecz가 피자 2판 40달러을 비트코인 10,000개에 구매한 적이 있었다. 비트코인 가격은 2021년 11월 거의 7만 달러까지 올랐으니, 7억 달러 약 9,100억 원를 지불한 셈이다. 비트코인 가격은 그 초기 개발자가 판매한 가격 보다 수십만 배가 올랐다. 지금 가격은 2만 달러 수준으로 많이 하락하였지만, 2021년 이전 투자자들은 아직도 모두 수익권에 있다. 즉, 비트코인의 가치를 알아보고 낮은 가격에 투자하여 보유한 사람들은 모두 수익을 보고 있다. 크립토 투자시장에 가치투자가 주요 투자 방법으로 자리 잡을 수 있는 배경이다.

2020년부터 비트코인을 지속해서 매집하여 소위 가치투자자로 불리고 있는 마이크로 스트래티지는 약 13만 개의 비트코인을 보유하고 있다. 2022년 하락장에서 6월 말 480개의 비트코인을 평단가 20,817달러에 추가 매수하였고, 평단가는 30,664달러가 되었다. 마이크로 스트래티지의 최고경영자[102]인 마이클 세일러는 비트코인의 가격은 100조 달러까지 오를 것으로 예측했다. 그리고 그가 비트코인 가격이 저점이라고 생각되는 구간에서 계속 매수를 하고 있다.

주식에서는 기업의 가치평가를 하고 주가와 비교하여 괴리율이 높을 때 저점과 고점을 판단하는데, 크립토 시장에서는 어떻게 하는가? 이전 장에서 비트코인의 가치평가 방법에 대해 거시경제 환경 분석, 기본적 분석, 기술적 분석으로 나누어서 설명하였다. 이중 기본적 분석은 내재가치를 분석하는 방법인데, 네트워크의 신뢰도 등으로 평가할 수 있다. 예를 들어, 해시레이트가 높으면 신뢰도가 높아진다고 볼 수 있다. 다만, 이를 직접 가격으로 환산하는 방법이 쉽지가 않기 때문에, 이러한 기본적 분석만 가지고 저점을 판단하여 투자하기는 쉽지 않아 보인다. 과거보다 가격 대비 내재가치가 높아졌다면 괴리율이 커졌다고 말할 수는 있다. 현재가치 할인 방법 등으로 기업 가치를 이론적으로 계산

---

102 2022년 8월 2일 CEO에서 사임하고 회사의 이사회 의장으로 활동하고 있다.

하여 이를 주가와 비교하였을 때, 이를 저점 또는 고점이라고 말할 수 없는 것과 같은 이치이다. 과거보다 많이 싸졌다고 말할 수는 있다. 따라서 기술적 분석도 같이 병행하여 보완할 수 있다. 차트를 통해 여러 가지 지표를 활용하여 저점이라고 생각하는 구간을 파악할 수 있다. 이미 살펴본 바와 같이, RSI가 과매도권으로 진입한 날은 7번 있었는데, 이를 단기 저점이라고 생각할 수도 있다. 혹은 MVRV Market Value ÷ Realized Value 방법을 통해 1 이하일 경우 저점, 3 이상을 경우 고점이라고 판단할 수도 있다. 이외에도 지표는 매우 많다. 다만, 우리는 가치투자를 위한 최저점을 파악하는 방법을 연구하기보다는 원칙을 세우는 방법에 초점을 맞춰야 한다. 아무도 언제가 최저점인지 정확하게 파악하기는 어렵다. 여러 가지 분석을 통해 가격이 충분히 싸다고 생각되었을 때를 알아가는 자신만의 방법을 확립해야 한다. 그렇지 않으면, 원칙 없이 중구난방으로 감정적으로 매수를 진행하기 십상이기 때문이다. 기본적 분석이나 기술적 분석 이외에도 자신만의 원칙이 있다면 이 역시 활용할 수 있다. 비트코인 급락이 뉴스로 도배되는 날이 많을 때를 매수 시점으로, 반대로 찬양 일색일 때가 매도 시점으로 생각할 수도 있다. 또는, 투자 심리 지표가 극단적 공포 점수로 나타날 때를 고려할 수도 있겠다.

이와 같이 가격이 쌀 때를 판단하기 부담스러운 투자자의 경우, 일정 간격을 두고 적립식 투자를 하는 방법도 있다. 가장 간단한 방법이기도 하다. 비트코인 투자에 있어서는 3~4년간 계속 보유를 할 경우 손해를 보지는 않았다. 심리적으로도 가장 흔들리지 않을 수 있는 방법으로도 보인다. 분석이라는 주관이 덜 개입되기 때문이다. 다만, 급등이나 급락을 했을 때에도 본인의 원칙을 지킬 수 있느냐가 중요하겠다. 예를 들어, 급락을 할 때에는 그만한 환경적 이유가 수반되는데, 자신의 투자가 잘못된 것처럼 느껴질 수 있기 때문이다. 투자대상의 가치에 확신 정도에 따라 이러한 상황을 극복할 수 있는지가 결정될 것 같다.

가치투자의 장단점은 이미 여러 주식 서적에서 다루고 있지만, 크립토 시장에서의 특징과 결부하여 몇 가지만 살펴보고 넘어가도록 하겠다. 장점으로는 안정적이라는 점이 가장 크다. 시황에 따른 가격 변동에 크게 대응을 하지 않는다. 두 번째로는 비교적 큰 투자금액을 장기간 보유할 수 있다. 따라서 수익을 볼 때 절대 금액이 큰 경우가 많다. 세 번째로는 장기 보유할 경우, 주어지

자료 6-2 | 비트코인 일봉 차트 및 RSI 지표 (자료 4-54와 동일)

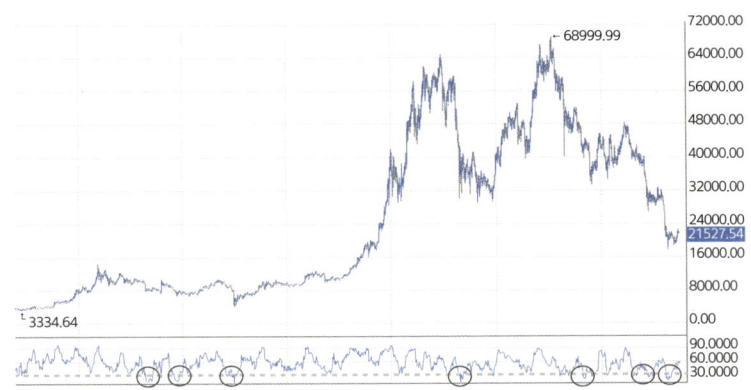

*출처: 개인 조사

는 각종 디파이 수익을 추가로 낼 수 있다는 점이다. 예를 들어, 비트코인을 보유하고 있으면, 이에 대해 스테이킹을 하거나 대출 등 디파이 참여를 할 경우 추가 수익이 현재 연 5% 수준은 통상 받을 수 있다. 크립토 시장에서 큰 수익은 아니지만, 지속해서 수익이 발생할 경우, 주식시장에서의 배당금과 같이, 심리적으로 안정감을 받을 수도 있다. 네 번째로, 청산 위험이 상대적으로 적다. 가치투자자는 대부분 선물보다는 현물 투자를 하기 때문이다. 유일한 청산 위험은 빚을 내서 투자를 하다 가격이 하락할 때 마진콜이 발생하는 경우 등이 있는데, 과도한 레버리지를 사용하지 않는다면 이 또한 막을 수 있다.

단점으로는 단기적으로 수익률이 생각보다 높지 않게 느껴질 수 있다. 크립토 시장에서는 선물거래가 현물거래보다 활발하게 이루어지고 있기 때문에, 가격이 1% 움직여도, 선물시장에서는 10%에서 100% 이상의 수익과 손실이 발생하기도 한다. 따라서 상대적으로 박탈감을 느낄 수도 있다. 다만, 투자 결과는 수익률이 아니라 수익의 절대 금액으로 결정되기 때문에 수익률에 크게 연연하지 않아도 된다고 생각한다. 선물시장은 변동성 때문에 현물시장만큼 투자금액의 크기를 가져가기 어렵기 때문이다. 다음으로 유동성 장세 등 상승장에서 잘 알려지지 않은 일명 '잡코인'의 상승률이 훨씬 높을 수 있다는 점이다. 이 역시 방금 설명한 바와 같이, 이러한 코인들에 대한 투자의 경우, 장기보유를 하거나 많은 금액을 투자하기 어려우므로 수익의 절대 금액이 크지 않을 수 있다. 세 번째로, 투자 기간 중 손실인 구간이 상대적으로

길 수 있으며, 이 경우에도 투자를 진행해야 할 때가 있다는 점이다. 투자시장에서는 가격이 오를 경우에는 단기간에 오르고, 오랜 기간에 걸쳐 서서히 내리는 경우도 많기 때문이다. 이 기간이 길어질수록 투자원칙을 지키기가 쉽지는 않다고 한다. 과거 한국이나 중국 등에서 비트코인 금지 등의 규제 이슈가 터졌을 때, 평정심을 유지하고 지속해서 투자할 수 있는 투자자가 얼마나 있었을까? 이 기간에 비판 일색으로 뉴스가 도배될 경우, 비트코인 등에 대한 투자에 사회적 시각도 부정적으로 바뀔 수가 있기 때문에 이러한 시선은 덤으로 감내해야 할 것이다.

이상으로 크립토 시장에서 가치투자의 정의, 방법, 그리고 장단점까지 살펴보았다. 2008년과 2020년 미국을 시적으로 글로벌 양적완화와 저금리 기조가 있었던 시기에는 가치투자가 비판을 받았다. 그리고 실제 한국에서는 2020년 부근 주식시장에서는 가치투자 1세대라고 여겨지는 인물들이 퇴단한 경우도 많았다. 이 기간 성장주에 돈이 몰렸기 때문이다. 다만, 시간을 길게 펼쳐보면, 가치투자라는 개념은 꽤 오랜 기간 투자시장에서 살아남았다. 그리고 개념적으로도 가장 쉽게 이해되는 방법이기도 하다. 필자가 일반 개인투자자들이 크립토 투자를 한다면 가장 추천하는 방법이기도 하다. 하락장에서 적당한 금액을 투자해두고 기다리는 방법이 개인투자자들이 할 수 있는 가장 쉽고 안전한 방법이 아닐까 생각한다.

03

트레이딩

트레이딩은 매매를 통해 수익을 취하는 전략이다. 일반적으로는 장기보다는 단기 전략에 해당하며, 기본적 분석보다는 차트를 통한 기술적 분석을 수반하는 경우가 많다. 크립토 시장에서는 트레이딩이 보다 활발하게 이루어지는데, 이는 기본적으로 시장이 문을 닫지 않고 24시간 열려 있으며, 선물시장이 발달해 있기 때문으로 보인다.

 트레이딩 전략은 현물시장과 선물시장 모두에서 사용되고 있다. 일련의 이벤트로 인한 급락이 발생했을 때 현물시장에서 매수한 이후 일정 시점이 지나 매도를 할 수 있다. 다만, 일반적으로는 선물시장을 활용하는 경우가 많다. 트레이딩은 단기적으로 이루어지는데, 선물시장에서 레버리지를 활용할 경우, 현물시장에서보다 단기로 매매를 할 수 있기 때문이다. 즉, 목표 수익률이 10%이고, 레버리지를 10배 사용할 경우, 선물시장에서는 1%만 변동해도 매도를 할 수 있다. 또한, 현물시장과는 다르게 가격 하락에도 배팅할 수 있기 때문이다. 가격이 하락할 것으로 예측되면 현물 트레이딩 투자자의 경우, 할 수 있는 방법은 기다리는 방법밖에 없지만, 선물 투자자의 경우, 숏 배팅을 할 수 있다. 따라서 가격 상승과 하락 모두 트레이딩 관점에서 접근할 수 있다.

선물시장에서 트레이딩을 할 경우 유의해야 하는 사항으로는 수수료와 청산이라는 개념이 있다. 레버리지를 일으킨 만큼 지불해야 하는 수수료 역시 높아진다. 기본 수수료가 0.1%라고 한다면 레버리지를 20배 사용한다면 수수료는 2%가 된다. 그리고 매수와 매도 모두 수수료를 지불해야 하므로, 수수료는 4%가 된다. 즉, 트레이딩 수익률이 4% 미만이라면 수수료를 포함하여 손실이 발생하게 된다. 또한, 트레이딩을 할 때 지정가와 시장가로 주문을 내는 경우, 수수료율이 달라지기 때문에, 거래소별로 확인을 해야 한다. 수익률에서 수수료가 차지하는 비중이 크기 때문에 이에 대해 유의하여야 한다. 한편, 레버리지를 사용했을 경우, 자신의 담보금이 손실액보다 작아질 때, 거래소에서는 투자자의 포지션에 반대매매를 일으켜서 거래를 강제 종료시킨다. 이를 청산이라고 한다. 거래소 입장에서는 일정 부분 안전 마진이 필요하기 때문에, 자신들이 손해를 보지 않는 수준에서 청산을 일으킨다. 예를 들어, 비트코인 가격 2만 달러에 레버리지 100배로 롱Long 포지션에 진입하였는데, 가격이 1%인 200달러가 하락하지 않아도 청산이 일어날 수도 있다는 의미이다. 또한, 거래소별로 청산과 관련한 수수료를 징구하고 있기 때문에, 보통 청산을 당하면 남게 되는 금액은 거의 영^{0}에 가깝다고 보면 된다. 그렇기 때문에 미리 청산가에 도달하기 전의 가격으로 손절가를 지정해 두곤 한다. 선물시장은 보통 손절을 잘 못하고 또한 무리한 욕심으로 높은 레버리지를 일으키는 사람 심리 등의 이유로 청산을 당하는 빈도가 높아 현물시장보다 더 어렵다고 하는 느끼는 투자자들이 많다.

트레이딩은 일반적으로 차트에서 기술적 지표를 활용하는 경우가 많다. 물론, 지표는 참고 자료로 다른 사항들을 살펴보아야 한다. 하지만 투자 기간이 보다 단기로 갈수록 기술적 지표의 중요도 비중이 더 높아질 수 있겠다. 예를 들어, 1주일을 트레이딩 기간으로 잡은 투자자는 하루를 트레이딩 기간으로 잡은 투자자에 비해 기술적 지표 이외의 사항에 대해서도 신경을 많이 써야 할 수 있다. 예를 들어, 1시간을 투자 기간으로 하여 트레이딩에 임한다면, 굳이 거시 경제 환경 변화 등을 고려하지 않을 수도 있겠다. 왜냐하면, 그 1시간 동안 드라마틱한 변화가 일어날 확률이 낮기 때문이다. 그렇다면 앞서 설명한 RSI나 MACD 등 다양한 지표가 있는데, 어떠한 지표를 활용해야 하는가? 사실 여기에 대한 답은 없다. 어떠한 기술적 지표가 항상 맞는 법은 없으며, 적용 방법에 따라 결과가 달라지기 때문에, 자신에게 맞는 기술적 지표를 찾아내는 것이 중요하다. 지난 장에서 살펴본 바와 같이, 1시간 기준으로 했을 때와 4시간 기준으로 했을 때의 매수와 매도 시그널이 다르게 나타날 수도 있다. 그렇기 때문에 지표를 설정하는 것도 중요하지만 이보다는 어떻게 적용할 수 있는지를 여러 시도를 통해 파악해내는 것이 중요하다고 할 수 있다. 또한, 하나의 자료를 사용하는 것과 여러 개의 지표를 동시에 사용하는 것 중 어떠한 것이 좋을까? 시장은 방정식과 같이 확정적으로 답을 낼 수 있는 대상이 아니다. 따라서 트레이딩에 있어서는 적절하게 자신이 응용할 수 있는 지표 등을 찾아내어 체화하고 활용할 수 있는 것이 더욱 중요할 수 있다.

RSI 지표로 예를 들어 보자. 15분 RSI를 사용하여 30 미만에는 매수, 70 이상에는 매도를 하는 단순한 전략 가정해보자. 자료 6-3에서는 RSI 70 부근인 20,300달러에서 20,600달러에 사이였지만, 이 시기에 매도를 하지 못하면, 어떻게 해야 하는가? 자료 6-4에서는 RSI 30 부근에 도달한 가격이 21,700달러에서 21,300달러까지 400달러가량 펼쳐져 있다. 21,300달러에서 매수를 하고 싶겠지만, 21,700달러에서 매수할 수도 있다.

이러한 예시를 설명하는 이유는 실제 적용은 이론에서와같이 간단명료하지 않다는 사실을 보여주기 위해서이다. 여기서 설명

자료 6-3 트레이딩 예시 ①

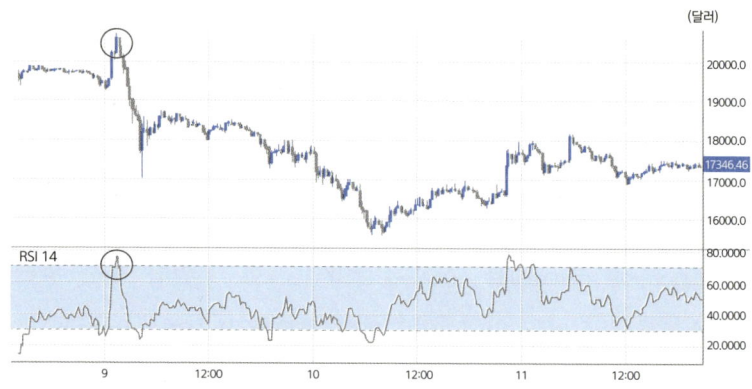

*출처: 개인 조사

자료 6-4 트레이딩 예시 ②

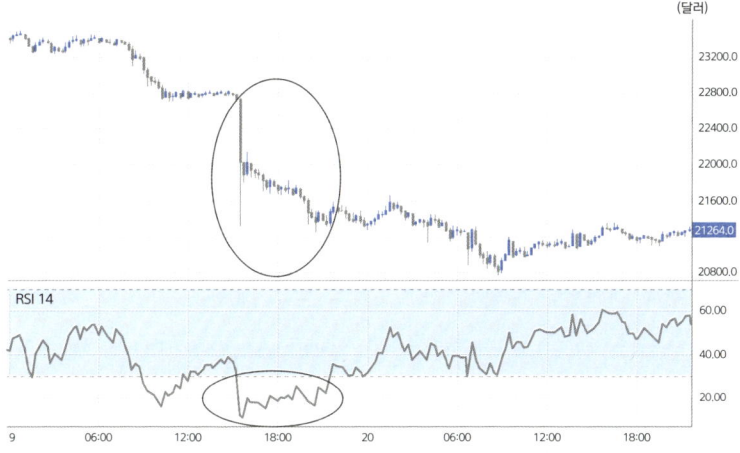

*출처: 개인 조사

하지 못한 다양한 변수들이 있기 때문에 이에 대응할 수 있는 능력이 더욱 중요하다. 예를 들어, RSI가 계속해서 30 부근에 꽤 오랫동안 머무를 수도 있다. 또는 RSI가 30 부근에서 올라왔다가 다시 하락하여 30 미만으로 떨어질 수도 있다. 또는 1시간 기준으로는 저점이 아닐 수도 있다. 이와 같은 다양한 시나리오에 대해 자신만의 대응방법을 찾는 것이 다양한 지표를 설정하는 능력보다 중요할 수 있다. 여기에 온체인 데이터를 활용할 수도 있고, 뉴스들을 찾아볼 수도 있다. 한국의 그 유명한 비트맥스 거래소 투자자는 기술적 지표를 사용하지 않는다고 밝히기도 했다.

트레이딩의 장단점에 대해서도 살펴보도록 하자. 장점으로는 오랫동안 포지션을 보유하지 않고 빠르게 수익 실현이 가능하다. 빠르면 1시간 이내에도 수차례 포지션을 바꿔 가면서 트레이딩을 하며 수익을 낼 수도 있다고 하니 특히 횡보장에서 유리할 수 있다. 물론, 장기 보유를 하지 않기 때문에 그만큼 위험에 노출되는 부분이 작으므로 스트레스가 적을 수도 있다. 매일 24시간 열리는 크립토 시장에서 포지션을 정리할 수 없다면 그만큼 각종 위험에 노출될 것이다. 또한, 선물시장을 활용하면 작은 투자금액을 충분히 활용할 수도 있다. 레버리지를 사용할 경우 위험이 커지지만, 반대로 방향을 맞출 경우 수익 금액도 커진다. 따라서 소액 투자자의 경우, 선물시장을 활용하여 트레이딩을 하는 경우가 많다. 세 번째로 선물시장을 활용하여 하락장에서도 수익을 낼 수 있다. 현물 투자를 주로 하는 가치투자에서는 할 수 없는 전략이기도 하다.

단점으로는 잦은 매매 탓에 수수료가 증가할 수 있다. 앞서 설명한 바와 같이 수수료율이 높기 때문에 수수료 증가를 무시하기 어렵다. 또한, 포지션 정리가 유연하지 못하다면, 손실을 볼 확률이 크다는 점이다. 즉, 투자에서는 야구에서의 투수의 방어율이 승패보다 중요하다. 수익을 본 트레이딩이 손실을 본 트레이딩보다 많아도 전체적으로 손실이 나는 경우가 많은데, 이는 적절한 시점에 손절을 하지 못한 경우가 많다. 따라서 트레이딩은 수익과 손실의 포지션 정리가 유연한 투자자에게 적합하다. 특히, 선물시장은 레버리지가 들어가는 경우가 많으므로, 기계적으로 포지션 오픈과 정리에 능숙한 투자자가 유리하다. 세 번째로, 청산의 위험이 항상 도사리고 있다. 청산을 당할 수는 있지만, 이 때문에 전체 투자자금을 잃지 않기 위해 많은 투자자가 일정 금액을 크립토 계좌에서 찾아두기도 한다. 네 번째로는 장세가 한 방향으로 지속해서 움직일 때, 가치투자자와 같이 큰 수익을 벌지 못할 수 있다는 점이다. 트레이딩은 투자금액이 가치투자보다 작고, 또한 중간에 수익을 실현하기 때문이다.

    이상으로 크립토 시장에서 트레이딩의 정의, 방법, 그리고 장단점까지 살펴보았다. 주식시장에서 대부분의 개인투자자는 현물 투자를 하지만 크립토 시장에서는 선물 투자를 병행하는 경우가 많다. 따라서 목표 수익률을 주식시장에서보다 크게 잡는 경우가 많고 포지션 종료가 더욱 빠르게 일어나는 경우가 많다. 그만큼 리스크가 크다는 말이다. 그렇지만, 이처럼 고위험-고수익 High Risk High Return 구조는 마치 도박과 같은 속성이 있어서, 신규 투자자들을 많이 끌어들이는 것 같다. 일순간에 투자자금을 모두 날리기 쉬운 구조이기 때문에 크립토 시장에서는 개인투자자들이 더욱 조심해야 하는 투자방법이기도 하다.

04

이벤트 드리븐

이벤트 드리븐 전략은 개별 종목의 이벤트 혹은 시장 전반의 이벤트에서 발생하는 기회에 투자하는 전략이다. 주로 헤지펀드에서 사용하던 전략이었다. 특정한 이벤트가 있을 경우, 이러한 이벤트에 적극적으로 개입하여 선호하는 방향으로 이벤트를 이끌 수도 있다. 여기에서 소개하는 이유는 이러한 헤지펀드나 기관투자자의 이벤트 드리븐 전략에 따라 시장이 영향을 받아 개인투자자들의 포지션에 영향을 크게 미칠 수도 있기 때문이다. 이벤트 드리븐 전략만을 구사하기에는 무리가 있을 수 있다. 이벤트 발생이 빈번하지 않고, 생각하는 방향과 다르게 이벤트가 흘렀을 때 위험성이 크기 때문이다. 따라서 가치투자 혹은 트레이딩 전략과 적절하게 혼합하여 사용해 보거나 시장의 움직임을 이해해 보는 데 사용할 수 있겠다.

이 방법은 미리 이벤트가 발생했을 경우 시장이나 토큰의 움직임을 예측하여 투자하는 방법이기 때문에, 정해진 방법이 있다고 하기는 어렵다. 보통 기존과는 다른 새로운 형태의 이벤트가 발생할 때, 가격에 미치는 영향이 더욱 크다. 따라서 그때마다 일반적인 시장이나 프로젝트의 뉴스가 아닌 특수한 이벤트가 발생했을 때는 이를 통해 수익을 거둘 수 있는 방법이 무엇인지에 대해 고민을 해보는 연습을 해보면 좋을 것이다.

예를 들어, 최근 가장 큰 이벤트 중의 하나였던 테라-루나 사태를 살펴보자. 이때까지 업계 3위의 스테이블코인인 테라^{UST}의 페깅이 완전히 깨질 거라는 예측을 했던 사람은 많지 않았다. 왜냐하면, 그동안 회사가 주장하던 보유금이 충분해 보였고, 알고리즘의 상대 페어인 루나^{LUNA}가 하락하기 이전까지 시가총액이 엄청나게 컸기 때문이다. 물론, 이를 예측하고 루나의 하락에 배팅해두고 페깅이 깨지는 이벤트를 기다릴 수도 있다. 다만, 이는 쉽지는 않았을 것이다. 그러나 이 당시 시장을 자세히 들여다보면, 루나를 매수하고 루나를 담보로 테라를 빌릴 수가 있었다. 이후 루나를 공매도^{Short}하고 빌린 테라를 매도^{Sell}한다면, 테라에 대한 숏 포지션과 유사한 합성 포지션을 구성할 수도 있었다. 왜냐하면 이 당시에는 테라에 대한 선물거래$^{UST\text{-}USDT}$가 가능하지 않았기 때문이다.

테라의 페깅이 깨진 이후 며칠 간 테라의 가격은 0.9달러와 0.1달러 사이에서 오르락내리락하였다. 이 와중에도 기회는 발생했다. 누군가는 테라와 루나에 숏을 배팅하는 투자자도 있었을 것이다. 루나를 무한대로 발행해버리는 바람에 루나 가격은 회복이 안 되고, 테라 역시 신뢰가 깨져버렸기 때문에 다시 회복하기 어려웠을 것으로 생각하였다면 말이다.

이벤트 드리븐 전략의 경우, 몇 가지 이벤트에만 집중할 수 있기 때문에, 더욱 신중한 투자 판단을 할 수 있다. 물론, 여러 가지 시장 상황과 맞물려서 이벤트가 전개되기 때문에 다각도로 이벤트를 연구해 보아야 하겠다. 다음으로, 이벤트가 자신이 준비한 방향으로 흐르는 경우, 이에 대해 미리 시나리오를 생각해 보았을 것이기 때문에, 더 많은 수익을 볼 수 있다. 이러한 이벤트가 해소되는 시점에서 포지션을 종료하기도 한다.

다만, 단점도 있는데, 이중 이벤트가 생각하는 방향과 다르게 흘러갔을 경우, 손실 역시 크게 볼 수 있다는 점이다. 물론, 앞서 언급한 테라-루나의 합성 포지션과 같이 자신이 직접 구조를 찾아내어 그 발생 가능한 손실을 최소화할 수도 있다. 다음으로 이벤트 드리븐 전략을 구사할 만한 이벤트가 빈번하게 일어나지 않는다는 사실이다. 그리고 그 이벤트를 예측하기도 어렵다. 이를 위해 시장에서 비이성적인 사항에 대해 지속해서 관심을 두고 추적해보면 도움이 될 수 있다. 테라의 기술적 결함은 이미 여러 전문가에게 지속적으로 지적됐었다. 마지막으로 헤지펀드와 같이 규모나 혹은 다른 방법으로 시장 영향력이 크지 않을 경우, 이벤트의 방향에 직접 개입할 수 있는 방법이 사실상 없기 때문에, 개인투자자로서는 다소 소극적으로 대처할 수밖에 없다는 사실이다. 예를 들어, 테슬라의 일론 머스크Elon Musk와 같은 유명 인사의 언급은 시장에서 자신이 원하는 방향으로 움직임을 바꿔낼 수도 있지만, 우리에게는 이러한 사항은 해당되지 않는다.

이상으로 크립토 시장에서 이벤트 드리븐 전략의 정의, 방법, 그리고 장단점까지 살펴보았다. 시장에 충격을 주는 이벤트에 대해 대응하려고 생각하면 위험이 되지만, 이를 역으로 투자 기회로 보고자 할 수도 있다. 위험과 기회는 사실 관점 차이일 뿐이다. 이벤트 드리븐 전략에 대해 알아두기만 해도 시장에서 발생하는 이벤트에 대해 생각이 달라질 수도 있겠다.

05

디파이, 차익거래 등

디파이 Defi 는 탈중앙화된 금융 Decentralized Finance 의 약어로서, 기성 은행의 중앙화된 금융 Centralized Finance 에 대비되는 개념으로 이전 장에서 설명하였다. 따라서 기존 증권시장에서는 없는 개념이다. 기존에는 여유자금이 생길 경우 예금, 전자단기사채 등 고정금리 상품을 활용하였지만, 이자율이 상대적으로 디파이에 비해 높지 않았다. 그러나 디파이의 경우, 상당히 높은 수준의 이자율이 제공되는 경우가 많이 있기 때문에, 하나의 주요 투자수단으로서 인식될 수도 있다.

디파이 프로토콜을 사용하기 위해서는 담보물이 예치되어 있어야 하는데, 총 예치자산 Total Value Locked; TVL 은 2020년 초 기준 6억 달러에서 2021년 말 2,356억 달러로 391배 상승하였다가, 2022년 테라-루나 사태로 고점 대비 68% 하락한 768억 달러 수준에 머무르고 있다. 디파이를 활용하기 위해서는 자산을 예치해야 하는데, 이 때 최소한 3가지를 유의해야 한다. 먼저, 프로토콜에 대한 검토이다. 먼저, 프로토콜이 신뢰할만한지, 이자율이 합리적인지에 대해 살펴보아야 한다. 테라의 앵커 프로토콜처럼 지속 가능하지 못한 고이자율을 주겠다고 투자자들을 끌어모은 이후 정작 제공하지 못할 경우, 우리는 얼마나 빠르게 프로토콜이 망가져 가는지를 목격했다. 채 며칠이 걸리지 않았다. 투자자들은 문제의 징후가 생기면 자신들은 빠져나갈 수 있을 것으로 생각하지만, 막상 실제 그렇게 할 수 있는 투자자는 많지 않다. 다음으로 예치기간이다. 변동기간 Flexible보다 고정기간 Fixed으로 할 경우보다 많은 보상이 따른다. 그렇다고 해서 자신의 재무계획과 무관하게 장기의 고정기간을 선택하면 피치 못할 재무상황에 대응하지 못할 수 있다. 물론, 프로토콜의 문제가 생기면 그대로 당하게 될 수도 있다. 세 번째로는 자금조달 방법이다. 디파이가 전성기를 구가했을 때에는 대출을 하여 디파이에 투자하는 방법이 유행하였다. 시중은행에서 저리로 대출을 받아 고리의 디파이에 투자를 무한 반복하기도 하였다. 또는 가지고 있는 토큰을 담보로 대출을 받아 그 토큰을 다시 사고 이를 다시 담보로 대출을 받는 과정을 무한 반복하기도 하였다. 물론, 상승장에서 아무런 문제가 발생하지 않는다면 수익률을 극대화할 수 있겠지만, 이 무한 반복 과정 속에서 하나라도 문제가 발생하면, 청산과 같은 큰 손해를 볼 수 있는 구조이므로 유의해야 한다. 크립토 시장은 전문 차티스트나 경제 전문가들도 가격 예측이 불가능하다고 하는 시장으로서, 한 방향만을 전적으로 예상하고 투자하기보다는 계속해서 대응해 나간다는 생각이 더 적절할 수 있다.

 디파이 투자만을 하기보다는 다른 투자전략을 구사하면서 좋은 디파이 기회가 생겼을 때 적절하게 진입하는 방법이 어떨까 생각해 본다. 새로운 디파이는 초반에 투자자들을 끌어 모으기 위해서 한정된 기간에 한해서 고이자율을 진행하는 경우도 많다. 또한, 디파이만을 진행한다고 생각하면, 보다 복잡한 구조를 만들어서 스스로의 덫에 빠지거나, 이성적으로 프로토콜을 판단할 수 있는 객관성을 잃을 수도 있다. 실제로 많은 투자자가 앵커 프로토콜로 인하여 큰 손실을 보았는데, 프로토콜에 대한 맹신이 그 이유가 아니었을까?

다음으로 차익거래 방법이 있다. 이는 동일 상품이 지역에 따라 가격이 다를 때 이를 매매하여 차익을 얻으려는 방법이다. 크립토 시장은 아직 초기 시장이기 때문에 비이성적으로 형성된 불균형이 아직 많이 존재한다. 이를테면, 가격이다. 이 거래소와 저 거래소의 가격이 일단 다르다. 완전 시장을 저해하는 요소 중에 수수료가 있는데, 거래소 간의 가격 차이를 해소하기 위해 들어가는 거래소 간 이체 수수료가 가격 차이보다 상대적으로 비싸기 때문에 해소가 되지 않는 상태에서 거래가 이루어지기도 한다.

그러나 「설마 그럴까」 하는 정도로 불균형이 크게 벌어진 상태도 있기 때문에, 시장에서 이를 활용하여 수익을 낼 수도 있다. 한국에서는 이러한 차이를 김치 프리미엄이라고 하는데 일반적으로는 플러스에서 형성되어 있지만, 때에 따라서는 마이너스 프리미엄이 오랜 기간 지속될 수도 있다. 또한, 외환 관련 법 위반에 해당할 수도 있으니 유의할 필요가 있다.

예를 들어, 김치 프리미엄이 2022년 5월 11일에는 아래 자료와 같이 6%를 넘어섰다. 2022년 7월 26일에는 2%로 형성되어 있었다. 또한, 2022년 10월에는 대부분 역 프리미엄 -1% 수준에

자료 6-5 김치 프리미엄 예시 (2022년 5월 12일)

코인	가격	김치 프리미엄
비트코인 BTC	38,568,000원 36,359,838원	+6.07% 2,208,162원
리플 XRP	520원 490원	+6.15% 30.1원
이더리움 ETH	2,644,000원 2,492,565원	+6.08% 151,435원

*출처: 김프가

서 머무르고 있기도 하였다. 일반적으로는 김치 프리미엄이 작을 때, 한국 거래소에서 리플이나 트론을 구매 후 해외 거래소로 전송하고 이를 스테이블코인으로 교환해둔다. 그리고 그 거래소에서 운영하는 디파이 중 언제든지 해지가 가능한 디파이에 예치해둔다. 그리고 김치 프리미엄이 높아질 때, 한국 거래소에 전송하여 매도를 하고 원화를 찾는 방법이 있다. 하지만 이 역시 외환 관련 법에 저촉 여부를 개별적으로 확인할 필요가 있겠다.

7장
향후 전망

01

개요

앞으로 크립토 시장과 관련하여 사회의 여러 부분이 바뀌게 될 것으로 전망된다. 1602년 주식이 최초로 등장하였고, 금융이라는 세계가 열렸다. 미국은 1971년 금 태환 정지를 선언함으로써 달러 패권을 강화하였다. 2008년 양적완화라는 개념으로 경제 문제를 해결하면서 오히려 사회 문제가 대두하였고, 이를 해결하기 위해 2009년 비트코인이 탄생하였다. 2020년 코로나 문제로 인한 경제 문제를 극복하기 위해 다시 양적완화를 시도하였는데, 이번에는 더 큰 문제가 불거졌다. 급격한 인플레이션을 잡기 위해 금리를 올리면 이번에는 경기 침체다. 이러한 주기가 짧아지고 있다. 벌써 금리를 다시 낮출 것이라는 예측도 나오고 있다. 양적완화로 인한 문제를 해결하기 위해 등장한 비트코인, 그리고 그 사이 이미 스스로 커져 버린 크립토 시장이 사회를 어떻게 변화시킬지를 고민해보는 것은 흥미로운 일이다.

먼저, 사람들이 가장 관심 있어 하는 비트코인 가격에 대해서도 장기적으로 전망해 보자. 이미 많은 부분 할애하여 언급하였지만, 다시 한 번 더 알트코인은 어떻게 될지 정리해 보자. 그리고 새로운 금융으로서 크립토 시장의 발전을 예측해 보자. 기존 주식·채권으로 이루어지는 자금조달 방식이 어떻게 달라질지도 생각해 보자. 이제 크립토 시장에 대한 규제가 본격적으로 시작되면서 제도권으로 편입되는 영향은 어떠할까? 우리는 이를 통해 어떻게 대응해야 할까? 이 책은 블록체인의 기술만을 다룬 책이 아니다.

19세기에 세계 1위 산업국이던 영국은 마차·철도업계를 의식하여 증기자동차에 마차보다 10~12배나 비싼 도로 통행세를 물렸고, 증기자동차의 최고 속도를 시내에서 시속 8㎞로 제한했다. 지금 우리 머릿속에 영국의 자동차는 없다. 제도는 여러 가지가 복합적으로 작용하고 정치적인 과정을 통해 만들어진다. 그러나 우리의 대응은 오롯이 우리의 몫이다. 세상이 어떻게 변하고 있는지를 생각해 보고 이에 대해 우리는 앞으로 어떻게 대응해야 하는지를 생각해 보는 것, 이것이 이 책의 목적이다. 인터넷 시대가 열리고, 아이폰이 등장했고, 유튜브가 장악했다. 유튜버라는 직업도 생겨났다. 자, 이제 크립토 시장의 등장이라는 거대한 변화가 다시 시작되었다.

02

비트코인

단기적으로 비트코인의 가격을 예측하여 맞추기는 거의 불가능하다. 하지만 우리는 과거를 보아 미래를 예측해 볼 수는 있다. 합리적인 추정은 근거가 있어야 한다. 예를 들어, 비트코인은 국가의 발권력에 도전하기 때문에 사라질 것이라는 주장이나, 내재적 가치가 없다는 주장은 타당한 근거가 없이 오래전에 나왔으나 이제는 사라진 꽤 낡은 주장이다. 먼저, 전 세계의 정책을 동시에 일괄적으로 조정하기는 어려워 보인다. 비트코인을 사장하려는 시도는 개별 국가에는 있었으나, 전 세계가 동시에 이를 합의할 수는 없었다. 애당초 이런 조정을 할 수 있는 권위 기관은 없었으니까 말이다. 「내재적 가치가 없다」는 주장에 대한 반대 주장은 「내재적 가치가 있다」이다. 이러한 내재적 가치를 논쟁으로 하는 사람은 크립토 시장에 대해 다소 무지한 측에 속할 수 있다. 아마도 주식시장을 기본 관점으로 보기에 미래 현금흐름 창출 능력만을 내재적 가치와 연관 지어 생각하기 때문에 이렇게 주장한다고 보인다. 이미 비트코인의 내재적 가치에 대해서는 이전 장에서 네트워크, 신뢰 등으로 논의하였다. 지금까지 사람들이 가치저장 수단으로 신뢰를 보여준 자산이 금과 비트코인 이외에 더 있는가? 그리고 금은 채굴이 아직도 가능하지 않나?

자, 이제 우리는 케케묵은 근거가 부족한 주장 이외에 과거에 벌어진 일을 근거로 미래에 대해서 예측을 해보자. 예들 들어, 어떠한 시점에서 비트코인을 매수하였어도 3~4년을 보유하였을 경우, 이익을 보았다는 것은 사실이다. 단, 한 번도 이 룰에서 벗어난 적이 없다. 물론, 앞으로도 그럴 것이라고 100% 확신할 수는 없지만, 현재까지 그랬다면 이러한 추세가 반드시 깨진다는 가정이 더 비합리적이지 않을까?

팩트Fact를 체크해 보자. 먼저, 달러는 통화량이 계속 증가하고 있고 증가 속도는 매우 가팔라졌다. 이에 따라, 비트코인을 포함한 자산 시장은 폭등을 하였다. 자산 가격이 올랐다기보다, 화폐 가치가 그만큼 낮아졌다고도 보인다. 이처럼 계속해서 화폐를 찍어내서 문제를 해결하는 방법이 지속 가능한지는 여기에서 논의하지 않겠지만, 당분간은 계속 더 찍어낼 것으로 예측해 보자. 왜냐하면, 이전에도 경제 문제를 해결하는 방법으로 통화량 증가를 주로 사용했기 때문이다.

미국의 통화량M2은 2008년에서 7.5조 달러 수준에서 2020년 15조 달러로 2배 증가하였는데, 이후 2년 만에 이 증가량만큼을 추가 발행해 버렸다. 2022년 7월 현재 통화량은 21.7조 달러다. 시간을 보다 과거로 되돌리면, 금 태환이 사라진 다음 해인 1972년에서 2000년까지 연방준비제도의 대차대조표는 5,000억 달러 증가하였는데, 2000년부터 21년간 7.6조 달러 증가하였다. 통화 발행은 약 20배 이상 증가하였다. 이에 비해 비트코인은 발행이

점차 줄어들고 있다. 심지어 예측도 가능하다. 교환 비율만 생각해 보면 비트코인의 가격은 현재와 같은 추세라면 장기적으로 무한대에 육박할 것 같다. 통화량을 줄이지 않는 한 말이다. 즉, 현재와 같이 신뢰라는 가치가 깨지지 않고, 법정화폐의 발행량 증가가 멈추지 않는다는 가정을 한다면 말이다.

물론, 달러 발행 증가량과 비트코인 증가량을 계산해서 정확하게 10년 후에 어느 가격에 도달하겠다고 말하기는 어렵다. 여러 가지 변수가 중간에 발생하기 때문이다. 예를 들어, 과거 일본의 마운트 곡스 거래소 해킹으로 인한 비트코인이 시장에 풀리는 사건이 발생한다면 시장이 다시 크게 출렁일 수도 있다. 또는 로스트 물량이 시장에 어떠한 방식으로든 출회하게 된다면 이 역시 예측 가능하지 않은 사건이다. 이외에도, 코로나, 전쟁 등 예측이 불가능한 자연재해나 사건들이 많이 있을 것이다. 따라서 많은 비트코인 맥시멀리스트들이 언급하고 있는 「몇 년도에 얼마까지 오를 것」이라는 예측은 다소 선언적이라고 보인다. 사람들이 들으면 놀랄 정도의 가격을 그렇게 어림잡아 표현하는 것이지 않을까?

다만, 확실한 것은 이미 사람들은 비트코인을 가치저장 수단으로 어느 정도는 인정을 한 상태이고, 그렇다면 교환비율을 고려해 봐야 한다는 것이다. 그런데 교환 페어의 한쪽 대상이 무한대로 수가 증가한다면 다른 한쪽 대상의 가격은 무한대로 상승하리라는 것은 합리적이지 않을까?

여기까지는 비트코인을 어느 정도 공부해 본 사람들은 동의

자료 7-1 비트코인 발행량 추이 (자료 4-47와 동일)

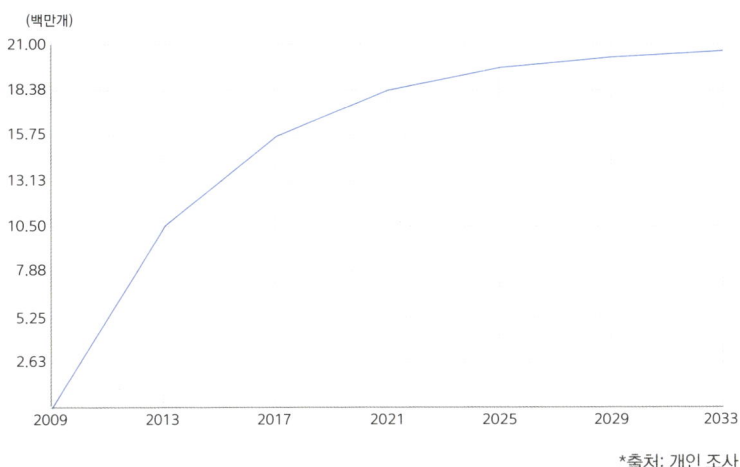

*출처: 개인 조사

하는 부분이다. 그러나 우리가 궁금한 부분은 시기가 될 것이다. 100년 후에 가격이 오른다면 우리의 관심은 적어지지 않을까? 비트코인의 경우 발행량이 4년에 한 번씩 절반으로 줄어드는 시기가 도래한다. 그리고 반감기가 찾아오면 반감기가 지난 어느 시점에 가격이 크게 오르기를 반복하였다.

반감기가 도래하는 시기와 실질적으로 더는 발행이 안 되는 시기로 나누어 보자. 반감기는 2025년, 2029년, 2033년에 찾아오며, 10분당 채굴량은 각각 6.25개, 3.125개, 1.5625개로 줄어든다. 2013년에는 25개였는데 이에 비하면 2033년은 미미한 수준이다. 2140년에 비로소 비트코인 발행이 완전히 중단되기는 하지만 2033년 정도를 실질적 중단 시기로 생각해보자. 지금까지는 반감기가 찾아왔을 때 가격은 큰 폭으로 상승하였다. 다만, 채굴량이 감소하는 수준이 기존에 비해 작아진다는 사실이 가격에 어떻게 반영될지는 알 수 없다. 하지만 과거 경험을 비추어보아 가격 상승의 트리거로서 작용할 여지는 충분한 것으로 보인다. 가장 기대되는 부분은 2033년이다. 지금까지는 노력하면 새로운 발행물량을 받을 수 있었지만, 이제는 거래를 통해서만 구할 수 있다고 하면, 어떠한 일이 펼쳐질지 사뭇 기대된다. 2033년 이전까지는 반감기를 중심으로 이루어질 가격 상승은 앞서 설명한 통화량 증가와 과거 반감기 시점의 상승 이력을 토대로 합리적인 예측이라고 볼 수 있지만, 2033년 이후는 기대가 많이 되기는 하지만 과거 데이터가 없기 때문에 합리적인 예측은 현재로서는 어렵다.

03

알트코인

알트코인은 비트코인 이외의 코인을 의미하며, 알트코인은 비트코인과 같이 하나의 코인이 아니다. 알트코인은 Web 3.0, Layer 2, Layer 3, Defi, P2E, M2E, 가상부동산, 스테이블코인, 거래소, ICO, DeX, Meme, DAO, 미디어, 오라클, 소셜 네트워크, 엔터테인먼트, NFT, 자산운용 등으로 세분화할 수 있다. 그리고 앞서 우리는 주요 8개 섹터에 대해서 분석해 보았다.

비트코인이 가치 저장 수단으로서 인정을 받았다면, 다른 코인들은 유틸리티를 제공해야 한다. 아주 쉽게 리플XRP나 트론TRX은 여러 가지 이슈에도 가격이 떨어질지언정 살아남았다. 지갑 간 전송을 할 때 사람들은 이러한 코인이 빠르고 안정적이기 때문에 주로 사용하기 때문이다. 단기적으로는 유명인의 호재성 발언이나 마케팅을 반짝 효과가 있을 수 있겠지만, 중장기적으로 롱런하기 위해서는 반드시 투자자에게 유틸리티는 제공해야 한다. 그 유틸리티는 결국 투자자들의 투자자금으로만 돌아가는 폰지 구조에서 소비 행위 또는 수익 창출 구조로 치환될 수 있게 해준다.

크립토 시장은 블록체인을 기반으로 하고 있기 때문에, 오픈 소스로 다른 후발주자들이 개선한 버전을 마련하기 쉽다. 따라서 향후 규제와 제도의 변화에 따라 영향을 받기는 하겠지만, 더 많은 알트코인이 출시될 것으로 예상한다. 현재 사용자 수를 보고 인터넷과 비교 판단한다면, 1997년 시점으로 생각해 볼 수 있는데, 이후 정말 다양한 회사들이 생겨나서 인터넷 기술 중심의 산업 생태계가 발전하였다. 마찬가지로 블록체인은 인터넷 기술 보다 진일보한 기술로 향후 더 많은 프로젝트와 새로운 섹터들이 생겨나리라고 생각한다.

또한, 새로운 알트코인이 출시되고 나서 시장의 선택을 받는 과정의 속도는 더 빠르게 진행되는 것처럼 보인다. P2E 열풍이 식는 데 걸리는 시간보다는 M2E 열풍이 사라지는 시간이 훨씬 빨랐다. 불과 몇 개월 만에 M2E 대장 격이라고 할 수 있었던 스테픈은 기존 유저 이외에는 아무도 관심이 거의 없게 되었다. 이른바 결국 투자자금 이외의 수익을 유의미한 정도로 창출하지 못했기 때문이 아닐까 생각한다.

이에 따라, 알트코인이 명확한 비즈니스 모델도 없이 무분별하게 등장하여 투자자금을 쉽게 끌어모았던 과거 행태는 개선될 것으로 보인다. 그 이유는 앞서 설명한 바와 같이 신규 코인이 시장의 심판을 받는 데까지 걸리는 시간이 줄어들고 있다는 점이다. 가치평가라는 과정을 거치면서 유틸리티에 대한 평가가 더욱 빠르게 이루어지고 있다는 생각이다. 이 시간이 빨라질 경우 결국은 투자자금 모집에 영향을 미칠 수 있겠다. 과거 화이트리스트라고 하여 사용자나 투자자 모집 등을 위해 경쟁이라는 과정이 필요하기도 했지만, 경쟁력이 떨어지는 알트코인의 경우 굳이 이런 장치가 필요하지 않을 것 같다. 다음으로 법률이나 규제 등이 무분별한 알트코인의 투자자금 모집으로 인한 피해에 대해 관심을 두기 시작했다는 점이다. 지금까지는 몇몇 국가에서는 규제의 제약 없이 편안하게 ICO를 진행하여 투자자금을 모집할 수 있었다. 증권발행보다는 훨씬 간단한 절차로 투자자 보호를 위한 장치의 마련 없이 투자자금을 모집하였기 때문에 당연한 결과로 투자자 피해는 뒤따르기 십상이었다. 앞으로 이러한 행태는 개선될 가능성이 크다. 세 번째로 제도권 금융사들의 관심이 커지고 있다는 점이다. 처음에는 증권회사에서 크립토 시장에 대한 팀을 창설하여 모니터링하거나 서비스를 제공하였다. 시장 규모가 폭발적으로 성장하고 투자자 수 역시 늘어남에 따라 팀 규모가 늘어나고 있는데, 이는 일반투자자들이 기존 단편적인 유튜브 콘텐츠 등만을 활용하지 않아도 됨을 의미한다. 향후 증권회사와 동등한 격으로 크립토 시장 분석 회사가 성장할 수도 있을 것으로 기대되기도 한다.

04

자금조달

하루에 6시간가량 열리고 주말과 공휴일에는 쉬는 거래소와 24시간 매일 열리는 거래소 중 무엇이 보다 경쟁력이 있을까? 마치 재래식 상점과 24시간 편의점 중 고르라고 하는 것처럼 쉬운 질문이다. 그렇다면 전 세계 고객을 국가 제한 없이 수용할 수 있는 플랫폼과 한 국가에서만 작동하는 플랫폼 중에는 무엇이 보다 경쟁력이 있을까? 이제 자금조달을 위해서도 전 세계 투자자들을 대상으로 더 이상 해외채권 발행을 위해 다녔던 로드쇼Roadshow를 하지 않아도 되며, 국가별로 주식을 신규 상장하지 않아도 되는 플랫폼이 나왔다. 각종 불필요한 절차나 규제를 걷어내니 이 플랫폼을 사용하는 시장은 폭발적으로 성장했다. 물론, 크립토 시장의 거래소에 여러 가지 문제점들이 많다. 거래소가 신규 상장 여부를 결정하는 막강한 파워를 가지고 있다거나 거래소가 파산할 경우 투자자 보호 장치라던가 아니면 거래소의 이해 상충 문제 등 언급하자면 끝이 없다. 법률이나 규정 제정 등을 통해 투자자 보호라는 측면에서 개선할 여지가 충분히 많다고 생각한다. 하지만 위에서 언급한 크립토 거래소의 혁신적인 측면들은 기존 주식시장에서 생각지도 못한 대단한 성과임은 틀림없다. 이로 인해 앞으로 자금조달 방식도 더욱 다양화되지 않을까?

먼저, 국내와 해외 자금조달로 구분하여 자금을 조달할 필요가 없어질 수 있다. 지금까지와는 다르게 크립토 시장이 보여준 바는 모집되는 투자자금에는 국가에 대한 꼬리표가 없다. 크립토 거래를 금지하지 않는 국가의 투자자들을 대상으로는 한 번에 투자자금 모집 과정을 진행할 수 있다. 보다 효율적이고 빠르게 진행할 수 있다. 그리고 더 많은 투자자를 대상으로 하기 때문에 잠재적으로 투자자금 모집 규모는 커질 수도 있다.

다음으로, 이러한 제한이 없는 시장의 존재는 자금 모집 과정에서 벤처캐피털 등에게 매력적이다. 이러한 투자회사에는 투자자금의 수익 실현Exit이 중요한데, 이를 제3자에게 직접 매각할 수도 있지만, 장내에서 매도를 할 수도 있다. 이러한 글로벌 투자자들을 대상으로 하는 시장의 존재는 더욱 많은 유동성을 의미하기 때문에 엑시트 과정에서 보다 유용할 수 있다.

또한, 증자, 소각, 배당, 예치 등 각종 금융 행위가 쉽다. 최초 토큰 발행 시에 토크노믹스에 대한 설계에 대해 백서에 공개하는데, 이에 따라 발행사와 투자자 사이에 앞서 언급한 금융 행위가 가능하다. 투자자를 보상하는 방법에 배당 성격의 혜택 이외에도 예치나 대출을 통해 수익을 창출할 수도 있다. 투자자가 제공받는 혜택이 다변화됨에 따라, 발행사 입장에서는 배당금 제공이라는 굴레에서 어느 정도 벗어날 수 있는데, 이점 역시 크립토 시장에서의 자금조달의 장점이다.

증권시장은 역사가 오래되었다. 1600년대부터 시작되었으니 수많은 제도 개선을 거쳐서 현재 우리가 바라보고 있는 증권시장이 나온 것으로 생각한다. 반면, 크립토 시장은 이제 막 시작되었기 때문에, 운영 측면에서 앞으로도 문제들이 지속해서 발생하고 해결하는 과정을 거칠 수 있다. 이러한 과정에서 크립토 시장이 가진 자금조달 측면에서의 여러 가지 장점을 살릴 수 있기를 희망해본다.

05

제반환경

미국, 유럽, 한국 등 크립토 시장의 주요국에서는 이전과는 다르게 크립토 시장을 위한 일원화된 법률이나 규정을 제정하려는 움직임이 있다. 미국에는 「책임 있는 금융 혁신법」, 유럽은 「크립토 자산 규제안」, 한국은 「가상자산업권법」 제정을 추진 중이다. 과거 비트코인을 스캠으로 취급하던 입장에서 제도권으로 편입하려는 모양새다. 법률 제정은 투자자 보호를 위하는 목적이 가장 크지만, 한편으로는 사회적으로 크립토 자산을 인정한다는 의미이기도 하다. 따라서 이처럼 과거 필요할 경우 기존 법률이나 규정에 따라 개별적 혹은 단편적으로 이루어졌던 규제가 이제는 보다 높은 수준의 일원화된 법률 등으로 한 단계 업그레이드될 경우, 시장에 대한 규제의 영향은 한 폭 커질 수 있다.

먼저, 투자자 보호 목적을 위한 각종 신고, 공시, 인허가, 보고 등 각종 절차는 증권시장 수준으로 높아질 수 있다. 현재 ICO를 금지하지 않는 국가에서는 특별한 규제를 받지 않고, 크립토 거래소에서 승인을 받으면 언제든지 상장을 할 수 있었다. 이로 인해 투자자금만 모집한 이후 잠적하는 일도 벌어지기까지 하였다. 하지만 향후에는 발행 시장은 규제 적용이 먼저 적용될 수 있는 분야일 수 있다. 증권이냐 상품이냐는 논란을 넘어서 현재 발행시장에는 투자자 보호를 위한 장치가 부족해 보인다. 발행 이후에도 현재는 회사가 자발적으로 공시하지 않으면 알 수 없었던 프로젝트 진행 현황이나 자금 상황 등에 각종 투자자를 위한 여러 가지 정보 역시 더욱 나은 방향으로 개선될 여지가 있다.

두 번째로, 제도권 자금의 시장 진입 가능성이다. 현재는 기관 자금이 시장에 쉽게 진입하지 못하고 있다. 크립토 자산이 초고위험 자산으로 분류된 이유도 있겠지만, 국가에서 이를 자산으로 인정한다는 명확한 시그널이 없었던 이유도 한몫했을 것이다. 간헐적으로 개별 국가에 따라 투자신탁이나 사모펀드 등을 활용하거나 크립토 관련 기업의 지분에 투자하는 등의 우회적인 방식으로 시장에 참여하였다. 아직 미국에서 비트코인 현물 ETF 승인도 미뤄지고 있는 상황에서 글로벌 기관 자금이 개별 크립토 자산에 직접 투자하기는 부담스러웠을 수 있겠다. 하지만 규제가 업그레이드되어 비트코인 등 크립토 자산이 제도권 자산으로서 사회적 통념이 형성되고, 투자를 위한 각종 정보가 규제에 따라 투명하게 공개된다면 기업 자금을 넘어서 연기금 등 공적자금 역시 시장에 일부 진입하는 날이 빠르게 올 수도 있다. 2022년 4월 나스닥이 미국 자산관리사 500명을 대상으로 진행한 설문조사 결과 응답자의 72%가 「비트코인 현물 ETF가 출시되면 고객의 자금을 가상자산에 투자할 의향이 있다」고 답하기도 했다.[103]

다음으로, 규제에 따라 글로벌 금융 허브 국가 순위는 재편될 수도 있다. 과거 중국과 일본이 비트코인 채굴이나 거래 규모가 글로벌 최선두 주자였지만 규제 영향으로 인해 이는 재편되었다. 현재, 독일, 스위스, 싱가포르 등의 국가가 친 크립토 국가로 알려져 있지만, 국가별로 규제가 달라짐에 따라 언제든지 뒤바뀔 수 있다. 기본적으로 크립토 산업은 대규모 인력이나 토지가 필요하지 않아서 국가 간 이동이 자유롭기 때문이다. 보다 정확히 말하면 국가라는 개념이 실질적으로는 없어 보인다. 예를 들어, 비트코인이나 이더리움이 어느 나라 프로젝트냐는 말을 하지 않지 않는가? 또한, 생산의 3요소 중 나머지인 자본이 중요하였는데, 자본을 조달하기 위해서는 발행ICO의 허용이 필수적이다. 이에 따라, 싱가포르 등의 국가가 크립토 허브로 급부상한 측면이 있지만, 이 역시 향후 재편될 가능성이 크다. 예를 들어, 한국에서도 발행ICO이 허용되는 방향으로 변경된다면, 현재 싱가포르에 회사를 세워 크립토 자산을 발행하는 관행은 달라질 수 있다.

마지막으로, 개별적인 세부 산업 역시 크게 영향을 받을 수 있으니 지속적으로 모니터링이 필요하다. 예를 들어, CBDC 발행으로 인해 스테이블코인이 크게 영향을 받을 수 있다. 투자자 입장에서는 스테이블코인에 기반한 디파이 역시 이자율 등이 영향을 받을 수 있으니 지켜봐야 한다. 현재 무리하게 높은 이자율 제공으로 인해 결국 투자자 피해가 발생했던 테라-루나 사태 등 여러 사건을 돌이켜보면 적절한 이자율로의 규제가 투자자 입장에

---

103 https://www.nasdaq.com/press-release/spot-crypto-etf-in-demand-by-majority-of-financial-advisors-finds-new-nasdaq-survey-0

서 부정적이지만은 않다. 돌고 돌아 각종 헤지펀드나 프로토콜의 파산 등이 결국은 시장에 영향을 미칠 수 있기 때문이다. 또한, 게임 산업의 P2E 허용 여부 역시 P2E, M2E 등의 게임을 통해 돈을 버는 구조의 코인의 흥망성쇠에 영향을 미칠 수도 있다. 이외에도 거래소, NFT, 등 다양한 분야에서 세부적인 관련 법규 개정에 따라 영향을 받을 수 있다.

> 에필로그 <

: 저자와의 인터뷰

---

1) 책에 대한 간략한 소개 부탁드립니다.

크립토 클라쓰는 실무형 투자 참고서입니다. 현재 크립토 자산 시장을 메타버스, 거래소, 디파이, Web 3.0, 스테이블코인, NFT, P2E, 비트코인으로 나누어 구체적으로 분석해보는 과정을 소개하고 있습니다. 이 책은 크립토 자산 시장 참여자, 투자 전략, 규제 변화 등 투자를 위해 기본적으로 알 필요가 있는 사항도 논하고 있습니다. 빠르게 성장하는 만큼 다양한 문제들이 도사리고 있는 이 시장에서 잠재 투자자에게 분야별로 특히 주의를 기울여야 하는 부분도 설명합니다. 단순히, 블록체인이라는 혁신 기술을 조명하거나 비트코인 가격을 예측하는 종류는 아닙니다. 오히려 크립토 자산 시장에 진입하는 투자자가 실제 투자할 때 알고 싶어 하는 주제에 대해 구체적으로 탐구해 보는 서적입니다.

책 제목인 「크립토 클라쓰」는 2가지 의미를 내포하고 있습니다. 먼저, 비트코인은 2009년 탄생 이후 이미 10년 넘게 시장에서 살아남아 그 클래스를 입증했습니다. 다음으로, 크립토 자산 시장 규모가 이미 1조 2,500억 달러를 넘어섰고, 크립토 자산도 이제는 하나의 자산 클래스로 분류되어 주식·채권과 대등한 위치에 오를 가능성도 있습니다. 앞으로 제도권화가 진행되면 일정 시점에 비트코인뿐만 아니라 다양한 섹터에 대한 분석이 필요한 시기가 도래할 것으로 내다보고 책을 집필하였습니다.

2) 어떤 분들이 읽으면 가장 좋을까요?

크립토 투자에 관심이 있지만, 막상 어떻게 접근해야 하는지 모르는 예비 투자자들입니다. 특히, 크립토 시장이 탄생한 지 얼마 되지 않은 새로운 시장이다 보니, 문제점과 가능성이 공존하는데, 이에 대해 여러 측면으로 나누어 살펴보아 앞으로 실제 투자 시 봉착할 여러 어려움을 미리 고민해 보게 하고자 하였습니다.

2009년 비트코인의 탄생 이후 2015년 이더리움의 등장은 블록체인 기술을 인터넷과 같은 레벨의 기술로 올려놓았습니다. 이 위에 다양한 분야, 즉 섹터들이 탄생했는데, 현재 서로 얽히고 설켜 있습니다. 정확히 어떤 분야를 나누기 힘든 경우도 많습니다. 예를 들어, 메타버스 랜드는 NFT이며, 관련된 거버넌스 토큰이 발행되기도 합니다. 이를 예치할 경우, 이자를 받을 수 있다면 Defi에 해당하기도 합니다. 그리고 중앙화된 거래소에서 주로 거래가 이루어집니다. 이러한 거래 수단은 스테이블코인인 경우가 많습니다. 이와 같이 섹터들이 상호 연동되어 있기 때문에, 투자의 위험관리를 위해서는 전체 그림을 파악할 필요가 있다고 생각합니다.

다음으로, 현재 다양한 코인이 다양한 섹터에 트랜드를 따라

우후죽순 생기는 경향이 있습니다. 시장의 주요 섹터에 대한 기본적인 이해가 수반되지 않고 투자를 한다면, 초보 투자자들은 결국 트랜드를 좇을 가능성이 높습니다. 새로운 코인과 섹터가 일견 화려해 보이고 마케팅이 적극적으로 이루어지다 보니 현혹되기 쉽기 때문입니다. 갑자기 등장한 새로운 코인을 기존에 우리가 어느 정도 학습을 해본 섹터와 연동하여 생각한다면, 보다 객관적인 분석을 할 수 있다고 생각합니다.

2022년 11월 벌어진 FTX 거래소 사태는 회계 투명성에 대한 경종을 울렸습니다. 크립토 시장은 블록체인이라는 새로운 기술 위에 운영되고 있지만 블록체인이 투자자를 위해 모든 것을 보장해주지는 않습니다. 기술을 운영하는 사람이 얼마나 투명하고 정의롭게 운영하는지는 기술 자체와는 별개로 보아야 합니다. 특히 초기인 크립토 투자시장에서는 회계의 투명성이 무엇보다도 강조되고 있습니다. 전직 회계사이기도 한 제가 여러 챕터에서 알트코인의 경우 현재 어떠한 것도 100% 신뢰해서는 안 된다고 한 언급은 아직 재무정보의 보고 및 규제가 부족한 상황을 배경으로 하고 있습니다. 이 책을 통해 독자들이 새롭게 떠오르는 크립토 시장에서 성장 가능성은 인지하되 어느 정도는 보수적인 접근의 필요성을 인지했으면 하는 바람입니다.

3) 책을 쓰게 된 동기는 무엇인가요?

2008년 부근 비트코인에 대해 뉴스를 처음 접했습니다. 이후 Bull Market과 Crypto Winter가 반복되며 많은 투자자들이 힘든 시간을 보내기 시작했을 때부터 책을 쓰기를 고민하였습니다. 처음에는 오랫동안 접해본 전통 금융시장과 유사하다고 생각하고 접근하였지만 전혀 다른 시장이었습니다. 24시간 매일 열리는 빠른 템포, 시장 분석을 위한 제한적인 정보, 여러 규제 변화로 인한 사건 등으로 시장을 이해해 나가는데 어려움을 겪기도 하였습니다. 반대로 이러한 새로운 시장의 성장 가능성에 매료되었습니다. 기존 10년 이상의 회계법인, 금융회사 등의 경력을 바탕으로 하였지만, 독자들보다 단지 몇 년 앞서 연구를 시작하였기에, 보다 생동감 있고, 독자들과 눈높이도 잘 맞을 것이라고 생각하고 집필을 결심하였습니다.

4) 집필하면서 가장 힘들었던 챕터가 있었을까요?

모든 챕터가 쉽지는 않았으나, 8개의 섹터로 구분하여 분석한 4장이 가장 힘들었습니다. 여러 각도로 검토를 하여 8개의 섹터를 선정하는 작업 역시 많은 고민이 필요하였습니다. 선정된 섹터에 다소 비판적인 의견도 과감히 실었는데, 용기가 필요하기도 하였습니다. 보통, 크립토 관련 책이라면, 비트코인에 대한 찬양 일색 또는 관련 분야에 대한 장밋빛 전망을 하여야 독자들이 많아질 텐데, 그렇게 할 수는 없었습니다. 기본적으로 시장 자체가 이제 막 시작하였고 발전해 나가는 단계로 보고 있기 때문에, 여러 가지 문제는 당연히 발생할 수 있다는 생각입니다. 주식시장의 역사는 400년이 넘었지만, 아직도 문제가 끊임이 없다는데, 10여 년 역사를 가진 크립토 시장은 오죽할까요? 이러한 문제를 있는 그대로 나만의 시각으로 바라보기로 선택했습니다.

시장이 빠르게 변하다 보니, 글을 쓰는 과정에서 데이터가 계속 바뀌었고, 섹터에 대한 내용 역시 조금씩은 수정이 필요했습니다. 하지만 이 책은 책의 내용을 토대로 투자 대상 섹터를 제시하기보다는 섹터 분석 자체에 대한 학습을 목표로 하고 있기에 나중에는 내용을 수정하는 작업을 중단했습니다. 이렇게 하다가는 책이 나올 수 없겠다는 두려움도 작용하기도 하였습니다. 예를 들어, 10위권 크립토 헤지펀드 리스트에 Three Arrows Capital이 있었는데, 파산과 법정관리 뉴스가 나왔고 중앙화된 거래소 3위 FTX 파산 뉴스가 나왔습니다. P2E 분야를 작성하는데, P2E 후속으로 M2E가 주목을 받게 되었습니다. CEX의 거버넌스 토큰을 보유할 경우 각종 런치패드 참여 등으로 수익률이 매우 높았으나, 책 후반부를 집필할 당시에는 시장 상황 악화로 런치패드 자체가 사라지다시피 하였습니다. 또한, 비트코인은 시황이 4만 달러에서 시작해서 2.5만 달러, 그리고 2만 달러, 1.8만 달러로 본격적인 하락이 가속화되었습니다. 이 모든 사항을 일일이 다 수정하기는 어렵다고 판단했습니다. 따라서 적절한 수준에서 수정을 진행하고 향후 시간 간격을 두고 두 번째 에디션을 내는 것이 어떨지를 고민하고 있습니다.

5) 앞으로의 시장 전망을 해주세요.

먼저, 그 누구도 비트코인을 비롯하여 크립토 시장의 가격을 예측하는 것은 어렵다는 점을 말씀드립니다. 주식시장에서보다도 많은 변수가 가격에 영향을 미치기 때문입니다. 그리고 크립토 시장 자체가 젊기 때문에 아직 파악되지 않은 변수들도 있을 수 있습니다. 따라서 단순히 「몇 년도에 얼마까지 오를 것」이라는 예측은 다소 선언적이라고 보고 있습니다. 또는, 어떠한 세부 섹터의 코인이 좋다는 전망 역시 하기 어렵습니다. 시장의 변화 속도가 우리가 생각하는 것 이상으로 빠르기 때문입니다. 이보다는 비트코인, 알트코인, 자금조달, 제반환경 등 여러 분야로 나누어 예측해보는 편이 보다 도움이 될 것 같습니다. 이러한 예측이 2023년에 일어날지는 모르겠지만, 이러한 방향으로 발전해 나갈 가능성이 높다고 생각합니다.

지금까지 관찰된 바에 따라 몇 가지를 전망해볼 수 있습니다. 비트코인의 경우 발행량이 4년에 한 번씩 절반으로 줄어드는 시기가 도래합니다. 그리고 반감기가 찾아오면 반감기가 지난 어느 시점에 가격이 크게 오르기를 반복하였습니다. 다음 반감기는 2025년에 찾아옵니다. 한편, 금 태환이 사라진 다음 해인 1972년에서 2000년까지 연방준비제도의 대차대조표는 5,000억 달러 증가하였는데, 2000년부터 21년간 7.6조 달러 증가하였습니다. 통화 발행은 약 20배 이상 증가하였습니다. 현재는 양적긴축의 시기이기는 하지만, 인플레이션 등의 문제가 완화되고 다시금 통화량이 증가하게 된다면 비트코인의 가격이 상승할 수 있지 않을까 예측해봅니다. 지금까지 어떠한 시점에서 비트코인을 매수하였어도 3~4년을 보유하였을 경우, 이익을 보았다는 것은 사실이기도 합니다.

다음으로 비트코인 이외의 크립토 자산에 대해서는 보다 명확한 비즈니스 모델을 요구할 수 있다고 생각합니다. 그 이유로는 신규 코인이 시장의 심판을 받는 데까지 걸리는 시간이 줄어들고 있다는 점을 들 수 있습니다. 가치평가라는 과정을 거치면서 코인의 유틸리티에 대한 평가가 더욱 빠르게 이루어지고 있다는 생각입니다. 이 시간이 빨라질 경우 결국은 투자자금 모집에 영향을 미칠 수 있습니다. 법률이나 규제 등이 무분별한 투자자금 모집으로 인한 피해에 대해 관심을 두기 시작했다는 점 역시 이에 대한 근거로 볼 수 있습니다. 지금까지는 몇몇 국가에서는 규제의 제약 없이 편안하게 ICO를 진행하여 투자자금을 모집할 수 있었습니다. 증권발행보다는 훨씬 간단한 절차로 투자자 보호를 위한 장치의 마련 없이 투자자금을 모집하였기 때문에 당연한 결과로 투자자 피해는 뒤따르기 십상이었습니다. 앞으로 이러한 행태는 개선될 가능성이 크다고 생각합니다.

나머지, 자금조달의 경우, 현재 크립토 시장은 증권시장에 비해 훨씬 간편하게 자금을 모집할 수 있는 플랫폼을 제공합니다. 예를 들어, 크립토 시장에서는 자금조달을 위해 전 세계 투자자들을 대상으로 더 이상 해외채권 발행을 위해 다녔던 로드쇼Roadshow를 하지 않아도 되며, 국가별로 주식을 신규 상장하지 않아도 됩니다. 크립토 시장에 대한 법률이 제정되고, 보다 제도권화되면, 크립토 시장과 증권시장 사이에 자금조달 채널에 대한 재분배 작업이 일어날 수 있습니다. 이는 전체 시장의 보다 건전한 성장을 견인할 수 있습니다. 크립토 시장이 단기간 내에 규모의 성장을 이루었는데, 현재는 내실을 다지기 위한 적절한 시점으로, 이와 같이 쉬어가는 기간은 시장에 긍정적으로 보고 있습니다. 이외에 여러 국가 및 국제사회에서도 크립토 시장에 대한 법률 혹은 정책을 마련하고 있는데, 이에 대한 영향을 시장 전체 및 개별 섹터에 대해 바라볼 필요도 있습니다.

> Epilogue <

1. Please provide a brief summary of the book, Crypto Class.

Crypto Class is a working-level investment reference book. The crypto market can be divided into Metaverse Lands, Crypto Exchange, Defi, Web 3.0, Stablecoin, NFT, Play-to-Earn, and Bitcoin. While this book discusses the market participants, crypto investment strategies, and regulatory changes, it does not shed light on the innovative technology of blockchain or predict Bitcoin prices. Rather, it analyzes the categories that investors entering the crypto market want to know about when they actually invest.

Crypto Class, the title of the book, has two meanings. First, Bitcoin has already survived in the market for more than a decade since its birth in 2009 and has proven its potential or class. Next, the size of the crypto market has already exceeded $1.25 trillion, and crypto assets are now being labeled as a class, which means that there is a possibility that they rise to an equal position with stocks and bonds. In this book, I share my prediction that at a certain point the Crypto Class period, which requires analysis of not only Bitcoin but also various sectors, will come.

2. Who would benefit most from reading Crypto Class? Why is it necessary for investors and enthusiasts to build their knowledge on the blockchain sector as a whole, as you have covered a wide scope of topics from market participants to sector analysis and investment strategies.

I wrote the book, Crypto Class, for prospective investors who are interested in crypto investment but do not know how to approach it. In particular, as a brand new market that was only created in 2009, the crypto market faces coexisting problems and potentials. The book was developed to help investors consider, in advance, the unexpected difficulties that will arise in future investments by dividing them into various aspects.

Since the birth of Bitcoin in 2009, the emergence of Ethereum in 2015 has raised blockchain technology to the same level as the Internet. Various utilities, businesses, and sectors have been created and operated on top of platform-like chains that are intertwined with one another. In many cases, it is difficult to even define exactly in which sector a coin belongs. For example, Metaverse Lands belongs to NFT, and related governance tokens can be issued. If such tokens can be deposited for interests, they may correspond to Defi. And it's mainly done on centralized exchanges often using stablecoins. Since sectors are often interlinked and the price of crypto assets move in a similar direction, it is necessary to grasp the entire picture for proper risk management.

Next, various coins currently tend to be created in various sectors in a flurry along the trend. If an investment is made without a basic understanding of the major sectors of the market, novice investors are likely to eventually follow the trend. This is because new coins and sectors look fancy at first glance, and their marketing is very active, making it easy to be misled. I believe a more objective analysis can be made if a new coin appears in conjunction with a sector that we have learned to some extent.

The FTX exchange crisis in November 2022 raised alarm about accounting transparency. The crypto market is operating on a new technology called blockchain, but blockchain does not guarantee everything for investors. How transparent and desirable a person operates the technology should be viewed separately from the technology itself. In particular, as the crypto investment market is in its early stage, accounting transparency should be emphasized above all else. As a former public accountant, my remarks in several chapters that we should not trust Altcoin

100% at the moment are based on the lack of reporting and regulation of financial information. Through this book, I hope readers will recognize the potential for growth in the emerging crypto market, but to some extent the need for a conservative approach.

3. What was your motivation to write Crypto Class?

I first heard about Bitcoin in 2009 – the year when the subprime mortgage financial crisis hit the global economy. Since then, bull market and crypto winter have been repeated, and I started to think about writing a book since many good citizens began to suffer. At first, I thought it was similar to a traditional financial market I had understood for a long time, but it was a completely different market. It was also difficult to understand the market due to the rapid tempo of 24 hours without weekends, limited information for market analysis, and events caused by continuous regulatory changes. On the contrary, I was fascinated by the growth potential of this new market. With more than 10 years of experience in the financial sector, I decided to start writing. Since my own research began only a few years before my audience, I thought this book would be more attractive and understood by the readers.

4. What was the most challenging chapter to write in Crypto Class? Were there changes in the industry that forced you to adapt some chapters?

Not all chapters were easy, but Chapter 4 Sector Analysis, which was analyzed by dividing it into 8 sectors, was the most challenging. The task of selecting individual sectors by reviewing them from various angles also required a lot of consideration. Some rather critical opinions were boldly published in the selected sector, and courage was also required. Usually, for crypto investment books, readers would have to wait for a rosy outlook on Bitcoin or other sectors, but I could not write only to meet the expectation of readers. Basically, since the market itself is still in its infancy and is seen as developing, many problems can naturally arise. The stock market is over 400 years old, but consistently has faced problems. So, can't the same be true for the crypto market with a history of a little over 10 years? I chose to look at these problems from a somewhat conservative investor's perspective as they are.

As the market changes rapidly, the data continued to change in the process of writing, and the contents of the sector analysis also needed to be modified little by little. However, the modification of the book's content was later stopped because I aimed to cover the sector analysis itself rather than presenting the sector to be invested based on the book. With never-ending modifying and adjusting to the market change, there was also a fear that the book would not be completed or released. For example, only a month after I wrote about Three Arrows Capital, which was on the list of top 10 crypto hedge funds, news about its bankruptcy and court receivership was published. And the news of the bankruptcy of FTX, the third-largest centralized exchange, came out afterward. When writing the P2E sector, M2E came to the forefront behind P2E. When CEX's governance token was taken as an example, the return was very high due to provision of profitable ICO opportunities. But when I wrote the second half of the book, ICOs themselves almost disappeared due to the worsening market situation. In addition, Bitcoin's full-fledged decline accelerated from $40,000 to $25,000, then to $20,000 and eventually $18,000. Since it is difficult to correct all these matters one by one, I am currently considering about how to proceed with the correction at an appropriate level and release a second edition in the future.

5. What predictions could you make for cryptocurrency in 2023? How does the systematic analysis of crypto assets that you provide compare to other methods of obtaining investment advice?

First, I would like to tell you that it is difficult for anyone to predict the price of the crypto market, including Bitcoin. This is because there are more variables affecting prices compared to the stock market. Since the crypto market itself is quite young, there may be variables that have not yet been identified. Therefore, the prediction that "it will rise to how much in which year" seems to be just a declarative statement. Similarly, it is also difficult to predict the prospect of coins in any specific sector. The pace of change in the market is faster than we think. Instead, it would be more helpful to make predictions by dividing it into various fields, such as Bitcoin, Altcoin, financing, and various environments. I don't know if this prediction will happen in 2023, but I think it is likely to develop in this direction.

Several trends can be predicted according to what has been observed so far. For Bitcoin, there is a time when issuance is halved once every four years. And when the Bitcoin halving transpired, its price repeatedly rose significant amounts at some point after the four years. The next halving will be in 2025. Meanwhile, from 1972 to 2000, after the gold convertibility was abolished, the Federal Reserve's balance sheet increased by $500 billion, followed by an increase of $7.6 trillion over the period of 2000 to 2021. Currency issuance has increased by more than 20 times. While we live in a time of quantitative tightening, it is predicted that the price of Bitcoin could rise if problems like inflation are eased and the printing of dollars starts again. If you have purchased a Bitcoin at any point so far and have held onto it for 3 to 4 years, then you have made profits. This is a proven fact.

Next, a clearer business model may be required for the crypto assets besides Bitcoin. It takes less time for new coins to be assessed by the market. Through the process of valuation, I think that the valuation of a coin's utility is taking place faster than previous years. If this time is accelerated, it could eventually affect the funding of new projects. The fact that laws and regulations have begun to pay attention to the damage and risks caused by indiscriminate fundraising can also be seen as a basis for this. Until now, in some countries, we have been able to raise funds by comfortably conducting ICOs without regulatory restrictions. However, investor damage was likely to follow as a result because it was easier to raise funds without proper safety protocols to protect investor than to issue securities. This behavior is likely to improve in the future.

For financing, the crypto market provides a platform that can raise funds much easier than the traditional securities market.

For example, in the crypto market, we no longer have to hold road-shows to issue global bonds to raise funds, and we do not have to list new stocks by country. If laws on the crypto market are enacted and more institutionalized, redistribution of funding channels between the crypto market and traditional securities market may occur. This can drive healthier growth in the market. The crypto market has grown in scale in a short period of time, and now is an appropriate time to strengthen internal stability, which is positive for the market. In addition, various countries and the international community are also preparing laws and policies for the crypto market, and it is necessary to look at the impact of these regulations on the entire market and individual sectors.

참고 자료 & 색인

> 참고 자료 <

참고 웹 사이트

https://aave.com

https://alphaimpact.fi

https://benqi.fi

https://bitcoinatm.com

https://bitcoinmagazine.com

https://bitcointalk.org

https://bitcointreasuries.net

https://bitinfocharts.com

https://blockchain.com

https://bloomberg.com

https://coinatmradar.com

https://coinbase.com

https://coinglass.com

https://coinmarketcap.com

https://coinshares.com

https://compound.finance

https://cryptocompare.com

https://cryptoquant.com

https://defillama.com

https://federalreserve.gov

https://glassnode.com

https://grayscale.com

https://idc.com

https://investing.com

https://internetworldstats.com

https://itu.int

https://messari.io

https://nonfungible.com

https://santiment.net

https://stateofthedapps.com

https://statista.com

https://theblockcrypto.com

https://thekingfisher.io

https://tradingeconomics.com

https://tradingview.com

https://99bitcoins.com

참고 웹 페이지

https://bitcoin.org/bitcoin.pdf

https://cnbc.com/2022/03/03/ukraine-raises-54-million-as-bitcoin-donations-surge-amid-russian-war.html

https://economictimes.indiatimes.com/markets/expert-view/i-wish-i-had-bought-bitcoin-at-1-at-5-jim-rogers/articleshow/91682483.cms

https://finance.yahoo.com/news/brad-garlinghouse-says-99-cryptocurrencies-230033717.html

https://forbes.com/sites/robertolsen/2021/12/23/billionaire-crypto-pioneer-says-market-will-grow-to-tens-of-trillions-of-dollars

https://fortunebusinessinsights.com/industry-reports/blockchain-market-100072

https://ft.com/content/4732c153-b9ba-4bd9-adb6-b5b9d9162e5a

https://paxos.com/attestations/

https://twitter.com/bitcoinmagazine/status/1415388592449392640

https://twitter.com/SquawkCNBC/status/1461689512812290053

https://usdd.io/#/

https://xangle.io/research/6201f5875444440e8816ea3e

참고 논문 및 기사 등

BIS. (2022, Jun 21). The Future Monetary System.

Board of Governors of the Federal Reserve System, Federal Deposit Insurance Corporation, Office of the Comptroller of the Currency. (2021, Nov 23). Joint Statement on Crypto-Asset Policy Sprint Initiative and Next Steps.

Daren Matsuoka, Eddy Lazzarin, Chris Dixon and Robert Hackett. (2022, May 17). Introducing the 2022 State of Crypto Report. a16z.
https://a16zcrypto.com/state-of-crypto-report-a16z-2022

Financial Times. (2021, Dec 6). Stablecoin risks spur case for central bank digital currency.

ITU. (2021, Nov 30). 2.9 billion people still offline.
https://itu.int/en/mediacentre/Pages/PR-2021-11-29-FactsFigures.aspx

Katherine Chiglinsky. (2022, Feb 17). Bitcoin Critic Charlie Munger Says Crypto Should Be Banned. Yahoo Finance.
https://finance.yahoo.com/news/bitcoin-critic-charlie-munger-says-211141758.html

Kevin Stankiewicz. (2021, Feb 23). MicroStrategy CEO says bitcoin will one day have $100 trillion market value even as price dives. CNBC. https://www.cnbc.com

Phil Mackintosh. (2022, Jan 3). A Record Year for IPOs in 2021.
https://nasdaq.com

PwC. (2022, May). 3rd Annual Global Crypto Hedge Fund Report 2021.

PWG, FDIC, OCC. (2021, Nov). Report on Stablecoins.

Satoshi Nakamoto. (2008, Oct 31). A Peer-to-Peer Electronic Cash System. https://bitcoin.org/bitcoin.pdf

Securities and Exchange Commission. (2017, Jul 25). Report of Investigation Pursuant to Section 21(a) of the Securities Exchange Act of 1934 : The DAO.

The Unergrdound Economist. (2010, Nov 8). Why Bitcoin can't be a currency. https://undergroundeconomist.com/why-bitcoin-cant-be-a-currency.html

금융정보분석원(FIU). (2022, Mar 2). 가상자산사업자 실태조사 결과.

정기수, 김대원. (2019, Dec 17). 블록체인 산업 현황 및 국외 정책 동향. 정보통신산업진흥원.

홍지연, (2022, Jan). 최근 미국의 스테이블코인 규제 방안 발표와 각국의 규제 방향. 한국자본시장연구원.

〉 색인 〈

가상부동산   008, 032, 043, 075, 102, 108, 116, 118, 119, 120, 122~130, 182, 205, 211, 307

가상자산업권법   033, 260, 261, 262, 313

가치투자   009, 039, 045, 274, 275, 277~282, 288, 289, 290

가치평가   076, 077, 102, 103, 135, 144, 179, 181, 183, 210, 213, 215, 278, 308, 324

개인투자자   080, 083, 095, 104, 148, 282, 289, 290, 292

거버넌스   043, 060~063, 088, 115, 131~135, 139, 142~148, 150~154, 160, 162, 163, 166, 167, 172, 173, 174, 217, 319, 322

고래   080, 081, 095~099

공매도   066, 140, 188, 189, 190, 291

국제자금세탁방지기구   260, 269

그레이스케일   084, 086, 087, 089, 125

금융범죄단속네트워크   191

금융상품거래법   267, 268

금융정보분석원   063, 095, 141, 260

금 태환   006, 237, 300, 303, 323

기관투자자   073, 080, 083, 085, 087, 089, 095, 290

기업공개 IPO   057, 255

김치 프리미엄   058, 203, 296, 297

네트워크   041, 049, 075, 085, 108, 124, 129, 131, 177, 179, 242, 245, 246, 278, 302, 307

달러 인덱스   238, 239

닷컴버블　054, 055, 071, 275

더 샌드박스　041, 075, 099, 102, 116, 117, 121, 124, 125, 127, 128, 159, 182, 223

도지코인 DOGE　025, 035, 102, 103

디센트럴랜드　075, 102, 116, 117, 121, 124, 125, 128, 129, 182

디앱　052, 077, 160, 194

디지털 금　031, 051, 112, 155, 235, 236

디파이 Defi　008, 009, 044, 088, 156~161, 165, 166, 167, 169, 170, 172, 173, 174, 186, 192, 194, 195, 199, 202, 274, 281, 294~297, 315, 318

락업　041, 099, 197

러그풀　007, 099, 207

런치패드　043, 061, 062, 134, 146, 147, 149, 151, 194, 322

레퍼럴　031, 137, 150

로드쇼　310, 324

로스차일드가　068

루나　043, 070, 071, 073, 081, 104, 105, 115, 154, 158, 161, 166, 169, 185, 186, 188, 189, 191, 194, 195, 197, 200, 201, 202, 257, 267, 274, 276, 291, 292, 294, 315

리도　164, 165

리만 브라더스　157

리츠　129, 130, 131

리플 XRP　100, 105, 111, 113, 184, 256, 297, 307

마운트 곡스　266, 304

마이크로 스트래티지　038, 048, 085, 089, 278

마이클 세일러　038, 048, 278

마진콜　089, 163, 281

맥시멀리스트　038, 304

메인넷　041, 051, 052

메타버스　075, 108, 110, 116, 121, 177, 182, 198, 199, 318, 319

메타콩즈　213

무브투언 M2E　108, 122, 123, 134, 230~233, 307, 308, 316, 322, 331

민팅　146

바이낸스　030, 052, 059, 060, 061, 067, 071, 132~139, 142, 145, 147, 150, 152, 153, 154, 159, 187, 193, 194, 219, 220

바이낸스 스마트 체인 BSC　052, 134, 152, 157, 159, 160, 194

반감기　305, 306, 323

배당할인방법　144

백서　100, 125, 228, 258, 261, 262, 311

뱅크런　123, 165, 169, 189

법정화폐　023, 112, 113, 184, 187, 198, 203, 243, 264, 267, 304

베이직어텐션토큰 BAT　162, 178

벤저민 그레이엄　277

보험　156, 160, 170, 171, 172, 174

부동산펀드　129, 130

브레이브 브라우저　178, 179, 180

블록체인　006, 008, 026, 032, 036, 041, 049, 051~055, 073, 095, 113, 116, 119, 121, 130, 156, 157, 176~179, 200, 204, 206, 209, 211, 221, 229, 255, 301, 307, 308, 318, 319, 320

비탈릭 부테린　051

비트코인 도미넌스　042, 235

비트코인 ATM　022, 023, 024

빅타임　222

사토시 나카모토　006, 026, 027, 028, 096, 111

상장지수펀드 ETF　033, 085

상품선물거래위원회 CFTC　256, 257

서브프라임　006, 026, 068, 071, 156, 157, 166, 236

선물 ETF　084, 085

셀시우스 CEL　088, 158, 161, 164, 165, 166, 168, 170

솔라나　051, 087, 115, 159, 160

숏　082, 147, 189, 190, 201, 203, 276, 283, 291

스마트 컨트랙트　007, 051, 130, 134, 158, 161, 171, 172

스테이블코인　008, 026, 035, 044, 085, 097, 104, 105, 108, 113, 114, 152, 157, 160, 169, 173, 174, 184~195, 197~203, 254, 255, 257, 258, 262, 263, 267, 291, 297, 307, 315, 318, 319

스테이킹　035, 043, 100, 127, 144~148, 151, 153, 159, 196, 197, 281

스테픈　035, 122, 123, 134, 210, 230, 231, 232, 308

써클　085, 191

씨파이 Cefi　156, 157, 164, 170

아발란체　051, 131, 159, 167

안데르센 호로위츠 a16z　073, 074, 088, 114

알고리즘　113, 114, 161, 165, 187, 195, 267, 291

알트코인　043, 094, 108~113, 144, 218, 234, 235, 242, 245, 300, 307, 308, 309, 320, 323

앵커 프로토콜 042, 169, 294, 296

양적완화 005, 006, 026, 057, 071, 214, 236, 240, 282, 300

양적축소 240

에브리데이즈 205, 206

에이브 AAVE 161, 167, 172, 173

엑시인피니티 AXS 219~223, 226, 232

연방준비제도 005, 237, 240, 254, 255, 303, 323

오픈 소스 113, 157, 158, 307

오픈씨 121, 209, 230

워런 버핏 056, 277

위믹스 100, 105, 126, 199, 222, 228, 229

유니스왑 058

유동성 풀 161

유동화 100, 126, 130, 164, 165, 223, 228

유럽중앙은행 259

유럽증권시장감독청 258, 259

유틸리티 041, 113, 126, 142~145, 151, 153, 163, 174, 212, 214, 215, 217, 218, 269, 272, 307, 308, 324

이더리움 ETH 007, 026, 051, 052, 074, 077, 094, 109, 124, 132, 134, 144, 145, 146, 152, 157~161, 164, 165, 167, 171, 178, 194, 205, 216, 256, 270, 297, 315, 319

이벤트 드리븐 009, 045, 071, 274, 290~293

이오스 052

인터넷 007, 032, 035, 048~055, 073, 120, 175, 182, 301, 308, 319

인플레이션 005, 031, 155, 235, 236, 237, 300, 323

자금이전규정 259

자금조달 260, 295, 301, 310, 311, 312, 323, 324

자본시장법 261, 262

정부 063, 092, 104, 105, 118, 261, 264, 266, 267

제네시스 블록 027

조세피난처 271, 272

중앙은행 081, 105, 259, 262, 265

증권거래위원회 075, 086, 087, 133, 200, 255

채굴 028, 080, 091~094, 104, 105, 111, 237, 246, 259, 264, 265, 303, 305, 314

책임 있는 금융 혁신법 033, 254, 313

청산 068, 069, 136, 139, 140, 164, 165, 251, 281, 284, 288, 295

총 예치자산 TVL 158~161, 166, 167, 169, 170, 172, 173, 294

컴파운드 COMP 161~164, 168, 170, 172, 173, 174

케이맨제도 271

코인공개 ICO 057, 058, 060, 062, 076, 132, 133, 134, 144, 146~149, 152, 255, 264

코인베이스 059, 060, 083, 095, 135, 137, 138, 139, 191, 200

크리스틴 길브랜드 256

크립토닷컴 142, 144, 145, 152

크립토 자산 규제안 033, 198, 258, 313

크립토펑크 205

탈중앙화 049, 052, 053, 057, 058, 156, 160, 171, 172, 174, 176, 177, 179, 194, 195, 256, 262, 294

테더 USDT　065, 150, 162, 170, 173, 174, 184~192, 194, 196, 197, 198, 199, 201,
　　　　　　291

테라 UST　035, 042, 043, 061, 070, 073, 081, 104, 105, 113, 114, 154, 157, 158, 161,
　　　　　　166, 169, 185, 186, 188~192, 194~197, 200, 201, 202, 257, 267, 274, 276,
　　　　　　291, 292, 294, 315

토크노믹스　041, 125, 126, 128, 154, 221, 311

토큰 발행자　081, 099

통화감독청　254, 255

통화량 M2　236, 237, 238, 242, 243, 303, 304, 306, 323

튤립 투기 파동　028, 049, 235

트레이딩　009, 045, 060, 150, 151, 274, 275, 276, 283~290

트론 TRX　035, 105, 113, 159, 179, 184, 185, 194~197, 297, 307

특정금융정보법 특금법　141, 260, 261, 262

파나마 공화국　271, 272

파생상품　067, 068, 140, 156, 157, 160, 164, 166, 168, 170, 171, 174, 189

파트너십　081, 083, 194

패닉셀　165

팬케이크스왑　058

페깅　113, 166, 169, 185, 188, 189, 190, 291

포모　037, 208

폰지　122, 128, 134, 221~225, 230, 307

폴리곤　051, 103, 124, 159, 161

폴카닷　051

프로토콜　042, 051, 088, 157~174, 179, 182, 183, 202, 233, 294, 295, 296, 316

플랫폼　007, 051, 077, 085, 120, 121, 124, 125, 129, 131, 134, 170, 176, 177, 179~182, 206, 207, 222, 223, 228, 230, 258, 272, 310, 324

플레이투언 P2E　043, 100, 108, 123, 126, 219, 222~232, 235, 307, 308, 316, 318, 322, 331

피자 데이　024

하드포크　179

하위테스트　255

하이브 달러 HBD　179, 180

해시레이트　092, 246, 247, 278

해시캐시　091

헤지　031, 067, 147, 148, 155, 201, 203, 235

헤지펀드　073, 086, 088, 188, 189, 190, 218, 274, 290, 292, 316, 322

현물 ETF　075, 086, 087, 314

활성 주소　245, 246

효율적 시장 가설　069

BAYC　126, 207~210, 213, 214

BNB　132~135, 142~145, 150, 151, 154, 160

BUSD　152, 184~187, 193, 194, 195

CBDC　105, 198, 202, 257, 259, 262, 265, 268, 315

DAI　162, 163, 165, 168, 173, 184~187

ERC-721　205

Laszlo Hanyecz　025, 277

MACD　248, 285

MVRV　279

NFT 008, 015, 035, 044, 108, 117, 121, 126, 127, 128, 131, 146, 182, 204~219, 229, 230, 233, 262, 307, 316, 318, 319, 326, 327

RSI 248, 249, 250, 279, 280, 285, 286, 287

STO 270

Stochastic 248

TUSD 184~187, 194, 195, 196

USDC 085, 162, 168, 173, 184~187, 191, 192, 193, 195, 196, 199, 201

USDD 035, 114, 185, 186, 187, 195, 196, 197

USDN 186, 187

Web 3.0 008, 015, 032, 044, 108, 119, 120, 175~178, 180~183, 307, 318, 326

크립토 클라쓰
CRYPTO CLASS

초판 1쇄 발행 2023년 2월 28일

지은이	이상
펴낸이	나경숙
펴낸곳	도서출판연암
디자인	정나영
등록	2018.5.24. 제2018-000091호
주소	경기도 고양시 일산서구 킨텍스로 217-23 103-1605
전화	031-913-5610
홈페이지	http://www.yeonambooks.com
대표메일	yeonambooks@gmail.com
ISBN	979-11-969384-2-0 03320
가격	19,800원

이 책의 저작권은 저자에게 있습니다.
저작권법에 따라 보호를 받는 저작물이므로 무단 전재 및 복제를 금합니다.

도서출판연암은 독자 여러분의 소중한 아이디어와 원고 투고를 기다리고 있습니다.
원고가 있으신 분은 대표메일로 간단한 개요, 취지, 연락처 등을 보내 주세요.

> 크라우드펀딩 써포터즈 리워드 C 후원자 〈
> 唯心, 전재영, 이정욱, Inseop Hwang, chan, 최만식 Steve Choi, 전성재